實力提升日語文法

レベルアップ日本語文法　繁体字版

許明子・宮崎恵子　著
Heo Myeongja, Miyazaki Keiko

林青樺　譯
Lin Chin Hwa

中級

くろしお出版

前　言

　　我們經常聽到學生們說，「即使學了初級的文法基本知識，在日常生活中仍然很難將自己想說的話表達出來」、「無法實際感受到自己的日語真的有進步」、「文法好生硬好難」…等等。似乎也有很多日語學習者感受不到自己的日語能力真正有所提升，而對於中級日語感到困難重重。要能夠用日文溝通，除了需要學習相關的文法知識之外，一邊留意該如何將所學的文法用在實際生活的各種情境中，一邊學習文法的基本意義、使用方式及功能等也是相當重要的。

　　於是，為了讓學習者能夠快樂的學習，並能夠真正學會實際使用所學過的文法，我們開發了這本實用的文法教科書。這本教科書的目的在於讓學習者正確的理解文法之餘，也能夠將所學靈活運用在實際日常生活的各種情境之中。因此，除了文法的基本用法及表達的意思之外，對於類似的句型用法及區分使用、進行溝通時所扮演的角色等都做了詳細的說明，並舉出許多例句。例句部分則盡量設定生活中常見的場景，並出示常看到的或常聽到的用法，讓學習者能夠很快的應用在日常生活當中。

　　此外，為了確認是否了解所學的文法，本教科書設定了各式各樣的練習題，透過這些練習題，不但能夠確認所學的文法知識，同時也能夠訓練說・讀・寫的能力，達到提高運用能力的效果。對於正在準備日語能力測驗的學生來說，透過練習 1 及練習 2，可以自我確認是否確切的理解所學習的文法，同時也能夠增加詞彙量。

　　在這本教科書問世之前，我們在課堂上使用自己所準備的教材，一路上不斷參考學生們的問題及要求來進行修改，歷經了四年的歲月終於如願將這些資料集結成書出版了。有許多用這本教科書來學習日文的學生告訴我們：「文法實在太有趣了」「我越來越喜歡文法了」「我知道該怎麼表達了」等等。而且有越來越多的學生知道該怎麼用專有名詞來解釋錯誤的地方及說明，用日文表達時也變得更在意用法的正確性了。我們深深感受到注重溝通能力並同時提升說・讀・寫能力的語法教育的重要性。

　　在此對於實際使用本教科書並提供我們寶貴意見的老師及同學們致上最深的感謝之意。在課堂上藉由思考學生們的疑問，讓我們不斷思考在語法教育上真正需要的內容，因此每堂課對我們來說都是彌足珍貴的時光。因為有這些老師及同學們的寶貴意見，我們才能夠開發出這本滿足大家需求的文法教科書。

　　本教科書的呈現，仰賴編輯市川麻里子小姐及原田麻美小姐無微不至的編輯指引與協助。由於這本教科書收錄了學習者及教師所認為必要的內容，因此學習項目的數量非常多。市川麻里子小姐及原田麻美小姐不僅詳細查看學習項目及內容，並針對教科書的整體結構及每一課的版面設計給予建議，對於文法說明及練習問題、解說的內容也不斷提供我們許多寶貴的意見，讓我們再次深深感受到中級文法的奧妙，這樣的機會十分難得也深具意義。謹在此致上最深的感謝之意。

　　我們誠摯期盼這本教科書能夠為提升溝通能力的中級語法教育，提供一些思考的契機及方向。

2013 年秋天　許明子・宮崎惠子

目次　CONTENTS

◎前　言 i　　◎致使用本教科書的學習者 iv
　　　　　　　　本教科書で勉強するみなさまへ vi
　　　　　　　ほんきょう か しょ　べんきょう
　　　　　　　◎致使用本教科書的教師 viii
　　　　　　　　この教科書をお使いになる先生方へ x

1 指示詞　　　　　　　　　　　　　　2

2 助詞　　　　　　　　　　　　　　12

3 複合助詞　　　　　　　　　　　　22

4 の・こと・もの　　　　　　　　　32

5 原因・理由　　　　　　　　　　　40

6 目的・可能・願望　　　　　　　　50

7 いく・くる　　　　　　　　　　　60

8 する・なる　　　　　　　　　　　70

9 テ形和否定形　　　　　　　　　　80

10 名詞修飾　　　　　　　　　　　　88

11 並列　　　　　　　　　　　　　　98

12 時態相關句型　　　　　　　　　　108

13	授受動詞句型	118
14	尊敬語・謙讓語	128
15	尊敬用法・謙讓用法・禮貌用法	138
16	否定相關句型	148
17	假定條件句型	158
18	複合動詞	170
19	自動詞和他動詞	180
20	結果・狀態	192
21	被動	202
22	使役・使役被動	210
23	推測・傳聞	220
24	判斷・義務	234

◎文法用語解說　p.244　　◎索引　p.251　　◎依出現單元排序　p.257

◎標準解答　p.261　　　　◎凡例

iii

致使用本教科書的學習者

●本書的特色

即使是在初級曾經學過的、或是自己認為已經理解的文法，但實際上仍有許多不知道該如何使用，或是無法正確使用的例子。如果要從初級到中級、中級到高級循序漸進的學習日文，正確精準的文法、豐富的詞彙與表達方式是缺一不可的。

本教科書的目的在於讓同學們能夠在複習初級階段所學習的基本內容的同時，能夠進一步提升程度，在實際生活中正確的運用所學。

第 1 課到第 10 課在「**首先確認**」說明初級階段曾經學習的基本內容，接著在「**提升程度**」針對使用方法及類似句型等進行說明。

第 11 課到第 24 課在「**確認**」說明這課的文法知識，接著在「**進一步提升程度**」針對類似句型及使用上的區別、用法等進行更詳細的說明。

為了讓同學們不只是將本教科書的文法當作知識來學習理解，更希望可以在實際生活中運用自如，因此我們在書中舉出了許多能夠使用在實際日常生活情境中的句型詞彙及例句。希望各位能夠在學習的同時，思考在日本的生活中該如何使用。

●本書的內容及架構

本教科書由 24 課所構成，前半的第 1 課至第 10 課是以形態變化較少的文法為中心，後半的第 11 課至第 24 課的主要內容則為形態變化較多的動詞相關文法。以下為各單元的架構。

以下針對各部分的目的及內容進行說明。

活　動	目　的	內　容
開始・對話	回顧自己所掌握的文法知識	看圖思考在圖示的情況下能夠使用什麼來表達，並設計對話
這一課的句型詞彙	讓學習者意識到各單元所提出的句型詞彙	確認各課的學習內容
首先確認 [第 1 課～第 10 課]	確認在初級階段曾經學習的基本用法	確認學習內容在初級階段的基本含意及使用方式
確認 [第 11 課～第 24 課]	理解在中級階段所必須學習的含意及使用方式	確認中級階段所必須學習的文法知識，含意及使用方式
練習 1	確認基本含意及詞尾變化	二選一問題，練習動詞的詞尾變化及句型基本的使用區分

iv

提升程度 [第 1 課～第 10 課]	理解中級階段所必須學習的文法、使用方法、使用區分的重點	整理各句型的用法及相關的文法知識，並確認容易和學習內容一起使用的句型詞彙，以及與類似句型之間的使用區分
進一步提升程度 [第 11 課～第 24 課]	理解從中級階段到高級階段所需的文法知識	確認各項目更詳細的用法、文法特徵、使用上的限制、與類似句型之間的使用區分

練習 2	確認例如使用上的區分等等的文法理解是否正確	四選一問題，用來確認使用上的區分、詞彙的確認、與類似句型的不同、溝通上的問題等

造句	確認不同情境的文法運用能力、提升表達能力及正確性	透過造句及完成句子等練習方式，來達到確實掌握使用方式的目的

改錯	讓學習者意識到所學的文法	讓學習者意識到容易發生的誤用，並確認正確的使用方式

找到例句了！	提升並維持學習動機	觀察在文章(真實教材)中學習內容的實際使用方式

結束・對話	本單元的歸納整理	將「開始・對話」中的內容以短篇故事的形式來進行朗讀。透過發出聲音朗讀或背誦的方式來複習本單元的內容

※第 2 課包含練習 1～6、第 18 課包含練習 1～3、第 19 課包含練習 1～4

◉學習的進行方式

　　首先，將各課的「**首先確認**」「**確認**」中出現的文法說明，配合例句一起閱讀之後，在「**練習 1**」做確認的工作。接著，理解「**提升程度**」「**進一步提升程度**」中的類似句型及使用上的區分、使用方式之後，請在「**練習 2**」「**造句**」「**改錯**」「**找到例句了！**」中進行確認。做完練習題之後，請參閱解答對答案，如果有不懂的地方，請再次閱讀教科書說明的部分並加以確認。在「**造句**」的地方請依據課本所提示的詞彙來想像前後句或情境，寫出適當的句子，並試著將自己寫的句子對照附錄解答本中的參考例句。接著請確認文章中詞彙的意思來閱讀「**找到例句了！**」，並觀察文章中出現的學習內容及其使用方式。最後，請發出聲音來朗讀或背誦「**結束・對話**」。

◉**關於注音假名**⋯　針對讀法難度較高的詞彙(舊制日語能力測驗 2 級以上的漢字)標注了假名。在中級階段遇到沒學過的詞彙機率大增，勤查字典對於增加詞彙量是很有幫助的學習方式。

◉**關於文法用語解說**⋯　關於基本文法用語的部分，已在教科書裡附上解說。請依循書中出現的「➡❓p.000」標示來進行查閱。

◉**關於凡例**⋯　詞尾變化以「凡例」的方式顯示。請依循出現在書中的「→凡例」參閱封面底頁的凡例。

本教科書で勉強するみなさまへ

●本書の特徴

初級レベルで勉強したことがある、知っていると思う文法項目でも、実際には使えなかったり、正確な使い分けができなかったりするケースが多いと思います。初級から中級へ、中級から上級へと日本語の勉強を続けていくためには、文法の正確さ、語彙や表現の豊かさが必要です。

この教科書は、初級レベルで勉強した基本的な内容について復習しながら、さらにレベルアップし、実際の生活で正しく使えるようになることを目指しています。

第1課から第10課では、「**首先確認**」で初級で学習した基本的な意味を説明し、「**提升程度**」で使い方や類似表現などについて説明しました。

第11課から第24課では、「**確認**」でその課の文法的な知識を説明し、「**進一歩提升程度**」で類似表現や使い分け、用法などについてさらに丁寧に説明しました。

本教科書は文法項目について知識として知っているだけでなく、実際の生活で使える力を身につけるために、実際の日常の場面で使える表現や例文をたくさん取り上げました。各文法項目が日本の生活の中でどのように使われているかを考えながら勉強してください。

●本書の内容と構成

この教科書は24課で構成されていますが、前半の第1課から第10課では形の変化が少ない文法項目を中心に、後半の第11課から第24課では形の変化が多い動詞に関連する文法項目を取り上げました。各課は次のように構成されています。

以下に各セクションのねらいと内容を説明します。

活　動	ねらい	内　容
開始・對話	自分が持っている文法知識の振り返り	絵を見て、その絵の状況ではどんな表現が使えるか考え、会話を作ってみる
這一課的句型詞彙	各課で取り上げる項目の意識化	各課で勉強する項目を確認する
首先確認 [第1課〜第10課]	初級レベルで学習した基本的な意味の確認	学習項目についての初級レベルの基本的な意味、使い方を確認する
確認 [第11課〜第24課]	中級レベルで必要な意味、使い方の理解	中級レベルで必要な文法知識を確認し、意味や使い方を確認する
練習1	基本的な意味、活用の確認	動詞の活用や表現の基本的な使い分けを練習する二択問題

提升程度 [第1課〜第10課]	中級レベルで必要な文法項目、使い方、使い分けのポイントの理解	各項目の用法、関連のある文法項目の整理、一緒に使いやすい表現、類似表現との使い分けについて確認する
進一歩提升程度 [第11課〜第24課]	中級レベルから上級レベルで必要な文法項目の理解	各項目のさらに詳しい用法、文法的特徴、使い方の制限、類似表現との使い分けについて確認する
練習2	使い分けなどの正確な文法理解の確認	使い分け、語彙の確認、類似表現との違い、コミュニケーション上の問題等を確認する四択問題
造句	場面による文法運用力、産出能力の向上、正確さの確認	学習項目を使った文作りや文完成の練習を通して、使い方の定着を図る
改錯	学習した文法項目の意識化	間違いやすい誤用を意識化し、正しい使い方を確認する
找到例句了！	学習モチベーションの高揚、維持	実際の文章(生教材)での学習項目の使われ方を見る
結束・對話	その課のまとめ	「開始・對話」の内容をショート・ストーリーで読む。声を出して読んだり、暗記したりして、この課の内容を復習する

※ただし、第2課は練習1〜6、第18課は練習1〜3、第19課は練習1〜4

●学習の進め方

　　各課の「首先確認」「確認」で取り上げている文法項目の説明を例文とともに読み進め、「練習1」で確認してください。そして、「提升程度」「進一歩提升程度」で類似表現や使い分け、用法を理解し、「練習2」「造句」「改錯」「找到例句了！」で確認してください。練習問題を解いたら解答で答えを確認し、分からないところがあれば説明をもう一度読んで確認してください。「造句」は与えられた言葉から文脈や場面を想像し、適切な文を完成してください。解答に一例がありますから自分の書いた文と比べてみてください。「找到例句了！」は言葉の意味を確認しながら読み進めてみてください。「結束・對話」は声を出して読み上げたり、暗記して言ったりしてみてください。

●ルビについて… 読み方が難しい語彙(旧日本語能力試験の2級レベル以上の漢字)にはルビをつけました。中級レベルでは知らない言葉に出あうことも多くなると思います。辞書を引きながら、語彙を増やしていく練習に役立つと思います。

●文法用語解説について… 基本的な文法用語について、解説を入れました。「➡❓p.000」のマークに従って参照ページをご覧ください。

●凡例について… 活用形を「凡例」で示しました。「→凡例」に従ってご覧ください。

致使用本教科書的教師

◉本教科書的特色及使用方式參考範例

　　本教科書的內容包含了可以運用在日常生活情境的文法說明及練習，此外，為達成本教科書目的之一的提高學習者的詞彙相關能力，我們在例句中盡量使用難度較高的詞彙。書中除了在解說上特別留意溝通上容易發生的問題之外，同時也加入了和類似句型在用法上的區分等等專業性的內容。我們盡可能以學習者容易理解的用字遣詞來做說明，所以請老師們建議學生在上課之前，先做好課前準備，自行查好沒學過的詞彙，閱讀文法說明並先寫好練習題。希望老師能讓學生們自主性的學習，在課堂上一起對答案，並一起思考學生們所提出的疑問。

◉使用本教科書上課的範例

　　假設如果是1年總共上30堂課(上學期15堂、下學期15堂)的話，上學期可以從第1課上到第12課，下學期則由第13課上到第24課，各進行12課的內容。第一堂課先說明上課方式、進度及考試時間，大約學期中舉行期中考，最後一堂課舉行期末考。上課時間為每週一堂(90分鐘)，每次進行1課內容。

　　首先，**指導學生來上課之前先做好預習的功課，閱讀該堂課進度內容的「首先確認」「確認」的文法說明，並寫好練習題(「練習1，2」「造句」「改錯」)**。課堂的進行方式則以回答學生問題、確認「提高程度」「進一步提高程度」的內容及確認練習題答案為主。預習的方式基本上為閱讀教科書的文法說明、「開始・對話」，並寫好所有的「練習題」。請指導學生一定要確實查好沒學過的詞彙。建議在課堂上盡可能讓學生們積極作答，並試著自己說明答案的理由。

　　以下為1堂課的授課進行方式的範例。(以1堂課90分鐘為例)

開始・對話 [約5分鐘]	一開始上課先來一段5分鐘的暖身活動。兩個人一組，思考如圖所示的情境下，會使用哪些用法來表達，編一段簡短的對話。 這樣的暖身活動可以讓學生想像實際的場景，在回顧自己所掌握的日語能力的同時，也能意識到當天的學習內容。
首先確認 確認 [約10分鐘]	將說明的重點以詢問學生的方式來做確認。 在這裡仔細清楚的解說這一課文法的基本意思及用法。內容請在下一步「練習1」中做確認。
練習1 [約10分鐘]	在這裡可以確認詞尾變化及連接方式等的形態部分，以及基本用法的意思。如果對於基本內容能夠充分理解，就不會停留在原地，可以繼續向前進。
提升程度 進一步提升程度 [約20分鐘]	先確認內容。在這裡針對詞組的搭配及溝通上該注意的問題、類似句型在使用上的區分等做詳細的說明。到了中級階段，會有許多學生希望能學到較多新的知識，因此藉由詳細解說「提升程度」「進一步提升程度」的內容，可提高學生的學習欲望，強化其接受挑戰的意願。請在接下來的「練習2」確認內容。

練習 2 [約 10 分鐘]	以四選一的問題為主。除了能夠確認用法及使用上的區別之外，四選一的答題方式對於準備日語能力測驗也是個有效的應試方法。 這個部分故意在選項中設定了學生容易用錯的詞尾變化及使用上的區分問題，有學生會因此而上當，但這些正是希望學生們理解的重點所在，因此老師們可以在這裡多花點時間，讓學生了解為何會答題錯誤，能夠真正理解內容並選擇正確的答案。若能夠在課堂中確認「練習 1」「練習 2」的解答，同時讓學生說明答案的理由，學生們在使用日文表達時，應該會進一步留意文法的正確性。
造句 [約 15 分鐘]	可以確認在本課中所學習的內容是否能夠正確的使用出來。 或許學生們會造出許多不同的句子，或是問很多關於詞彙及適當的表現等問題，在這部分請老師盡可能多花點時間（約 15 ～ 20 分鐘）。而指示學生來上課前先做好預習並完成句型，在課堂上讓學生們發表在家寫好的作業，討論關於前後文及情境的理解、詞彙的選擇、表達方式的多樣化等也是有效的方式。
改錯 [約 10 分鐘]	確認錯誤的地方及錯誤的理由。 這部分是參考學生實際上使用錯誤的例子而完成的。請試著討論錯誤的地方、錯誤的理由及正確的用法。學生們應該能夠理解各文法句型容易混淆及使用錯誤的理由。藉由學生們自行更正錯誤的方式，來達到提醒他們不要再犯相同錯誤的效果。
找到例句了！ [約 5 分鐘]	讓學生們閱讀使用這課文法的文章。我們希望透過這樣的練習活動，讓學生們累積「真的學會了」「能夠看懂內容了」的成功經驗，對於學習抱持明確的目的及熱情。在這裡我們挑選了對學習者有助益的日本國情·文化的相關主題。
結束·對話 [約 5 分鐘]	在每個單元的最後準備了與「開始·對話」相同情境的「結束·對話」，在課程結束前，以大家一起朗讀、背誦、或是分組朗讀等方式，來達到複習的效果。將「結束·對話」與「開始·對話」連結在一起，可以讓學生自然而然的記住在各情境所使用的表達方式而不感到負擔。

●關於本教科書的規格

關於注音假名… 將第 1 課到第 10 課的舊制日語能力測驗 3 級以上的漢字詞彙，及第 11 課到第 24 課的舊制日語能力測驗 2 級以上的漢字詞彙標上了假名。請老師適時指導學生自行查字典以確認各詞彙的意思。在中級階段會有很多機會遇到沒學過的詞彙，藉由查字典來學習的方式，對於增加詞彙量是很有幫助的。

關於文法用語… 在書的最後附有基本文法用語解說。請依循本文中出現的「➡❓p.000」標識，視需要參閱解說部分。

關於凡例… 詞尾變化以「凡例」的方式標示。請依循本文中的「→凡例」，視需求參閱封面底頁的凡例。

ix

この教科書をお使いになる先生方へ

◉この教科書の特徴と使い方の例

　この教科書には、日常場面に応用できる文法説明や活動を取り入れました。また、学習者の語彙力の向上も一つの目的であるため、例文などでも難易度の高い語彙を使っています。コミュニケーション上の問題を意識して詳しく説明したり、類似表現の使い分けなどには専門的な内容も含まれています。できるだけ、学習者が自分で読んで理解できるように平易な文章を心がけましたので、学生には授業に来る前に知らない言葉を調べながら、文法説明を読んで練習問題の答えを書いてくるように勧めてください。自律学習を進めつつ、授業では練習問題の答え合わせや学生からの質問について一緒に考える時間を設けていただければと思います。

◉この教科書を使った授業の一例

　1年間で30回授業(前期15回、後期15回)の場合、前期は第1課から第12課まで、後期は第13課から第24課までのそれぞれ12課分を行います。初回はオリエンテーション、学期の中ほどは中間テスト、最後の日は期末テストを行います。授業は週1回1コマ(90分)で、1課進めます。

　授業に来る前に、**その課の「首先確認」「確認」の文法説明を読んで、練習問題(「練習1，2」「造句」「改錯」)の答えを書いて予習してくるよう**指導します。授業では学習者の質問に答えたり、「提升程度」「進一歩提升程度」の内容について確認しながら練習問題の答えを確認する活動を中心に行います。予習の仕方は、基本的には教科書の文法説明を読み、「開始・對話」を行い、すべての「練習問題」の問題を解いてくることです。分からない言葉は辞書を引いて調べてくるよう指導します。授業内では学生にどんどん答えを発表してもらって、解答の理由についても説明してもらうといいでしょう。

　以下は、1コマの授業の進め方の例です。(1コマ90分の場合)

開始・對話 [約5分]	授業開始時に5分程度ウォーミングアップとしてやる活動です。ペアになり、絵のような場面ではどのような表現を使うのかを考え、会話を作ります。 実際の場面を想像し、自分の持っている日本語力を振り返りながら、その日の学習項目を意識化させることができます。
首先確認 確認 [約10分]	説明されているポイントを学生に質問する形で確認します。 ここではその課の文法項目の基本的な意味や用法を丁寧に解説しています。その内容を次の「練習1」で確認してください。
練習1 [約10分]	活用や接続などの形態と、基本的な意味の確認ができます。基本的なことが理解できていれば立ち止まらずに進めます。
提升程度 進一歩提升程度 [約20分]	内容を確認します。ここでは、コロケーション情報やコミュニケーション上の留意点、類似表現との使い分けなどについて説明しています。中級レベルの学生は新しい情報を習いたいと希望する学生が多いですが、「提升程度」「進一歩提升程度」の内容を丁寧に説明することで、学習意欲が上がり、チャレンジする気持ちも強くなります。その内容を次の「練習2」で確認してください。

練習2 [約10分]	四択問題が中心です。用法や使い分けなどの確認ができますが、四択問題なので日本語能力試験等の対策にも有効に使えます。 ここでは、間違いが多い活用や、使い分けを確認する錯乱肢があるため、ひっかかる学習者もいますが、そこが押さえてほしいポイントですので間違った理由が分かるよう、そして正しい答えが選べるように時間をかけることが望ましいです。「練習1」「練習2」は教室で解答を確認しながら、学生に解答の理由について説明させると、さらに文法を意識して話せるようになるでしょう。
造句 [約15分]	この課で勉強したことが適切に産出できるかを確認します。 学習者からいろいろな内容の文が出たり、語彙や表現の適切さについて質問が出たりするかもしれません。ここはできるだけ時間(15～20分程度)をかけてください。基本的には、学習者に予習として文を完成させてくるよう指示し、授業では学生が作ってきた文を発表させ、文脈の理解、語彙の選択、表現のバリエーションなどについて話し合う時間を設けるのも有効です。
改錯 [約10分]	間違いの箇所を確認し、間違いの理由を確認します。 学習者の実際の誤用例を参考にして作成しました。間違っている部分と理由、正しい表現について話し合ってみてください。学生が各文法項目の中で混乱しやすい部分や間違いが起こりやすい理由が分かると思います。学生が間違いを直すことによって同じ間違いをしないよう注意するようになります。
找到例句了! [約5分]	その課の項目が使われている生の文章を読みます。この活動を通して「分かった」「読めた」という成功経験を積み重ね、学習に目的や意欲を持ってもらいたいというねらいがあります。学習者にとって有益だと思われる日本事情や日本文化に関わるトピックを取り上げました。
結束・對話 [約5分]	「開始・對話」と同じ場面を各課の最後に「結束・對話」として提示しました。授業が終わる直前にコーラスしたり、暗記したり、ペア・リーディングすることによって復習の効果が期待できます。「結束・對話」を「開始・對話」とシンクロさせることで、学習者の記憶に負担をかけず、この場面ではこの表現を使うということを自然に覚えられるでしょう。

●本書の仕様について

ルビについて…　　第1課から第10課は旧日本語能力試験3級レベル以上の漢字語彙に、第11課から第24課には同試験2級レベル以上の漢字語彙にルビをつけました。適宜、辞書を引いて意味を確認するよう指導してください。中級レベルでは知らない言葉に出あうことも多くなりますが、辞書を引きながら、語彙を増やしていく練習に役立つと思います。

文法用語について…巻末に基本的な文法用語について、解説を入れました。本文中の「➡❓p.000」マークに従い、必要に応じて参照ページをご覧ください。

凡例について…　　活用形を「凡例」で示しました。本文中の「→凡例」に従い、必要に応じて、表紙裏の凡例をご覧ください。

實力提升
日語文法

中級

| 1 ··· 10 | ······ 初中級階段 |
| 11 ··· 24 | ······ 中高級階段 |

1 指示詞

開始・對話

在以下情境中，兩人之間會出現什麼樣的對話呢？請在＿＿＿填入適當的詞彙來完成對話。

〈在倉庫〉

① 電池はここに入っているかな？

② いいえ、a.＿＿＿箱じゃないですよ。

③ じゃ、b.＿＿＿ですか？

④ はい。しまもようの箱のとなりのc.＿＿＿箱です。

這一課的句型詞彙

指示詞 「コ系」「ソ系」「ア系」「ド系」

首先確認

	指示詞			疑問詞
	コ系	ソ系	ア系	ド系
連體詞	この	その	あの	どの
	こんな	そんな	あんな	どんな
	こういう	そういう	ああいう	どういう
	このような／こんな	そのような／そんな	あのような／あんな	どのような／どんな
東西	これ	それ	あれ	どれ
地點	ここ	そこ	あそこ	どこ
方向	こちら	そちら	あちら	どちら
	こっち	そっち	あっち	どっち
副詞	このように／こんなに	そのように／そんなに	あのように／あんなに	どのように／どんなに
	こう	そう	ああ	どう

疑問詞 ➡ p.250

連體詞 ➡ p.245

【何謂指示詞】

說話者對於聆聽者表示現場或是前後文中出現的人・事・物時,所使用的詞彙。

(1) 現場指示

說話者和聆聽者在對話之中,用來指示人、東西、地點所使用的コソアド(「コ系」「ソ系」「ア系」「ド系」)。

① 東西・人

「コ系」＝指靠近說話者的東西・人。

「ソ系」＝指靠近聆聽者的東西・人。

「ア系」＝指其他。

- A：あのう、その電子辞書、ちょっと見せてもらえませんか。(請問可以讓我看一下那台電子辭典嗎？)
  B：ああ、これですか。いいですよ。どうぞ。(啊,這台嗎？可以呀！來,請看。)

② 聆聽者的所有物

「ソ系」＝ 指聆聽者的衣服或配戴在身上的東西等,對方的所有物。

- 中村：田中さんはいつもそのネックレスをつけていますね。特別な物ですか。
  (中村：田中小姐妳經常戴著那條項鍊,它是不是有什麼特別的含意呢？)

  田中：ああ、これですか。母がくれた物なので大切にしているんです。
  (田中：啊,這個嗎？這是我媽媽給我的,所以我一直都很珍惜。)

③ 地點（空間）

「コ系」＝指說話者所在的地點,或是說話者與聆聽者在一起的地點。

「ソ系」＝指離說話者和聆聽者不遠不近的中間地帶。

「ア系」＝指離說話者和聆聽者較遠的地點。

- A：来週の打ち合わせの場所はここでいいですか。(下週會談的地點約在這裡可以嗎？)
  B：ええ、来週もここでやりましょう。(嗯,下週也在這裡吧！)

〈路上〉

- A：あのう、すみません。郵便局はここから遠いですか。(不好意思請問一下,郵局離這裡遠嗎？)
  B：いいえ、遠くないですよ。そこに白い建物があるでしょう。郵便局はその建物の１階です。
  (不,不遠喔！那裡有一棟白色的建築物,郵局就在那棟建築的１樓。)

④ **方法・程度**

説明方法・作法時＝用「こう／そう／ああ／どう」

表示程度時＝用「こんなに／そんなに／あんなに／どんなに」

・〈書法教室〉

筆はこうやって持ちます。えんぴつの持ち方でまっすぐ立てます。（毛筆要這樣拿。像拿鉛筆一樣將筆桿立直。）

・どんなに忙しくても毎日母に連絡している。（即使再忙，每天都還是會和媽媽連絡。）

（２）前後文指示

指示對話中出現的人、東西、地點、或是記憶中的人、東西、地點等，會使用「コ系」「ソ系」「ア系」的指示詞來表達。

① 雙方共有的內容

「ア系」＝ 用在說話者和聆聽者談及雙方都知道的事情，或是共有的資訊。

・A：今年はどこで花見をしましょうか。（今年我們要在哪裡賞櫻呢？）
B：去年、一緒に行ったあの公園はどうですか。（去年一起去的那個公園如何呢？）

② 非雙方所共有的內容

「コ系」＝ 用在說話者談及正在考慮的事情或是自己的經驗。

「ソ系」＝ 用在說話者和聆聽者談及雙方都不知道、或是只有一方知道的事情。

・この話は、まだ誰にも話していないんですが、実は、来年アメリカに留学したいと思っています。

（這件事我還沒跟任何人提起，其實我考慮明年去美國留學。）

・佐藤：オウさん、初詣って、知ってる？（佐藤：王先生，你知道「初詣」嗎？）
オウ：いいえ、知りません。それ、何ですか？（王：不，我不知道。那是什麼意思啊？）

（３）代名詞

代名詞 ➔ ❓p.245

「ソ系」＝ 代替曾經在話題或文章中出現過的詞彙。

・昨日、筑波山へ遊びに行きました。そこ（筑波山）で、田中さんに会いました。

（昨天去筑波山玩。在那裡（筑波山）遇到了田中先生。）

・昨日新しいコーヒーメーカーを買った。それ（新しいコーヒーメーカー）でコーヒーを入れて飲んでみた。とてもおいしかった。（昨天買了新的咖啡機，用它（新的咖啡機）煮了杯咖啡嘗嘗，覺得非常好喝。）

（4）強調

「コ系」＝ 使用在導入話題或是文章時，為了讓聆聽者將注意力集中在說話者的話題內容時。

・こちらをご覧下さい。これは、日本人の好きな料理について、1983年と2007年の調査の結果を比較したものです。好きな料理のトップは「すし」で、日本人の73％が「好き」と回答しています。

（大家請看這裡。這是1983年和2007年關於日本人喜愛的料理的調查結果比較。喜愛的料理中「壽司」位居首位，有73%的日本人回答「喜歡」。）

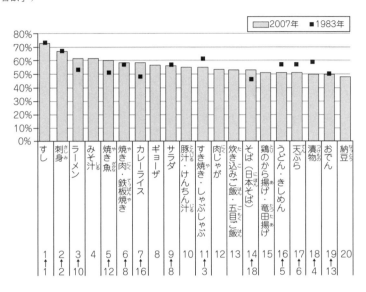

社会実情データ図録
NHK放送文化研究所世論調査部「日本人の好きな物」2008年、同「放送研究と調査」

練習1

■ 請從 a. 和 b. 之間選出適當的用法。

1. A：大学の近くに新しいレストランがオープンしたけど、知ってる？
   B：えっ、（　　　）どこですか。
   a. それ　　　b. あれ

2. A：すみません、（　　　）、日本語でなんて言うんですか？
   B：ああ、それね、ホチキスって言うんですよ。
   A：そうですか。じゃあ、（　　　）はなんて言うんですか？
   B：それはね、定規って言うんですよ。
   a. これ　　　b. あれ

3. A：待ち合わせの場所、どこにしましょうか。

B：駅前の喫茶店はどうですか。

A：ああ、（　　）なら、近くて便利ですね。

a. そこ　　　　　b. あそこ

4. A：木村さんは本当に親切ですね。

B：ええ、ほんと。（　　）やさしい人はあまりいないと思いますよ。

a. そんなに　　　b. あんなに

5. A：タイ焼きって、おいしいですね。

B：えっ、（　　）何ですか。魚ですか。

a. それ　　　　　b. あれ

6. 〈在筑波山〉

A：ここは眺めがいいですね。

B：ほんと。つくば市内が全部見えますね。

A：あっ、（　　）に富士山が見えますよ。

B：ほんとうですね。筑波山から富士山が見えるなんて知りませんでした。

a. そこ　　　　　b. あそこ

7. A：ねえ、昨日、図書館で会った（　　）人、紹介してくれない？

B：えっ、田中さんのこと？

A：うん、とても素敵な人だなと思って。

a. その　　　　　b. あの

8. 妹：もう、お兄ちゃんなんか大嫌い。（　　）行って。

兄：ごめん、ぼくが悪かったよ。機嫌直して。

a. あっち　　　　b. そっち

9. A：あのう、大変なときに、（　　）お願いをするのは申し訳ないんですが。

B：お願いってなんですか。

a. こんな　　　　b. そんな

10. 〈路上〉

A：あのう、すみません。地下鉄の駅に行きたいんですが、ここから遠いですか。

B：いいえ、すぐ（　　）ですよ。

a. そこ　　　　　b. あそこ

提升程度

（1）指示詞的形態

① 用來表示複數時

偶爾會用「これら／それら／あれら」，但一般還是用「これ／それ／あれ」。

- これは私の本です。（１冊）（這是我的書。（１本））
- これらは私の本です。（２冊以上）（這些是我的書。（２本以上））
- これはぜんぶ私の本です。（２冊以上）（這全部是我的書。（２本以上））

② 表示禮貌的指示詞

現場指示

人： この人、その人、あの人、どの人
東西：これ、それ、あれ、どれ
地點：ここ、そこ、あそこ、どこ

→ 表示禮貌的指示詞

こちら、そちら、
あちら、どちら

※「どの人」會用「どなた」

〈將朋友介紹給老師〉

- オウ：田中先生、こちらは私の友だちの木村さんです。（王：田中老師，這位是我的朋友，木村小姐。）

  木村：はじめまして。オウさんの友だちの木村です。どうぞよろしくお願いします。

  （木村：初次見面，我是王先生的朋友木村。請多多指教。）

  田中先生：はじめまして。田中です。どうぞよろしく。（田中老師：初次見面，我是田中。請多多指教。）

（2）指示詞的用法

① 疑問詞的用法

兩者之中做選擇時用「どちら」，三者以上則用「どれ」。

人：從兩人之中做選擇＝どちら／どっち

從三人以上選擇一人＝どの＋人(方)、誰、どなた

東西：兩者之中做選擇＝どちら／どっち、どちらの／どっちの＋名詞

從三者以上做選擇＝どの＋名詞、何、どれ

- お二人は、どちらが年上ですか。（您們兩位，哪位比較年長呢？）
- 本がたくさんありますけど、木村さんの本はどれですか。（有好多書，木村小姐的是哪一本呢？）
- チェック柄としまもようと水玉もようの中で、どの柄が似合いますか。

  （格子、條紋和圓點的花色當中，哪一個比較適合呢？）

② 疑問詞的用法

在對話中要從許多選項擇一時，以「**何 → どれ → どちら／どっち**」的順序來做選擇。若已經選好兩項，有時會省略「何」「どれ」（→ A2、B2 的對話）。

〈家庭餐廳〉

· A1：ねえ、<u>何</u>、食べる？（喂，要吃什麼？）

　B1：うーん、今日はスパゲッティにしようかな。（嗯，今天吃義大利麵如何呢？）

　A2：わあ、いろいろなスパゲッティがあるね。<u>どれ</u>にする？（哇，有好多種口味的義大利麵耶！要吃哪種呢？）

　　　今日のおすすめは、ナポリタンと和風スパゲッティだって。

（聽說本日主廚推薦是拿坡里義大利麵和日式義大利麵。）

　　　<u>どっち</u>もおいしそう。<u>どっち</u>にしようかな。（不管是哪一種看起來都好好吃。選哪個好呢？）

　B2：私はナポリタン。（我要拿坡里義大利麵。）

③ 對話中共有的內容

在對話中，當說話者所說的內容成為和聆聽者之間的共有內容時，指示詞有時會從「**ソ系**」轉變成「**ア系**」。

· A：<u>この</u>仕事は木村さんに頼みましょうか。（這份工作就交給木村先生負責吧？）

　B：えっ、<u>その人</u>、誰ですか？（咦，那個人是誰呀？）

　A：ほら、先月からバイトに来ている背の高い人ですよ。（就是上個月來打工的，個子很高的那位呀！）

　B：ああ、分かった…。<u>あの人</u>ですね。<u>あの人</u>なら、やってくれると思います。

（啊，我知道…。是那個人啊？如果是那個人的話，我想他會幫忙的。）

練習2

■ 請從 a. ～ d. 之中，選出最適合的答案。

1. A：今、持っている（　　）本、ちょっと見せてもらえますか。

　B：あ、これですか。どうぞ。

　a. その　　　b. この　　　c. これ　　　d. それ

2. A：（　　）、日本語で何て言うんですか？

　B：あ、これですか。修正テープって言うんですよ。

　a. この　　　b. その　　　c. これ　　　d. それ

3. A：（　　）ピアス、すてきですね。

　B：ああ、これ。昨日、買ったんですよ。いいでしょう。

　a. これ　　　b. それ　　　c. この　　　d. その

4. A：ねえ、あそこに座っている緑のシャツを着た人、知ってる？

B：ああ、（　　）人、韓国からの留学生の金さんですよ。

a. この　　　　b. その　　　　c. あの　　　　d. どの

5. この間、秋葉原に買い物に行きました。しかし、道が分からなくて困っていました。（　　）とき、通りがかりの親切な人が道を教えてくれました。本当に助かりました。

a. この　　　　b. その　　　　c. あの　　　　d. こんな

6. A：この指輪、見て。昨日、彼氏にもらったの。きれいでしょ。

B：いいなあ。私も（　　）指輪がほしいなあ。

a. あんな　　　b. そんな　　　c. どんな　　　d. それ

7. A：このゲーム、どうやって遊ぶんですか？

B：（　　）やって遊ぶんですよ。見てて。

a. これ　　　　b. そう　　　　c. こう　　　　d. こんな

8. メニューの中から（　　）でも好きな物を1つ選んでください。

a. どれ　　　　b. どちら　　　c. どこ　　　　d. それ

9. 昨日、はじめて山下公園へ散歩に行きました。（　　）でぐうぜん田中さんに会いました。

a. ここ　　　　b. そこ　　　　c. あそこ　　　d. どこ

10. A：何を（　　）急いでいるんですか。

B：もうすぐ授業が始まるんです。早く行かないと遅刻するんで。

a. こんなに　　b. そんなに　　c. あんなに　　d. どんなに

✏️ 造句

■ 請使用本課的内容（指示詞）完成下列各句。請在（　　）的①②③中選出適當的指示詞。

1. 去年、友だちと a.＿＿＿＿＿＿＿＿＿＿＿ を旅行しました。（①ここ・②そこ・③あそこ）では、

b.＿＿＿＿＿＿＿＿＿＿＿＿＿＿＿＿＿＿＿＿＿＿＿＿＿。とても楽しかったです。

2. 私の友だちに a.＿＿＿＿＿＿＿＿ さんがいます。b.＿＿＿＿＿＿ は c.＿＿＿＿＿＿＿＿＿

＿＿＿＿＿＿＿＿＿＿＿＿＿＿＿＿＿＿＿＿＿＿＿＿＿＿＿。

3. ☞ 請依據第 5 頁圖表所示 2007 年的調查結果來作答。

日本人の好きな食べ物について調査をしました。a._____ 結果、好きな食べ物のベスト 3 は、

b._____、c._____、d._____ ということが分かりました。一方、納豆は 20 位になってい

ました。やはりすしは日本人が一番好きな食べ物だということが分かりました。

4. 昨日、インド料理のレストランへ行きました。a._____ で、カレーを食べました。b._____ あと、

映画館へ行きました。3D 映画で話題になった『スペース・ウォーズ』という映画を見ました。友

だちに c._____ 映画のことを話したら、「ああ、私も見た。d._____ 映画、おもしろいよね。」と

言っていました。友だちと映画の話をして楽しかったです。

5. 〈電話中〉

A：今、a._____ は雨が降っていますが、b._____ はどうですか。

B：c._____ は、とてもいいお天気ですよ。

6. 〈路上〉

A：あのう、すみません。ちょっとおたずねしますが、バス停は a._____ から遠いですか。

B：いいえ、すぐ b._____ ですよ。c._____ に高いビルが見えるでしょう。

バス停は d._____ ビルの前にありますよ。

A：どうもありがとうございました。

B：いいえ。

7. 生きるか死ぬか、_____ が問題だ。(To be, or not to be: that is the question.)

(『ハムレット』、シェイクスピア)

■□ 改 錯

■ 在下面的句子中有錯誤的用法。請在錯誤的地方畫上 _____，並寫出正確的用法。

1. 来週、スカイツリーの前で会いましょう。あのとき、借りていた本を持っていきますね。

2. A：わあ、すごく並んでる。

B：ほんとだ。そんなに人が多いと思わなかった。

3. A: この中で一番好きなものを選んでください。

   B: たくさんありますね。どちらにしましょうかね。

4. 私は小学生のとき、沖縄に行ったことがあります。あのとき、はじめて海で泳ぎました。

5. A: 日本で勉強が終わったら国へ帰って仕事がしたいです。

   B: あれはいいですね。ご両親も喜ぶでしょうね。

找到例句了！

在這篇文章裡，使用著本課的學習內容（指示詞）。閱讀文章時，請試著思考其使用方式及意思。

お参りを終えた帰り道で、中学生の娘が突然、「痛い、痛い！」と叫びました。人ごみに押されて、小道に沿った溝に落ちてしまったのです。幸い大けがにはなりませんでしたが、私が支えて歩かなければなりませんでした。

娘は怒って「おこづかいからたくさんおさい銭をあげたのに、こんな目にあうなんてひどい！こんな神社には、二度と来ない」と言いました。私は娘に同情し、「神社は神様を利用して金もうけをしている」とつぶやきました。すると、妻は「大けがではなかったわよね？これはきっと神様のおかげですよ」と言って娘を慰めました。

それからしばらくして、ある神主と話す機会がありました。私がこの話をすると、神主はこう言いました。「人間は、物事を前向きに考えられる才能が生まれながらに備わっています。娘さんは、お母さんからそのことを学びました。そのことがわかる機会を神様が与えてくださったのです。その御利益を考えれば、おさい銭なんて安い授業料ですよ」と。

「神様がかわいそう!?」より
Hir@gana Times(2011.1) pp.24-25

お参り：参拜
突然：突然
叫ぶ：大叫
人ごみ：人群
小道：小徑
沿う：沿著
溝：水溝
幸い：慶幸
支える：支撐
おこづかい：零用錢
おさい銭：香火錢
同情する：同情
金もうけ：賺錢
つぶやく：發牢騷
慰める：安慰
神主：神官
前向きに：積極向前地
才能：才能
備わる：具備
御利益：神賜予的恩惠

結束・對話

教室にあるテレビのリモコンの電池が切れてしまった。そのとき、田中さんが来たので倉庫で一緒に電池を探した。新しい電池はいつもしまもようの箱に入れておくのに、その箱に入っていなかった。倉庫にはいろいろな物があって、電池を探すのが大変だった。普段から整理しておけば、必要なときにすぐ見つかると思う。これからはきちんと整理することにした。

2 助詞

開始・對話

下面的情境可以用怎樣的表達方式來描述呢？請在＿＿＿填入適當的助詞來完成句子。
〈公園裡〉

① 空 a.＿＿＿白い雲があります。
② 鳥が空 b.＿＿＿飛んでいます。
③ 子どもたちがしばふの上 c.＿＿＿走っています。
④ しばふの上 d.＿＿＿子どもたちがボール e.＿＿＿遊んでいます。
⑤ 木の下 f.＿＿＿犬がいます。
⑥ ベンチ g.＿＿＿座って本を読んだり、音楽を聞いたり…。

這一課的句型詞彙

助詞 「に」「で」「を」「と」「から」「まで」「までに」

 首先確認

【何謂助詞】

因為本身無明確的含意，所以必須接在名詞後面或是動詞來使用的詞彙。

（1）表示地點的「に」「で」「を」

① **存在地點用「に」**

- ソファの上にネコがいます。（沙發上有隻貓咪。）
- 駅の近くにスーパーがあります。（車站附近有超級市場。）

② **動作地點用「で」**

- 留学生センターで日本語を勉強しています。（在留學生中心學日文。）
- 先週の日曜日、公園で花見をしました。（上星期日在公園賞櫻。）

③ 發生事件的地點、舉辦活動的地點用「で」

- 先週、家の近くの交差点で交通事故がありました。(上週在我家附近的十字路口發生了交通事故。)

- 来週、市民ホールでクラシックの音楽会があります。(下週將在市民活動中心舉辦一場古典音樂會。)

④ 經過地點、移動地點用「を」

- 橋を渡って、まっすぐ行くと病院があります。(過了橋之後，直走會有一間醫院。)

- 鳥が空を飛んでいます。(小鳥在空中飛翔。)

⑤ 停留地點、上班地點用「に」

- 京都に行ったとき、すてきな旅館に泊まりました。(去京都時，住在一間很棒的旅館。)

- 日本に来るまえに、旅行会社に勤務していました。(來日本之前，在旅行社上班一段時間。)

（２）用在人的「に」「と」

① 動作對象用「に」

- 先生に漢字の読み方を聞きました。(我請教了老師漢字的讀法。)

- 友だちに国の家族の写真を見せました。(讓朋友看在家鄉的家人們的照片。)

- 今日、友だちに会います。(今天要去見朋友。)

② 在被動句中表示做動作的人（動作主體）用「に」

被動句 ➡ 第 21 課

- 昨日、母に怒られました。(昨天被媽媽罵了。)

- 誰かに自転車を盗まれたみたいだ。(腳踏車好像被人偷走了。)

③ 一起行動的人用「と」

- 田中さんと一緒に旅行しました。(我和田中小姐一起去旅行。)

- 図書館で友だちと勉強します。(在圖書館和朋友一起讀書。)

（３）表示時間的「に」「で」「から」「まで」「までに」

① 具體的時間(○曜日に、○月○日に、○○○○年に、○時○分に、等等)用「に」

- 来週の日曜日に家族が日本に来ます。(下星期日家人要來日本。)

② 會相對改變的時間(今朝、昨日、今日、明日、今週、今月、去年、今年、来年、毎〜、いつ、等等) 不用「に」

- ［○］来週、みんなで旅行に行きます。(下週大家要一起去旅行。)

  ［×］来週に、みんなで旅行に行きます。

- ［○］あさって、リサさんの誕生日パーティーをしましょう。(後天來辦麗莎小姐的生日派對吧！)

  ［×］あさってに、リサさんの誕生日パーティーをしましょう。

13

③ 到達基準點之間的時間用「で」

・あと 10 分で授業が終わります。（再十分鐘就下課了。）

④ 開始的時間點用「から」，結束的時間點用「まで」

・銀行は 9 時から 3 時まで開いています。（銀行的營業時間從 9 點到 3 點。）

⑤ 期限用「までに」

・25 日までにこの書類を提出してください。（請在 25 日之前提交書面資料。）

・9 時までには必ず帰ってきます。（我一定會在 9 點之前回來。）

（4）動作目的用「に」

常和「行く、来る、帰る、戻る」等移動動詞一起使用。和「〜ために」的意思相同。

・図書館へ本を借りに行きます。（去圖書館借書。）

・オウさんは財布を取りに、家に帰りました。（王先生回家拿錢包了。）

移動動詞 ➡ ❓p.250

（5）變化結果用「に」

用「〜になる」來表示。

・5 時になったら帰りましょう。（到了 5 點就回家吧！）

・田中さんは今年で 25 歳になります。（田中小姐今年 25 歲。）

（6）選擇、決定的內容用「に」

以「〜にする」來表示。如果是像「明日」這種會相對改變的時間也是用「に」。

・紅茶はミルクにしますか、レモンにしますか。（紅茶要加奶精還是檸檬呢？）

・3 時ですね。おやつにしましょう。（3 點了。來吃點小點心吧！）

・帰りが遅くなるときは、必ず家に連絡することにしています。（回家時間較晚時，我一定會先和家人連絡。）

・今日はもう遅いですから、この話の続きは明日にしましょう。（已經很晚了，這件事明天再繼續討論吧！）

（7）動作的對象用「に」

動作朝向的地點、動作的對象用「に」來表示。

・ノックをしてから、先生の研究室に入ります。（敲門之後，進了老師的研究室。）

・毎日、バスに乗って、大学に来ます。（每天搭公車來學校。）

・順番が来るまで、このいすに座って待ってください。（輪到之前，請在此座位上等候。）

・立ち止まらず前にお進みください。（不要駐足停留，請繼續前進。）

（8）原因、手段・方法、材料用「で」

① 原因

- 事故で電車が止まっています。（電車因事故而停駛了。）
  じ こ　　でんしゃ

- 自転車の故障で授業に遅れました。（因為腳踏車拋錨所以上課遲到了。）
  じ てんしゃ　　こしょう　じゅぎょう　おく

② 手段・方法

- ボールペンで名前を書いてください。（請用原子筆書寫名字。）

- 大学まで自転車で 10 分ぐらいかかります。（到學校騎腳踏車大約 10 分鐘。）

③ 材料

- 紙で人形を作りました。（用紙做了娃娃。）
  かみ　にんぎょう

- この置き物はガラスでできています。（這個擺設物是用玻璃做成的。）
  お　もの

練習1

■ **請從 a. 和 b. 之間選出適當的用法。**

1.〈路上〉

A：Ｔ大学の正門はどこですか。
　　　　　　　　　せいもん

B：交差点（　　）まっすぐ行って、右に曲がってください。
　　こう さ てん　　　　　　　　　　　　　　　　ま

a. で　　　　　　b. を

2. 1 時の新幹線（　　）乗って、東京へ行きます。
　　　　　しんかんせん　　　　の

a. を　　　　　　b. に

3. 公園（　　）散歩していたら、山下さんに会いました。
　　こうえん　　さん ぽ　　　　　　やました

a. に　　　　　　b. を

4. 家族と旅行に行って、Ｔホテル（　　）泊まりました。
　　か ぞく　りょこう　　　　　　　　　　　と

a. で　　　　　　b. に

5. Ｔホテルの前（　　）、みんなと写真をとりました。
　　　　　　　　　　　　　　　　しゃしん

a. で　　　　　　b. に

6. 自転車の事故（　　）けがをしました。
　　　　　　じ こ

a. に　　　　　　b. で

15

7. 先生：田中さんは？

   鈴木：レポートの資料を探し（　　）、図書館に行くって言っていました。

   a. に　　　b. で

8. 危ないですから、ここ（　　）ボール遊びをしないでください。

   a. に　　　b. で

9. もう12時になりましたね。お昼（　　）しましょう。

   a. に　　　b. で

10. 私の家族は国（　　）います。

    a. に　　　b. で

 提升程度

① 表示地點的「を」和「に」

起點用「を」、到達點用「に」來表示。

- 8時に東京駅を出発して、10時半に大阪駅に到着しました。（8點從東京車站出發，10點半抵達大阪車站。）
- この駅を出たら、10分ほどで目的地に着きます。（離開這個車站之後，約10分鐘抵達目的地。）

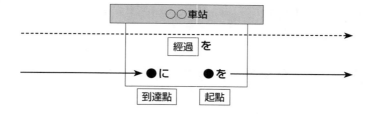

② 表示人、團體的「に」和「と」

動作的對象用「に」、一起行動的對象用「と」來表示。「に」表示單向、「と」則表示雙向。

- 被害者は事件のことを警察に話した。（受害者向警察訴說事件的原委。）

  （＝向警察說明案件原委。〈➡ 單向〉）

- 新聞記者は事件のことを警察と話した。（報社記者和警察談了案件相關內容。）

  （＝報社記者和警察一起談論案件。〈⬅➡ 雙向〉）

- ［○］彼は花子と結婚した。（他和花子結婚了。）

  ［×］彼は花子に結婚した。

16

・[○] ミーティングの場所が変更になったことをみんなに知らせた。（已知會大家會議地點變更一事。）

[×] ミーティングの場所が変更になったことをみんなと知らせた。

③ 表示數量、人數、範圍的「で」

除了時間之外，表示到達基準點之間一定的量、人數、範圍也用「で」。

・チケットはあと1枚で完売です。（門票僅剩一張，即將售罄。）

・あと1人で定員になります。（尚缺一名即額滿。）

④「まで」和「までに」的不同

「まで」＝表示持續一段期間的動作或狀態結束的時間點。

「までに」＝表示必須完成動作的期限或截止時間。

・昨日は夜12時までパーティーをしました。（昨天宴會持續到半夜12點。）

・今週の金曜日の5時までに宿題を提出してください。（請於本週五的5點之前繳交作業。）

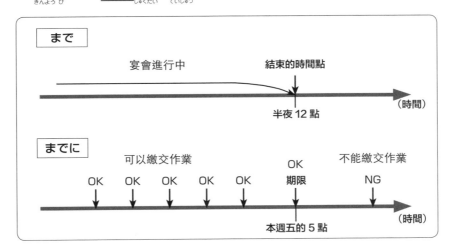

練習2

■ 請從「まで」和「までに」之間選出適當的答案。

1. 明日9時（まで ／ までに）ここに来てください。

2. 昨日は夜11時（まで ／ までに）ずっと勉強しました。

3. この病院の診察は5時（まで ／ までに）ですが、4時半（まで ／ までに）受付をしなければなりません。

4. 午後6時(まで ／ までに)は必ずここに帰ってきてください。

5. 日本では二十歳になる(まで ／ までに)お酒を飲んではいけません。

6. 母が帰ってくる(まで ／ までに)宿題を終わらせなければならない。

7. この本はあさって(まで ／ までに)返してください。

8. 高校を卒業する(まで ／ までに)アルバイトをしてはいけない。

練習3

■ 請在( )中填入「に」或「で」。

1. あそこ(　　)大きなビルが見えるでしょう。私は毎日あそこのレストラン(　　)昼ご飯を食べています。

2. 学校のつくえ(　　)落書きをしてはいけません。

3. 日本人はよく電車の中(　　)まんがを読む。

4. 今朝、新宿(　　)火事があったそうだ。

5. 私は大学の寮(　　)住んでいる。

6. 日本に来るまえはコンピュータ会社(　　)働いていました。

7. 父は中国の自動車販売会社(　　)勤めている。

8. 雨の日はすべりやすいので、自転車(　　)は乗らないほうがいいですよ。

9. ハワイでは、有名なホテル(　　)泊まりました。

10. 富士山は日本(　　)一番高い山です。

練習4

■ 請在( )中填入「に」或「と」。

1. 知らない女の人（　　）話しかけるのはとても恥ずかしい。

2. 韓国にも、日本（　　）同じ昔話がある。

3. アメリカやヨーロッパ（　　）違って日本ではお箸でご飯を食べる。

4. オウさんは指導教員（　　）自分の冬休みの予定を伝えました。

5. あこがれの映画スター（　　）話すことができて、とても嬉しかった。

練習5

■ 請從 a. ～ d. 之中，選出最適合的答案。

1. 朝8時に家（　　）出れば、十分間に合いますよ。

    a. に　　　b. で　　　c. を　　　d. へ

2. 空港（　　）到着したとたん、雨が降り出した。

    a. に　　　b. で　　　c. を　　　d. と

3. その調査については、インターネット（　　）調べてみました。

    a. に　　　b. で　　　c. を　　　d. まで

4. 京都（　　）は有名なお寺がたくさんある。

    a. に　　　b. で　　　c. を　　　d. へ

5. 将来は博士課程（　　）進みたいと思っています。

    a. に　　　b. で　　　c. を　　　d. と

6. 3番ホーム（　　）電車が通過します。

    a. に　　　b. で　　　c. を　　　d. から

7. 地震（　　）電車が止まりました。

    a. を　　　b. と　　　c. に　　　d. で

8.〈學校餐廳裡〉

A：何（　　）しますか？

B：私はざるそば（　　）します。

a. を　　　b. が　　　c. は　　　d. に

9. 2009 年 3 月に大学（　　）卒業しました。

a. に　　　b. を　　　c. が　　　d. から

10. あと 1 か月（　　）日本での留学生活が終わります。

a. に　　　b. と　　　c. を　　　d. で

練習6

■ 請在（　）中填入適當的助詞。

1. 彼は、あと 2、3 日（　　）退院できると言っていました。

2. ここにいる人（　　）、明日のセレモニーの準備をしましょう。

3. スーパーマンは空（　　）飛ぶことができます。

4. 7 時です。そろそろ夕飯（　　）しましょう。

5. この手紙を田中さん（　　）渡していただけませんか。

改 錯

■ 在下面的句子中有錯誤的用法。請在錯誤的地方畫上＿＿＿＿＿，並寫出正確用法。

1. 私は 2008 年までに国の大学でコンピュータを勉強していました。

2. 来月にアメリカに行くつもりです。

3. 私はどこにも寝られます。

4. もっと大きい声に話してください。

5. あそこのいすで座って、本を読んでいる人が誰か分かりますか。

6. 宿題が終わるまでに、遊びに行ってはいけませんよ。

在這篇文章裡，使用著本課的學習內容（助詞）。閱讀文章時，請試著思考其使用方式及意思。

日本列島、特に中心部は温帯に位置していることから、ほぼ等しく四季があります。日本人は季節を生活に取り入れています。春には桜を、秋には紅葉を見に出かけ、夏には海や山の、冬には雪のレジャーを楽しみます。
また、春には竹の子、夏にはそうめん、秋には栗、冬には鍋といった具合に、さまざまな季節の料理も味わいます。夏にはゆかたを着るなど、季節の服装も楽しみます。日本の四季は日本人の生活に彩りを添える大切な役割を果たしています。

「日本の生活に彩りを添える四季」より
Hir@gana Times(2011.11) p.22

日本列島：日本列島
中心部：中心地區
温帯：溫帶
位置する：位於
ほぼ：幾乎
等しい：均等
取り入れる：採用，導入
紅葉：紅葉
楽しむ：享受
竹の子：竹筍
具合に：樣子
味わう：品嘗
服装：服裝
役割：角色，任務
果たす：完成
彩りを添える：增添色彩

結束・對話

週末、松見公園に散歩に行きました。公園には小さい池があって、近くに犬がいました。しばふの上で子どもたちがボールで遊んでいました。空には白い雲があって、鳥が空を飛んでいました。池の近くのベンチに座って、本を読んだり、音楽を聞いたりしました。とても楽しい散歩でした。

3 複合助詞

> 開始・對話

請參考下方圖表說明。請將適當的詞彙填入（　）中，完成調查的概要。

關於男性特質・女性特質的觀念

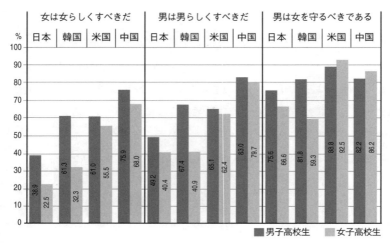

2003 年 日本青少年研究所「高校生の生活と意識に関する調査」
http://www2.ttcn.ne.jp/honkawa/2482.html (2010.3.25)

主體（誰）	內容（什麼）	對象（誰）
日本青少年研究所	男らしさ・女らしさに関する意識	日本、韓国、アメリカ、中国の高校生

これは、（a.　　　　　　　　　　）に関する意識調査です。（b.　　　　　　　　　　）によって、（c.　　　　　　　　　　）に対して行われました。その結果、日本の高校生は、男女とも、他の国より男らしさ・女らしさに関する意識が低いことが分かりました。

這一課的句型詞彙

複合助詞「〜について／〜についての＋名詞」「〜に関して／〜に関する＋名詞」
「〜に対して／〜に対する＋名詞」「〜によって／〜による＋名詞」
「〜にとって／〜にとっての＋名詞」「〜として／〜としての＋名詞」

(1)「～について」「～についての＋名詞」

① 動詞 Y 的具體**內容**以 X（對象）來表示。Y 為表示語言活動、思考活動的動詞。

・今日は日本の教育制度について考えてみましょう。（今天一同來思考日本的教育制度吧！）
・問題の解決方法についてみんなで話し合った。（大家一起討論了問題的解決方法。）

② 如果 Y 是名詞，要修飾 Y 時用「～についての＋名詞」。

修飾 ➔ p.247

・これは女性の結婚観についての調査です。（這是一份關於女性婚姻觀的調查。）
・今年の夏まつりについてのご意見をお寄せください。（關於今年的夏日祭典，歡迎踴躍提供您寶貴的意見。）

(2)「～に関して」「～に関する＋名詞」

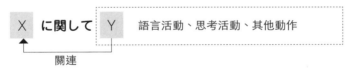

① 表示 Y 的 容和 X（對象）有**關連**。Y 為語言活動、思考活動、或是其他動詞（如「展示する」、「準備する」等）。

・この件に関しては現在調査中です。結果が出るまでお待ちください。
（關於這件事，目前還在調查當中。請耐心等候結果。）
・その問題に関して、データを準備しましたのでご覧ください。（關於那個問題，資料已準備齊全，請參閱。）

② 如果 Y 是名詞，要修飾 Y 時用「～に関する＋名詞」。

・個人情報保護に関する当社の考え方についてご説明します。（接下來說明本公司關於個人資料保護的想法。）
・いじめに関するアンケート調査が行われた。（進行了關於霸凌問題的問卷調查。）

（３）「～に対して」「～に対する＋名詞」

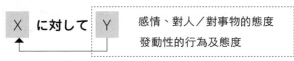

① 表示 Y 的**行為或感情所朝向的對象**。使用在行為或感受與對方有直接關係時。

・彼は誰に対しても親切でやさしい。（他無論對誰都非常親切而友善。）

・A氏の意見に対して、多くの人が反対意見を表明している。（對於A先生的意見，許多人表示反對意見。）

② Y 多使用表示對 X（對象）發動性的行為或態度的詞彙。

・政府は国民に対して新しい制度について説明した。（政府向國民說明了關於新制度的相關事宜。）

・A国はB国の首相の発言に対して強く抗議した。（A國對於B國首相的言論，表示強烈的抗議。）

・このアンケート調査は、全国の男女 3000 人に対して実施したものです。

（這份問卷調查，是針對全國 3000 名男女所實施的。）

③ 如果 Y 是名詞，要修飾 Y 時用「～に対する＋名詞」。

・子どもに対する親の愛は、何にも比べられないほど強いものである。

（父母對於孩子的愛，其強大的程度是沒有任何東西可以比擬的。）

・人々の政治に対する関心が低くなっている。（人們對於政治的關心持續下降。）

（４）「～によって」「～による＋名詞」

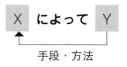

① 表示 Y 的**手段・方法**。

・その問題は話し合いによって解決できると思う。（我覺得那個問題可以透過討論來解決。）

・A社は社員全員が仕事を分担することによって、効率を図っている。

（A公司試圖以全體員工分擔工作的方式，來提高效率。）

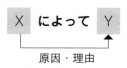

② 用來表示因為**原因** X，而導致了**結果** Y。如果 Y 是名詞，要修飾 Y 時用「～による＋名詞」。

・汚水によって川が汚れてきた。（因廢水導致河川污染。）

・地震による死者は 200 人以上にのぼっている。（地震所造成的遇難人數攀升至 200 人以上。）

（5）「~にとって」「~にとっての＋名詞」

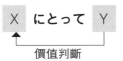

① 如果以 X（人）的立場來思考的話會是如何，表示**價值的判斷**。

・人間にとって必要な睡眠時間は何時間なのか、調査を行った。
（對人類來說需要的的睡眠時數究竟是幾小時，我們進行了調查。）

・この絵は普通の絵かもしれないが、私にとっては大切な思い出の物だ。
（這幅畫或許只是一幅普通的畫，但對我來說它有著珍貴的記憶。）

② 如果 Y 是名詞，要用 X 來修飾 Y 時用「**~にとっての＋名詞**」。

・私にとっての宝物は友だちからもらった手紙だ。（對我來說最珍貴的寶物是朋友寫給我的信。）

・子どもにとっての一番の喜びは両親に愛されることだ。（對小孩來說最大的喜悅是父母的寵愛。）

（6）「~として」「~としての＋名詞」

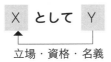

① 表示執行 Y 時 X 的**立場・資格・名義**。

・今は研究生としてT大学で勉強している。（目前以研究生的身分就讀於T大學。）

・母から生活費として、毎月、5万円をもらっている。（媽媽每個月給我5萬日幣作為生活費。）

② Y 多為表示以 X 的立場、資格做(了)什麼事，或是如何等等評價性質的詞彙。

・彼はX会社を作った人として有名だ。（他以身為X公司的創辦人而聞名。）

・今回の事件については社会の一員として責任を感じています。（對於這次的事件，我身為公司的一員深感責任重大。）

③ 如果 Y 是名詞，要修飾 Y 時用「**~としての＋名詞**」。

・4月から社会人になるんだから、学生とは違う社会人としての自覚と心構えを持たないといけないよ。
（4月起就要成為社會新鮮人了，必須要有不同於學生的社會人士所該有的自覺性及心理準備才行喔！）

・外国人としての立場から日本の文化について研究しています。（以外國人的立場研究日本的文化。）

練習1

■ 請從 a. 和 b. 之間選出適當的用法。

1. 彼はどんな仕事に（　　）も、情熱を持って取り組んでいる。

　　a. 対して　　　　b. 対する

2. A社の顧客に(　　)対応は丁寧で、好感が持てる。
   a. 対して　　　　b. 対する

3. 自分の将来に(　　)具体的に考えたことがありますか。
   a. ついて　　　　b. ついての

4. 女性と仕事に(　　)調査の結果、パートで働く主婦が増えていることが分かった。
   a. 関する　　　　b. ついて

5. スピードの出しすぎに(　　)交通事故が起こった。
   a. 関して　　　　b. よって

6. 大雪に(　　)影響は、関東全域に広がっている。
   a. よって　　　　b. よる

7. 気象庁は住民に(　　)大雨に十分に注意するよう呼びかけた。
   a. とって　　　　b. 対して

8. 外国人(　　)日本は住みやすいですか、住みにくいですか。
   a. にとって　　　b. に対して

9. オウさんは、10年前に留学生(　　)来日していたが、今回は新聞記者(　　)取材のために日本へ来た。
   a. にとって　　　b. として

10. 私(　　)2月25日は忘れられない大切な日です。
    a. にとって　　b. として

 提升程度

① 「～によって」的用法

如果是身邊的道具或方法不用「～によって」，要用「～で」來表示。

- [×] この書類をFAXによって送ってください。

  [○] この書類をFAXで送ってください。（這份書面資料請以傳真傳送。）

X（例句中的「年齢」、「国」）表示**分類**或是**區分**對象（例句中的「集まった人々」、「米の食べ方」）（Y）的**標準**。

・集まった人々を年齢によって３つのグループに分けた。（依照年齡將聚集的人群分成３組。）
　　　　　　　　　　　X　　　　　　Y

・米の食べ方は国によって違っている。（米飯的吃法依國家而不同。）

在被動句中，有明確的**做動作的人（動作主）**時，以「～によって」來標示作者等動作的主體。

・この研究は、アメリカ、中国、日本などの研究者によって進められてきた。
（這份研究是由美國、中國、日本等國家的學者來執行的。）

・この絵はピカソによって描かれた物だ。（這幅畫是由畢卡索所繪製的作品。）

以「～によって」來表示被動句的動作主體時，被動句的主語多為生物以外的事物。

・この建物は有名な建築家によって建てられた。（這棟建築是由名建築師所打造成的。）

主語 ➜ ? p.248

・学校に行ったら、窓ガラスが何者かによって割られていた。（去學校後發現窗戶被人打破了。）

② 「～にとって」と「～に対して」

「～にとって」＝使用在表示評價或是判斷的標準時。

「～に対して」＝使用在動作或情感朝向人或東西時。

※ ▨▨ 的立場較受到重視。

A（人・東西）は B（人）にとって～である：

→ 表示 A（主語）以 B 的立場來思考的話，會是怎樣的評價。

・この本は、私 にとって とても大事な本である。（這本書對我來説意義非凡。）
A 〔主語〕　B 立場　　　　評價

A（人）は B（人・東西）に対して ～である：

→ A 對 B 所採取的行為舉止，表示 A（主語）的行為。

・彼 は　　　クラスのみんな に対して いつもやさしく接している。（他總是很親切友善地對待每一位同學。）
A 動作主（主語）　　B 對方　　　　　　　A的動作

③ 「～に関して」と「～に対して」

「～に関して」＝使用在表示相關的內容時。

「～に対して」＝使用在表示採取對策的對象或事物時。

・大雨の被害 に関して（について）、調査を行った。（針對豪雨災情進行了調查。）
調查的內容

・大雨の被害 に対して、補償を行った。（對於豪雨所帶來的災害損失，進行賠償。）
賠償的對象

・大雨の被害を受けた人 に対して、調査を行った。（針對豪雨受災戶進行了調查。）
調查的對象

3 複合助詞

27

練習2

■ 請從 a.～ d. 之中，選出最適合的答案。

1. 今度の発表では私の国の歴史（　　　）お話ししようと思います。

    a. にとって   b. について   c. に対して   d. として

2. 田中先生の研究室に行ったら、自然環境（　　　）本がぎっしり並べられていた。

    a. によって   b. による   c. に関して   d. に関する

3. 日本へ留学したこと（　　　）考え方が変わった。

    a. として   b. にとって   c. による   d. によって

4. 子ども（　　　）重要なことは、周りの人に愛されていると実感することだ。

    a. にとって   b. として   c. に対する   d. に対して

5. 今回のオリンピックでは、日本の代表（　　　）一生懸命がんばります。

    a. による   b. にとって   c. として   d. について

6. 社員は経営者（　　　）給料のベースアップを要求した。

    a. によって   b. に対して   c. に対する   d. に関する

7. A：あなた（　　　）、仕事とは何ですか。

   B：私（　　　）仕事は、生きがいです。

    a. によって   b. にとって   c. に対して   d. に関して

8. 私の国では目上の人（　　　）、丁寧な話し方をしなければなりません。

    a. にとって   b. によって   c. に関して   d. に対して

9. その国の地理に（　　　）は、木村さんが詳しいです。

    a. 関して   b. 対して   c. よって   d. とって

10. 10代の子どもは親（　　　）反発することが多い。

    a. に対する   b. に対して   c. による   d. によって

✎ 造句

■ 請完成包含本課內容（複合助詞）的下列各句。

1. a.＿＿＿＿＿＿＿＿＿について知りたかったら、b.＿＿＿＿＿＿＿さんに聞いてください。
あの人はとても詳しいですよ。

2. a.＿＿＿＿＿＿＿についての b.＿＿＿＿は、ホームページにお寄せください。

3. デパートの店員は、a.＿＿＿＿＿＿＿に対して b.＿＿＿＿＿＿＿なければならない。

4. 日本語の難しさは＿＿＿＿＿＿＿＿＿＿＿＿＿＿によって違う。

5. 国によって＿＿＿＿＿＿＿＿＿＿＿＿＿＿＿＿。

6. 彼は a.＿＿＿＿＿として、b.＿＿＿＿＿として、家庭を大切にしている。

7. 最近の若者にとって、a.＿＿＿＿＿は b.＿＿＿＿＿＿＿＿＿＿＿＿＿。

8. a.＿＿＿＿＿＿に対する b.＿＿＿＿＿は c.＿＿＿＿＿＿＿＿。

9. a.＿＿＿＿＿に関する問題は b.＿＿＿＿＿＿＿＿＿＿。

10.a.＿＿＿＿＿による b.＿＿＿＿＿＿は c.＿＿＿＿＿＿＿＿。

■ 改錯

■ 在下面的句子中有錯誤的用法。請在錯誤的地方畫上＿＿＿＿＿，並寫出正確用法。

1. これは日本人の健康状態について調査です。

2. これは NHK にとって平成 24 年度に行われた調査です。

3. この論文は私の研究に対してとても重要である。

4. 彼は私にとっていつも親切に接してくれる。

5. 田中さんは歴史が専門だから、その国の歴史に対してよく知っている。

6. 留学生として日本の生活で一番大変なのは食べ物である。

在這篇文章裡，使用著本課的學習內容（複合助詞）。閱讀文章時，請試著思考其使用方式及意思。

株式会社クロス・マーケティングが、今年の5月に5カ国の大都市の住人に対して行った調査によると、日本人回答者の46％が、すべての収入を配偶者に渡していると答えています。中国、アメリカでは約20％、イギリスやイタリアでは10％以下です。

月々の小遣い制は、夫があまりお金を持っていないので浮気を防げると信じる妻がいる一方で、夫が家計について無関心になり、お金が厳しくなるとクレジット・カードを使うようになると言う妻もいます。

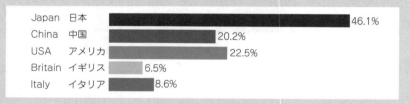

「サラリーマンの小遣いは月4万円」より
Hir@gana Times(2010.8) p.21

株式会社：股份有限公司
大都市の住人：都會人，都市人
回答者：回答者
収入：收入
配偶者：配偶
渡す：交給
以下：以下
小遣い：零用錢
〜制：〜制度
浮気：出軌
防ぐ：防止
家計：家計，生計
無関心：不感興趣，毫不關心

結束・對話

日本青少年研究所によって高校生の男らしさ、女らしさに関する意識調査が行われた。この調査は、日本、韓国、アメリカ、中国の高校生に対して行ったものである。調査の結果、日本の高校生は、3つの調査に関する意識が、他の国に比べて低いことが分かった。

各式各樣的日文①
《敬體及常體》《口語及書面語》

在日文當中有各式各樣的文體，使用日文時，會依據使用的場合、對象、目的等來區分使用。

開會、演講、或是和長輩‧上司說話時，會用「敬體」來表達。敬體又稱為「です‧ます體」。和初次見面或是不熟的人說話時也會使用敬體。此外，寫信的時候也使用敬體。

和朋友或是家人等較親近的人之間的日常會話，會使用「常體」。常體又稱為「である體」。一般來說論文或是報告、報紙等報導性的文章會以常體來表達。

口語
- 敬體： 使用在和長輩‧上司之間的對話。在演講等正式的場合也會使用，為表示鄭重所以不使用簡略形。句子以「です‧ます」作結尾。
  〈例〉本日は私の専門についてご紹介させていただきます。
  （今日請容我在此為各位介紹我的專業領域。）
- 常體： 使用在與朋友之間的對話。可省略助詞或是使用簡略形，也會在句尾使用「よ、ね」等。
  〈例〉これ、安いね。買っとこうか。（這個好便宜耶！我看買起來好了。）

書面語
- 敬體： 使用在寫信時。不太使用簡略形，句尾也不太用「よ、ね」等。
  〈例〉先日はご自宅にお招きいただきまして、ありがとうございました。
  （非常感謝您前幾天的盛情款待。）
- 常體： 使用在論文、報告或是報紙等報導性質的文章。
  〈例〉本研究では日本と米国の経済について述べる。
  （本研究論述關於日本與美國的經濟。）

4　の・こと・もの

開始・對話

在以下情境中，兩人之間會出現什麼樣的對話呢？請在＿＿＿填入適當的詞彙來完成對話。

①お休みの日は何をなさってるんですか？

②友だちとa.＿＿＿＿＿のが好きですね。他には、毎晩b.＿＿＿＿＿ことにしています。

記者　　　黒木（演員）

這一課的句型詞彙

「の」「こと」「もの」
「～ことができる」「～ことにする」「～ことになる」「～ことがある」

首先確認

（1）何謂名詞化

把動詞和イ・ナ形容詞當作主語或是述語的對象（受詞）時，不能用原來的形態。這時必須將動詞和イ・ナ形容詞改為名詞的形式。

主語 ➡ ❓ p.248

・私は ┌ 昨日の事故　　　　　　を知りませんでした。（○）（我不知道昨天的事故。）
　　　│ 昨日事故があった　　　を知りませんでした。（×）
　　　└ 昨日事故があった の／こと を知りませんでした。（○）（我不知道昨天發生了事故。）

述語 ➡ ❓ p.249

受詞 ➡ ❓ p.250

就像「私は昨日事故があった{の／こと}を知りませんでした」，有時候「の」和「こと」都可以使用。這時，「の」常使用在口語對話中，「こと」則較常出現在正式場合的口語表現或是書面語。但是有時候只能使用「の」或是「こと」其中之一。

口語 ➡ ❓ p.246

書面語 ➡ ❓ p.249

正式場合 ➡ ❓ p.248

（２）只能使用「の」的情形

① の ＝ 代替前面曾經出現的名詞

・この靴、ちょっと高いな。もっと安いの(＝靴)はありませんか。

（這雙鞋，有點貴耶！有沒有比較便宜的（＝鞋子）呢？）

・客：素敵なかばんがたくさんありますね。一番上の棚にあるのを見せてください。

（顧客：有好多好漂亮的包包喔！請讓我看看最上面那層的）

② ～のが＋ 形容詞（早い／速い／遅い／上手／下手／得意／苦手／好き／嫌い 等）

・私は人の顔と名前を覚えるのが得意です。（我很擅長記憶人的面孔和名字。）

③ ～のが／～のを ＋ 感覺動詞（聞こえる／見える／聞く／見る／感じる 等）

感覺動詞 ➡️❓p.246

・となりの席の人が話しているのが聞こえた。（聽到隔壁的談話內容。）

・田中さんが図書館から出てくるのを見ました。（我看到田中先生從圖書館出來。）

④ ～のを＋ 當下做的動作動詞（手伝う／じゃまする／待つ／やめる 等）

動作動詞 ➡️❓p.245

・母が料理を作るのを手伝った。（幫忙媽媽下廚。）

・ここで先生が来るのを待ちましょう。（在這裡等老師來吧！）

⑤ ～のは～だ（強調「～だ」）

・この計画が成功したのはみんなのおかげだ。（這個企畫之所以會成功，都是大家的功勞。）

〈餐廳裡〉

・Ａ：お待たせしました。コーヒーです。（讓您久等了。這是您的咖啡。）

Ｂ：あの、私が注文したのはオレンジジュースなんですけど…。（我點的是柳橙汁…。）

（３）只能使用「こと」的情形

① ～は～ことだ

如果後面的句子是用來說明主語的內容，要用「～こと」將後面的句子名詞化。

・私の将来の夢は、自分の会社を作ることだ。（我未來的夢想是，開一間自己的公司。）

② ～ことを ＋ 傳達動詞（言う／話す／聞く／伝える／知らせる／約束する 等）

傳達動詞 ➡️❓p.248

～ことを ＋ 思考動詞（思う／考える／想像する 等）

思考動詞 ➡️❓p.250

・国へ帰ることを先生に話しました。（和老師談論了回國的事。）

・大学を卒業したあと、留学することを考えています。（我正在考慮大學畢業之後要出國留學。）

③ 動詞 (辭書形) ＋ ことができる　〈可能〉

  ・私は車を運転することができます。(我會開車。)

④ 動詞 (辭書形／ナイ形) ＋ ことにする　〈決定〉

用來表示以自己的意志所做的決定。

> する・なる ➡ 第 8 課

  ・文法の授業を受けることにした。(我決定要上語法課。)

  ・時間がないので今日はもう行かないことにした。(因為沒時間，所以決定今天不去了。)

⑤ 動詞 (辭書形／ナイ形) ＋ ことになる　〈變化的結果〉

用來表示非關自己的意志所發生的事，或是將自己意志所決定的事，以狀態・事態的結果來表達。

  ・来月、結婚することになりました。(我下個月要結婚了。)

  ・ひどい暑さのため、今月のスポーツ大会は行わないことになった。(因為過於炎熱，本月的運動大會不舉辦了。)

⑥ 動詞 (辭書形／ナイ形) ＋ ことがある　〈有時候會發生的事〉

  ・３月でも雪が降ることがある。(即使是 3 月也有下雪的時候。)

  ・キムさんはときどき授業に来ないことがある。(金先生有時會不來上課。)

  動詞 (タ形) ＋ ことがある　〈經驗之有無〉

  ・そのお店、行ったことがあります。(那家店我有去過。)

「ことがある」使用在非正式場合的口語對話時，可省略「が」。

  ・Ａ：Ｂさん東京に住んでいるんだよね。芸能人に会ったことある？(B 先生你住在東京對吧！有遇過演藝人員嗎？)
　 Ｂ：うん、あるよ。(嗯，有喔！)

（４）「物／もの」

① 表示具體的東西、實際存在的物品。

  ・この時計は、誕生日に父がくれた物だ。(這支手錶是爸爸在生日當天送給我的。)

② 將幾樣具體的東西整合起來以「もの」來表示。

  ・お腹すいたな。何か食べるもの(お弁当、パンなど)を買ってこよう。

(肚子餓了，去買點吃的東西（便當、麵包等）吧！)

  ・旅行に持っていくもの(カメラやガイドブックなど)をまとめておきます。

(先整理好要帶去旅行的東西（相機和旅遊書等）。)

③ 以「～ものだ」的形式表示感慨、道歉・理由、常識等。

・卒業してからもう 10 年か。時間が経つのは早いものだ。〈感慨〉（已經畢業十年了，時間過得真快呀！）

・遅刻してすみません。子どもが急に熱を出してしまったものですから。〈道歉・理由〉

（不好意思遲到了。因為小孩突然發燒。）

・招待された家を訪問するときは、手土産を持っていくものだ。〈常識〉

（接受邀請前往拜訪時，應該要帶伴手禮。）

練習 1

■ 請從 a. 和 b. 之間選出適當的用法。

1. ここは出口です。ここから（　　　）ことはできません。

a. 入る　　　　b. 入れる

2. A：ねえ、この歌、知ってる？

B：うーん、どこかで（　　　）ことはあるけど、思い出せない。

a. 聞く　　　　b. 聞いた

3. いろいろ考えて、来年、大学院の入学試験を受ける（　　　）にした。

a. の　　　　b. こと

4. 私はどんな難しいパズルでも解く（　　　）ができる。

a. の　　　　b. こと

5. チンさんがとなりの部屋で、携帯電話で話している（　　　）が聞こえます。

a. の　　　　b. こと

6. 事件について、あなたが知っている（　　　）を全部話してください。

a. こと　　　　b. もの

7. 今年の目標は、漢字を 200 字覚える（　　　）だ。

a. こと　　　　b. もの

8. これはみんなで使う（　　　）ですから、大切にしてください。

a. こと　　　　b. もの

9. こんなにおいしい料理は今まで食べた（　　　）がない。

a. の　　　　b. こと

10. ジョンさんは、食べる（　　　）が速いね。

a. の　　　　b. こと

①「こと」和「もの」的不同

「こと」＝眼睛所看不到的內容

「もの」＝眼睛看得到的具體的東西、或是包含具體物的集合體

・大切なことが言えなかった。（沒能說出重要的事。）

・大切な物（財布、携帯電話など）を落としてしまった。（把重要的東西（錢包、手機等）弄丟了。）

②「の」和「もの」的不同

「の」＝用在可從前後文得知「の」所指的內容時。這時不能用「もの」。

・このかばんはいいなあ。すみません、このかばんと同じデザインで、黒いの［もの（×）］ありますか？
（這個皮包不錯耶！不好意思，請問有和這個皮包相同設計的黑色款嗎？）

「もの」＝用來表示眼睛看得到的具體的東西，或是包含具體物的集合體。這時不能用「の」。

・まんがやアニメなどは日本文化を代表するもの［の（×）］だ。（漫畫和卡通等都是代表日本文化的東西。）

・来月ひっこしをするので、要らないもの［の（×）］をまとめて捨てます。
（因為下個月要搬家，所以把不要的東西一起丟掉。）

③ 使用「こと」的其他句型

動詞（辭書形）＋ことはない　　　　　　　　　　　　　　　否定句型 ➡ 第16課

意思 不需要做～

・月曜日は、お店は空いているから、わざわざ予約することはない。
（星期一因為店裡沒什麼人，所以不需要特地預約。）

・書類はFAXで送ってもいいので、わざわざ大学まで来ることはありませんよ。
（書面資料用傳真傳送即可，不需要特地來學校一趟喔！）

動詞（辭書形／ナイ形）＋ことだ　　　　　　　　　　　　　ナイ形 ➡ 凡例

意思 做～是最重要的

・試合に勝ちたいなら、とにかく一生懸命練習することだ。（既然想贏得比賽，無論如何都該好好努力練習。）

・健康のためには、とにかくたばこを吸わないことです。（為了健康著想，不管怎樣就是不要抽菸。）

動詞、イ形容詞、ナ形容詞（普通形）＋ことから
　　　　　　　　　　　　　（だ→な）

意思 思考～的理由、變成～的理由

・この場所から、貝殻がたくさん見つかったことから、このあたりは、昔、海の近くだったと考えられている。
（因為在這個地方發現了許多貝殼，我們認為這一帶以前鄰近海濱。）

・彼はとても責任感が強いことから、チームの代表として選ばれた。（因為他非常有責任感，所以被選為隊伍的代表。）

練習2

■ 請從 a.〜 d. 之中，選出最適合的答案。

1. A：日本の生活にはもう慣れましたか？

   B：ええ、でも、ときどき国に帰りたいと（　　　）ことがあります。

   a. 思う　　　　b. 思うの　　　　c. 思った　　　d. 思ったの

2. まんがは好きでよく読みますが、このまんがは（　　　）ことがありません。

   a. 読む　　　　b. 読んで　　　　c. 読んだ　　　d. 読み

3. 日本では、いろいろな国の料理を（　　　）ことができます。

   a. 食べた　　b. 食べられる　　c. 食べる　　　d. 食べるの

4. コンピュータを使っていると、ときどき、急に止まる（　　　）があるから、データはこまめに保存したほうがいいよ。

   a. の　　　　　b. もの　　　　　c. こと　　　　d. ところ

5. A：最近元気がないけど、どうしたの？

   B：実は、ちょっと悩んでいる（　　　）があって。

   a. の　　　　　b. もの　　　　　c. こと　　　　d. ところ

6. A：え！パソコン買ったの？　いいな、私も新しい（　　　）が欲しいな。

   a. ところ　　b. の　　　　　c. こと　　　d. もの

7. 最も重要な（　　　）、自分の頭で考えることだ。

   a. のは　　　b. ものは　　　　c. ことを　　　d. ものを

8. 授業の教室が変更になった（　　　）知りませんでした。

   a. ものを　　b. ことを　　　c. ことが　　　d. のが

9. あ、ペン忘れちゃった。田中さん、何か書く（　　　）持ってる？

   a. ところ　　b. の　　　　　c. こと　　　d. もの

10. 来月、研究会で発表する（　　　）になりました。

   a. もの　　　b. こと　　　　c. の　　　　d. ところ

4

の・こと・もの

37

✏ 造句

■ 請使用本課內容(の・こと・もの)來完成下列各句。

1. 私の夢は、＿＿＿＿＿＿＿＿＿＿＿＿＿＿＿＿＿＿＿＿＿＿＿＿＿です。

2. 私が、どんなにつらくても＿＿＿＿＿＿＿＿＿＿は、夢を叶えるためです。

3. 今年の目標は、＿＿＿＿＿＿＿＿＿＿＿＿＿＿＿＿＿＿＿＿＿＿です。

4. 私は、＿＿＿＿＿＿＿＿＿＿＿＿＿＿＿＿＿＿＿＿のがあまり好きじゃない。

5. ＿＿＿＿＿＿＿＿＿＿＿＿＿＿＿＿＿＿物は、みなさん自分で片付けてください。

6. a.＿＿＿＿＿＿＿さんは、いつも b.＿＿＿＿＿＿＿＿＿けど、ときどき c.＿＿＿＿＿
   ＿＿＿＿＿＿＿＿＿＿＿＿＿＿ことがある。

7. 明日から健康のために、＿＿＿＿＿＿＿＿＿＿＿＿＿＿＿＿＿ことにします。

8. みんなで相談した結果、＿＿＿＿＿＿＿＿＿＿＿＿＿＿＿＿＿ことになった。

9. 私は来年、＿＿＿＿＿＿＿＿＿＿＿＿＿＿＿＿＿＿＿＿＿を考えている。

10.さっきね、a.＿＿＿＿＿＿＿＿＿が b.＿＿＿＿＿＿＿＿＿＿＿＿＿＿＿を見たよ。

◼ 改錯

■ 在下面的句子中有錯誤的用法。請在錯誤的地方畫上＿＿＿＿＿，並寫出正確用法。

1. A：何してるんですか。

   B：田中さんが来ることを待ってるんです。

2. 私はフランス語を話すのができます。

3. すみません。ちょっとお聞きしたいものがあるんですが、今よろしいですか。

38

4. あ、リサさん。実はリサさんに渡したいことがあるんです。

5. コンピュータを使えば、遠くの国の人と会話するのができます。

在這篇文章裡，使用著本課的學習內容（の・こと・もの）。閱讀文章時，請試著思考其使用方式及意思。

日本のテレビは、24時間放送しています。その特徴は料理・グルメ、ショッピング、温泉・旅、お笑い番組がたくさんあることです。もちろん、ニュース番組もありますが、国内の出来事、それに加えて日本と深くかかわるアメリカ、中国、朝鮮半島に関する報道がほとんどです。
日本では最近、「ガラパゴス」という言葉がよく使われます。数々の優れた機能をもつが世界市場では適応できない携帯電話など、日本独自なものを指します。日本のテレビ番組も「ガラパゴス」と考えてよいかもしれません。

「日本は「クールなガラパゴス」」より
Hir@gana Times(2011.2) p.23

特徴：特徴
グルメ：美食
お笑い番組：搞笑節目
出来事：事件，事情
それに加えて：再加上
ガラパゴス：加拉帕戈斯
　（指日本獨自孤立進化而喪失了和外部共存的能力，最終陷入被淘汰的危險）
優れた：優秀，卓越
適応する：適應
独自な：獨自的

結束・對話

私の趣味はゴルフをすることです。友だちと一緒にゴルフをするのが好きです。天気のいい日はできるだけ体を動かすことにしています。あとは、毎晩寝るまえに、本を読むことにしています。疲れているときは、読まないで寝ることもあります。

5 原因・理由

開始・對話

在以下情境中,兩人之間會出現什麼樣的對話呢?請在____填入適當的詞彙來完成對話。

① 昨日の夜、何度もメールを a._____、どうして返信してくれなかったの?

② ごめん、昨日は b._____、寝ちゃったんだ。本当にごめん。

這一課的句型詞彙

原因・理由 「XてY」「XからY」「XのでY」「XのにY」

 首先確認

(1) X て Y

動詞	て(テ形)
イ形容詞(~~い~~→く)	て
ナ形容詞／名詞(~~な~~→)	で

X 原因 → Y 結果

多為表示不能、感情、身體狀態、事物狀態等的句型

テ形 ➡ 凡例

X 為原因,造成 Y 的結果或狀態。Y 不能用意志性的句型。Y 通常是表示不能、感情、身體狀態、事物狀態等句型。

テ形和否定形 ➡ 第 9 課

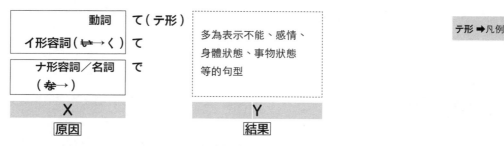

・昨夜は暑くて、あまり眠れませんでした。〈不能〉(昨晚好熱,睡不太著。)
　　X 原因　　　 Y 結果

・ずっと前から好きだった人からチョコレートをもらって、とても嬉しかったです。〈感情〉
　　　　　　　　　　　　　　　　　　　　　　(收到心儀已久的對象送的巧克力,真是開心。)

40

- 風邪をひいて、あまり食欲がありません。〈身體狀態〉（感冒了，所以沒什麼食慾。）
- 強風で、電車が遅れています。〈事物狀態〉（因強風而導致電車誤點。）

（２）XからY

【因果関係】

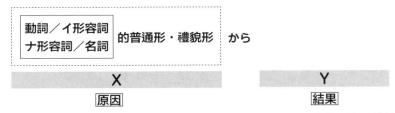

① X 為事情或狀況的原因・理由，Y 表示結果。X 用來描述導致結果 Y 的明確的原因・理由。

- 昨日は頭が痛かったから、早く寝ました。（昨天因為頭痛，所以很早就睡了。）
  X 原因　　　　Y 結果
- 今日はバーゲンセールですから、デパートが込んでいます。（今天因為有折扣大特賣，所以百貨公司擠滿了人。）
- 彼女ができたから、毎日が楽しい。（因為交了女朋友，所以每天都很開心。）

主觀的 ➜ p.248

② X 表示理由，Y 為描述說話者關於事件或狀態的主觀性的判斷。Y 多為表示推測・判斷、意志、意見、命令、禁止等句型。

- 彼から電話がありましたから、すぐ来ると思います。（因為他剛才有打電話來，我想應該快到了。）
  X 理由　　　　　　Y 主觀的判斷
- オウさんは家族に会いたいと言ってたから、国へ帰ったかもしれない。〈推量〉
  （因為王先生曾說過想念家人，所以可能回國了。）
- 鈴木さんはいつも指輪をしているから、結婚しているにちがいない。〈判斷〉
  （鈴木小姐平常都戴著戒指，肯定是已經結婚了。）
- 日本語が好きだから、これからも日本語の勉強を続けるつもりです。〈意志〉
  （因為喜歡日文，所以打算今後也繼續學下去。）
- みんなが一緒にやっているプロジェクトなんだから、あなたも手伝うべきだよ。〈意見〉
  （這是大家共同執行的企劃，所以你也應該要幫忙。）
- 危ないですから、工事現場には近づかないでください。〈命令、禁止〉（很危險，請不要接近施工現場。）

（3）XのでY

【理由結果】

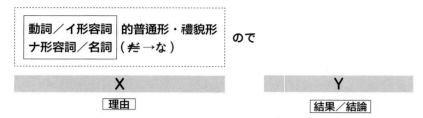

① X 為引起事件或狀態的原因・理由，Y 則表示結果或結論。

・全然練習ができなかったので、サッカーの試合で負けてしまいました。（因為完全無法練習，所以輸了足球比賽。）
　　X 理由　　　　　　　　Y 結果／結論

・AとBは間違いやすいので、気をつけてください。（A 和 B 容易混淆，所以請謹慎小心。）

・彼はまだ未成年者なのでお酒が飲めません。（因為他還未成年，所以不能喝酒。）

・この件については先生にも連絡しましたので、ご存じだと思います。
（關於這件事也有跟老師聯絡過了，我想老師應該知道。）

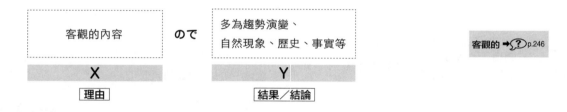

客觀的 → ？ p.246

② 表示理由的 X 多為客觀性內容，Y 則大多描述趨勢演變、自然現象、歷史、事實等等。

・希望者が誰もいなかったので、くじ引きで代表を決めることになった。〈趨勢演變〉
（因為沒有自願者，所以最後以抽籤方式決定代表人。）

・気温が上がって暖かくなったので、桜が咲き始めました。〈自然現象〉
（因為氣溫升高慢慢暖和了起來，櫻花便開始綻放了。）

・江戸時代は鎖国政治をしていたので、外国と自由に交流することができなかった。〈歷史〉
（由於江戶時代施行鎖國政策，因此沒能和其他國家自由的交流。）

・事故で道路が渋滞していたので、空港まで3時間もかかってしまった。〈事實〉
（因為交通事故導致塞車，花了 3 個小時才到機場。）

42

（4）X のに Y

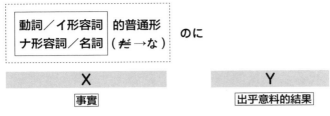

① 表示依據事實 X 所預測的結果，和實際得到的結果 Y 不同。

・雨が降っているのに、かさをささないで歩いている人がいます。（明明正在下雨，可是路上竟然有人沒撐傘。）

・兄はとてもかっこよくていい人なのに、彼女がいない。（哥哥長得帥氣，人又好，可是卻沒有女朋友。）

・徹夜で試験の勉強をしたのに、いい点がとれなかった。（我熬夜準備考試，卻沒得到好成績。）

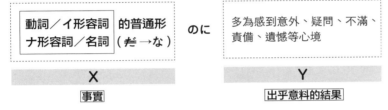

② Y 通常表示說話者感到意外、疑問、不滿、責備、遺憾等心境

・まだ 8 月なのに、デパートではもう冬の洋服を販売していた。〈感到意外〉
（現在才 8 月，百貨公司竟然已經在販售冬季服裝了。）

・あんなにたくさん勉強したのに、テストのときはなぜ思い出せないのだろう。〈疑問〉
（明明就複習了很多次，考試的時候怎麼都想不出來呢？）

・3時間もかけてケーキを焼いたのに、誰も食べてくれなかった。〈不滿〉（花了3小時烤的蛋糕，竟然沒有人要吃。）

・みんなが並んで順番を待っているのに、彼は途中から割り込んできた。〈責備〉
（大家排隊依序等候，他卻中途插隊進來。）

練習 1

■ 請從 a. 和 b. 之間選出適當的用法。

1. 10 時の約束（　　）、彼はまだ来ていません。
   a. のに　　　b. なのに

2. 田中さんには昨日連絡した（　　）、出席すると思います。
   a. ので　　　b. のに

3. 彼女はとても（　　）から、きっと彼氏がいるでしょう。
   a. きれいだ　　b. きれい

4. このスーパーは野菜が新鮮で安い（　）、私はよく利用しています。

    a. から　　　　b. だから

5. デパートの洋服は高くて、私には（　　）。

    a. 買いません　b. 買えません

6. （　　）ので、よくインターネットで買い物をします。

    a. 便利　　　　b. 便利な

7. 宿題を（　　）、今日も先生にしかられました。

    a. 忘れた　　　b. 忘れて

8. 目覚まし時計が鳴らなかった（　）、遅刻してしまいました。

    a. のに　　　　b. ので

9. A：クッキーを（　　）、どうぞ召し上がってください。

    B：ありがとうございます。いただきます。

    a. 作って　　　b. 作ったので

10. 弟は、まだ3歳（　）、ひらがなが読めません。

    a. だから　　　b. ので

提升程度

①「から」和「ので」的使用區分

「から」能夠以「～からです」的形式使用在句尾，「ので」則不可以在句尾使用「～のでです」。「～のは～からです」是用來強調理由的固定用法，所以只能用「から」。

・［×］私が日本語を勉強しているのは、日本の会社で働きたいのでです。

　→［○］私が日本語を勉強しているのは、日本の会社で働きたいからです。（我之所以學日文，是因為想在日商工作。）

在非正式場合中用「から」比較自然，正式場合則用「ので」來表達。

・A：あのバッグ、買ったの？（那個皮包，你買了嗎？）

　B：ううん、お金が足りなかったから、止めちゃった。（沒買，因為錢不夠，所以打消了念頭。）

・A：あのバッグ、買いましたか。（那個皮包，你買了嗎？）

　B：いいえ、お金が足りなかったので、止めました。（沒買，因為錢不夠，所以打消了念頭。）

「から」可以和命令形、「～なさい／～てください」一起使用。「ので」可以和表示溫和委婉的命令「～なさい／～てください」一起使用，但「～しろ」等命令形則不行。

・［○］うるさいから、静かにしろ。（太吵了，安靜！）

　［×］うるさいので、静かにしろ。

・［○］もう遅いから、早く寝なさい。（已經很晚了，快睡覺。）

　［△］もう遅いので、早く寝なさい。

・［○］よく聞こえなかったから、もう一度、言ってください。（因為聽不太清楚，請再說一次。）

　［○］よく聞こえなかったので、もう一度、言ってください。（因為聽不太清楚，請再說一次。）

「から」可以用「～からか」「～からこそ」「～からには」「～からといって」等形式來表達，「ので」則不行。

・雨が降っている｛からか（○）／のでか（×）｝、集まりが悪い。（也許是因為下雨了，所以來的人不多。）

・こんなとき｛だからこそ（○）／なのでこそ（×）｝、みんなで力を合わせなければなりません。
（正因為是非常時期，所以更需要大家同心協力。）

・この仕事をやると決めた｛からには（○）／のでには（×）｝、最後までやりぬいてください。
（既然決定接下這份工作，就請堅持到最後將它完成。）

・少し熱がある｛からといって（○）／のでといって（×）｝仕事を休むことはできない。
（不能因為有點發燒，就向公司請假。）

「から」可以連接在「だろう／でしょう」後面，但「ので」不行。

・午後から雨が降る｛だろうから（○）／だろうので（×）｝、かさを持っていったほうがいいですよ。
（下午可能會下雨，帶傘去比較好喔！）

・お腹がすいている｛でしょうから（○）／でしょうので（×）｝、先に食事にしましょうか。
（肚子應該餓了吧？要不要先去吃飯？）

② **不能和「のに」一起使用的句型**

因為「のに」是用來描述結果與說話者預測有所不同，所以 Y 不能用表示說話者的意志、希望、委託、命令等句型來表達。使用這些句型時要用「～ても」。

・［×］国へ帰ったのに、日本語の勉強を続けたい。

　→［○］国へ帰っても、日本語の勉強を続けたい。〈意志・希望〉（即使回國之後，仍想繼續學日文。）

・［×］忙しいのに、手紙を書いてください。

　→［○］忙しくても、手紙を書いてください。〈委託〉（即使再忙，也請寫封信。）

③ 和「て」一起使用的句型

對於事件 X，Y 多為表示謝意或是歉意的句型內容。

・今日はパーティーに来てくれて、どうもありがとう。〈道謝〉（謝謝你今天來參加宴會。）

・遅くなって、申しわけありません。〈道歉〉（對不起我遲到了。）

如果 Y 是表示結果或狀態，就不能和表示說話者意志的句型一起使用。

・[×]今週は忙しくて、彼に会わない。

→[○]今週は忙しくて、彼に会えない。（這禮拜很忙，沒辦法和他見面。）

練習 2

■ 請從 a. ～ d. 之中，選出最適合的答案。

1. この漢字は何度も書き方を練習（　　）、なかなか覚えられない。

 a. して   b. したので   c. したのに   d. したから

2. 昨日のテストは（　　）、あまりできませんでした。

 a. 難しいから b. 難しいのに c. 難しくて d. 難しいので

3. もうすぐ子どもが帰ってくるだろう（　　）、そろそろおやつを準備しよう。

 a. から   b. でも   c. ので   d. のに

4. A：古紙はあとでリサイクルに出します（　　）、捨てないでここに置いてください。

 B：はい、分かりました。

 a. のに   b. なので   c. から   d. だから

5. A：先生、ちょっと熱が（　　）、日本語のクラスを休んでもいいでしょうか。

 B：いいですよ。お大事に。

 a. あるので b. あるのに c. あって   d. あったり

6. A：そこ、通る（　　）、どいて。

 B：あっ、すみません。どうぞ。

 a. ので   b. から   c. で   d. のに

7. 毎日、日本語の宿題が多くて、あまり（　　）。

 a. 遊ぶ   b. 遊べる   c. 遊ばない d. 遊べない

8. A：ひっこしを（　　）、どうもありがとう。

B：また何かあったら連絡してね。

a. 手伝って　　　b. 手伝ったので　　　c. 手伝ったから　　　d. 手伝ってくれて

9. 大変なとき（　　）こそ、あわてないで落ち着いて行動しなければならない。

a. なのに　　　　b. なので　　　　c. だから　　　　d. から

10. A：どうして、昨日買った新しい靴をはかないんですか。

B：今日は雨が降っている（　　）です。

a. から　　　　b. ので　　　　c. だから　　　　d. なので

✏️ 造句

■ 請完成含有本課内容（原因・理由）的下列各句。

1. 田中先輩は＿＿＿＿＿＿＿＿＿＿＿＿ので、研究室でとても人気があります。

2. 外はとても a.＿＿＿＿＿＿＿＿から、b.＿＿＿＿＿＿＿＿たほうがいいよ。

3. この授業は＿＿＿＿＿＿＿＿＿＿て（で）、とても大変です。

4. 弟は、熱があるのに、＿＿＿＿＿＿＿＿＿＿ています。

5. A：先生、a.＿＿＿＿＿＿＿＿ので、b.＿＿＿＿＿＿＿＿てもよろしいで

しょうか。

B：はい、いいですよ。

6. 田中さんは a.＿＿＿＿＿＿＿＿から、b.＿＿＿＿＿＿＿＿かもしれない。

7. 毎日 a.＿＿＿＿＿＿のに、b.＿＿＿＿＿＿＿＿ません。

8. 今日は＿＿＿＿＿＿＿＿＿＿てくれて、どうもありがとう。

9. 父が a.＿＿＿＿＿をやめたのは、b.＿＿＿＿＿＿＿＿からです。

10. このごろ a.＿＿＿＿＿＿て、全然 b.＿＿＿＿＿＿ません。

■ 改 錯

■ 在下面的句子中有錯誤的用法。請在錯誤的地方畫上＿＿＿＿＿，並寫出正確用法。

1. 宿題を忘れたので、すみません。

2. 先生、病院へ行きたいんですから、午後の授業を休んでもいいでしょうか。

3. この本はおもしろいだから、読んでみてください。

4. 何回も連絡したでも、先生から返事がない。

5. 先週、クラスを休んだので、宿題をもらいません。

6. 部屋が暑くて、クーラーをつけてください。

找到例句了！ 在這篇文章裡，使用著本課的學習內容（原因・理由）。閱讀文章時，請試著思考其使用方式及意思。

わがままな親はどちらでしょうか？

〈外国人の夫の言い分〉

　私の妻は来月出産する予定ですが、お産のために数百キロも離れた実家に帰ると決めたことに驚いています。私は仕事で東京に残らなければならないので、出産と、赤ちゃんと過ごす最初の貴重な数週間を失うことになります。なぜ妻は私の人生でもっとも大切な時間を奪おうとするのでしょうか。

〈日本人の妻の言い分〉

　実家に行くのでお産の前後は私の母が私の面倒を見てくれます。これは、日本ではごく普通のことで、赤ちゃんの世話に専念することができるのです。イギリス人の夫は私がわがままだと言いますが、赤ちゃんのためにはこれが最良の方法です。彼はそれを理解すべきです。

「わがままな親はどちらでしょうか？」より
Hir@gana Times(2009.3) p.20

わがままな：任性
出産する：生小孩，分娩
お産：生小孩，分娩
離れる：相距
貴重：貴重，珍貴
失う：失去
奪う：剝奪
面倒を見る：照顧
ごく：極為，非常
専念する：專心
最良の：最好的
理解すべき：應該理解

5 原因・理由

結束・對話

　昨日彼に何度もメールを送ったのに、全然返事が来なかった。とても心配で眠れなかった。今朝、大学で会ったら元気そうだったので安心した。昨日は疲れていて寝てしまったから、返事ができなかったと言っていた。何度も謝っていたので、許してあげた。

49

6 目的・可能・願望

> 開始・對話

在以下情境中,兩人之間會出現什麼樣的對話呢?請在____填入適當的詞彙來完成對話。

① リサさんは何か、楽器が
a._____の?

② ピアノが b._____よ。
子どものときから習っているから。
エリックさんは、何か
c._____?

③ うん、ギターが
d._____よ。
父親がギターが上手だったから、教えてもらったんだ。

④ 私、ずっと前からギター、習いたいと思っていたの。
今度、時間があるときに、
e._____てほしいんだけど。

這一課的句型詞彙

目的 「Xためにや」「XようにY」「XにY」
可能 「～ことができる」「可能形」「可能動詞」
願望 「～たい」「～がる／～たがる」「～てほしい」

 首先確認

【目的】
(1) Xために Y

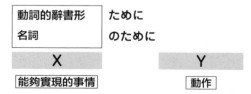

① X 為能夠實現或是希望實現的事情,Y 為表示為了實現目的所做的動作。X 多為表示說話者意志的動詞,或是動作性名詞。

動作性名詞 ➜ p.245

50

- 海外に旅行するために、お金を貯めている。（為了出國旅行，正在存錢當中。）

  X 能夠實現的事情　　Y 動作

- 健康のために、できるだけ自転車に乗るようにしている。（為了健康，盡可能騎腳踏車。）

② X 和 Y 為同一個主語。　　　　　　　　　　　　　　　主語 ➡ ? p.248

- ［○］（私は）ダイエットのために、私は、毎日ジムに通っています。（為了減肥，我每天去健身房運動。）

  ［×］夫はパソコンを買うために、妻は貯金しています。

（2）X ように Y

X 期待的結果・狀態　　Y 動作　　　　　　　　　　　ナイ形 ➡ 凡例

① X 為期待的結果或是狀態，Y 則是為了實現目的所採取的行動。使用在 X 的動詞多為無意志動詞、表示變化的結果或狀態的動詞、動詞的可能形。

- 日本語の新聞が読めるように、漢字を勉強しています。（為了看懂日文報紙，目前正在努力的學漢字。）

  X 期待的結果・狀態　　Y 動作　　　　　　　　　　無意志動詞 ➡ ? p.250

- エスカレーターでは足をはさまれないように、中央にお立ちください。　可能形 ➡ p.53 表格

  （為避免腳被夾入，搭乘電扶梯時請站在中央。）

- 会議に間に合うように、早めに出発しましょう。（為了趕上會議，我們提早出發吧！）

② X 和 Y 的主語有時相同，有時不同。

- （私は）日本語が上手になるように、（私は）毎日、勉強しています。（（我）為了精進日文，（我）每天用功學習。）

- 学生に分かるように、先生はいつもゆっくり話している。（為了讓學生理解，老師講課時總是放慢速度。）

（3）X に Y

① X 為想要實現的事情，Y 則是為了實現目的所採取的行動。X 所使用的是表示生活中常發生的事情的動詞、動作性名詞（「旅行」「買い物」和「テニス」等運動）。

- 家族を迎えに、空港に行きます。（去機場接家人。）

  X 目的　　Y 動作

- 田中さんは買い物に出かけると言っていました。（田中先生説要出去買東西。）

Y多為移動動詞（「行く」「来る」「帰る」「戻る」「走る」等）　　　　　移動動詞 ➡ ❓ p.250

・週末は、家族で映画を見に行く予定です。（週末預定和家人去看電影。）

・鈴木さんは忘れ物を取りに家に帰りました。（鈴木先生回家拿忘記帶來的東西。）

② 如果 X 不是日常生活中會發生的事，即使和移動動詞一起使用也不能用「に」，必須用「ために」來表達。

・[×]オリンピックに出場しに、ブラジルへ行きます。

→[〇]オリンピックに出場するために、ブラジルへ行きます。（為了參加奧林匹克運動會，前往巴西。）

・[×]大学院に進学しに、来日しました。

→[〇]大学院に進学するために、来日しました。（為了進研究所繼續深造，來到了日本。）

【可能】

（4）動詞的辭書形＋ことができる，動詞的可能形，可能動詞　　可能動詞 ➡ ❓ p.246

① 可能句型有以下三種形式。

● **動詞的辭書形＋ことができる**
● **動詞的可能形**
● **可能動詞**

② 可能的意思為「能力或可能性」「規則或規定事項」。

・私は自転車に乗ることができる。〈能力〉（我會騎腳踏車。）

→私は自転車に乗れる。（我會騎腳踏車。）

・この大学の学生は図書館で本を借りることができる。〈規定事項〉（這所大學的學生可以在圖書館借閱書籍。）

→この大学の学生は図書館で本が借りられる。（這所大學的學生可以在圖書館借閱書籍。）

③ 例如「分かる」「できる」等動詞詞意本身已包含了"可能"的動詞，稱為「可能動詞」。

・私はフランス語が分かります。（我懂法文。）

・私はスキーができます。（我會滑雪。）

④ 下列的動詞沒有可能形。

● 無意志動詞：見える、聞こえる等
● 狀態動詞：似る、知る、慣れる等　　　　　　　　　　　　狀態動詞 ➡ ❓ p.248
● 以東西為主語的自動詞：ある、（物が）入る、閉まる等
● 動詞詞意含有"可能"意思的動詞（可能動詞）：分かる、できる等　　自動詞 ➡ 第 19 課

・[×]ここから富士山が見えられます。

→[〇]ここから富士山が見えます。（從這裡可以看到富士山。）

・[×]このかばんは大きいから、たくさん荷物が入れます。

→[〇]このかばんは大きいから、たくさん荷物が入ります。（這個包包很大，可以裝下許多東西。）

・[×]私は日本語が分かれる。

→[〇]私は日本語が分かる。（我懂日文。）

⑤ 省略「ら」的詞彙（「ら抜き言葉」）

- 變換成可能形時，第 2 類動詞的「食べる」「見る」「起きる」等和第 3 類動詞的「来る」在口語時常省略「ら」。這些可能形稱為「ら抜き言葉」。

- 雖然經常使用在口語對話中，但並不是正確的書面語。

第 2 類動詞 ➡凡例

第 3 類動詞 ➡凡例

口語 ➡p.246

書面語 ➡p.249

辞書形	可能形	ら抜き言葉
食べる	食べられる	食べれる
見る	見られる	見れる
起きる	起きられる	起きれる
来る	来られる	来れる

- Ａ：リサさん、さしみ食べれる？（麗莎小姐，妳敢吃生魚片嗎？）

  Ｂ：日本に来る前は食べれなかったけど、今は大好きだよ。（來日本前不敢吃，但現在很喜歡喔！）

【願望】

（5）動詞的マス形 ＋ たい

① 表示說話者的願望或是希望。主語多為「私」（我）。用「～たい」來表達時，接在名詞後面的助詞「を」常會變成「が」。

- 私は大学を卒業したら、日本で ｛仕事がしたいです。（我大學畢業後，想在日本工作。）
  　　　　　　　　　　　　　　　｛仕事がしたいと思っています。（我大學畢業後，想在日本工作。）

② 詢問長輩・上司時，即使將「～たい」以較禮貌的方式「～たいですか」來詢問還是失禮，所以不能用。

- 田中先生、この本、読みたいですか。（×）

  →田中先生、この本、読みますか。（○）（田中老師，您要閱讀這本書嗎？）

（6）動詞的マス形 ＋ たがる

① 表示第三者的願望或希望。主語多為第三者。

→ 表示個人的習慣或習性。

- 娘は、ご飯の後、いつも甘いものを食べたがる。（我女兒在飯後總會想吃甜食。）

- 風邪を引いても、病院に行きたがらない子どもが多い。（有很多小孩即使感冒了也不想去醫院。）

→ 因主語為第三者，所以不能用「動詞的マス形＋たい」。

- ［×］娘はピーマンを食べたくない。

  →［○］娘はピーマンを食べたがらない。（我女兒不想吃青椒。）

② 表示第三者想要某樣東西時，用「名詞＋をほしがる」來表達。

- 子どもはすぐ新しいおもちゃをほしがる。（小孩子很快就會想要新玩具。）

③ 描述第三者目前看似想做什麼事，或是想要什麼時，用「**動詞的マス形＋たがっている**」「**名詞＋をほしがっている**」來表達。

- 娘はピアノを習いたがっています。(我女兒很想學鋼琴。)
- 父は新発売のタブレット型パソコンをほしがっている。(爸爸想要新上市的平板電腦。)

（7）動詞的テ形 ＋ てほしい

對方、其他人　に　（名詞＋を）　┌ **動詞＋てほしい**
　　　　　　　　　　　　　　　　　│ **動詞＋てもらいたい**
　　　　　　　　　　　　　　　　　└ **動詞＋ていただきたい**

用來表示說話者的願望，希望對方或是其他人做的事情。

- チューターの中村さん に 日本語を チェックしてもらいたい。(想請輔導老師中村小姐幫我檢查日文。)
- この本、２、３日だけ 貸してほしい んだけど、大丈夫？(這本書，希望你能借我兩三天，方便嗎？)

練習1

■ 請從 a. 和 b. 之間選出適當的用法。

1. 上手に（　　）ように、毎日練習しています。
   a. 泳げる　　　　b. 泳ぐ

2. 図書館へ資料を（　　）に行きます。
   a. 探す　　　　b. 探し

3. 他の人に聞こえない（　　）、小さい声で話します。
   a. ように　　　b. ために

4. 早く病気が（　　）ように、ゆっくり寝てください。
   a. 治る　　　　b. 治れる

5. 小さい子どもにも分かる（　　）、やさしい言葉で説明します。
   a. ように　　　b. ために

6. 私の家の犬はとても大きいので、重い荷物でも（　　）ことができる。
   a. 運べる　　　b. 運ぶ

7. 今日は仕事が早く終わったので、５時に（　　）。
   a. 帰れる　　　b. 帰られる

8. 風邪をひいても薬を（　　）子が多いです。
   a. 飲みたくない　　　b. 飲みたがらない

9. 夫は薄型の新しいテレビを（　　）。
   a. 買いたい　　　b. 買いたがっている

10. あのう、会議資料のコピーを（　　）んだけど…。今、時間、ある？
    a. 手伝ってほしい　　　b. 手伝いたい

 提升程度

① **動詞的夕形 + ため（に），名詞 + の + ため（に）**

如果 X 表示「原因・理由」，Y 則為實際上所發生的「結果」。

・子どもが熱を出したために、彼女は会社を休んだ。（因為小孩發燒了，所以她向公司請了假。）
　　　X 原因・理由　　　Y 結果

・強風のため、朝から電車が遅れている。（由於風力強勁，電車從早上就持續誤點中。）

如果用「〜ために」來表示「原因・理由」，Y 就不能使用表示說話者想法的判斷、推測、意志、委託等句型。這時要用「から」來表達。

・［×］雨が降ったために、公園に水たまりがあるかもしれない。
　→［○］雨が降ったから、公園に水たまりがあるかもしれない。（因為下了場雨，或許公園裡有積水。）

② **提醒對方注意的「〜ように」**

以「〜ように〜てください」的形式來提醒對方注意。

「〜ように」的前面常接動詞的可能形、ナイ形。

・明日早く起きられるように、早く寝てください。（為了明天能早起，請早點睡。）

・約束の時間を忘れないように、手帳に書いておいてください。（為了不忘記約定的時間，請寫在記事本上。）

③ **能夠使用可能形的主語／無法使用可能形的主語**

因主語為無生物的句子是說話者的意志所無法控制的事，所以不能使用可能形。

・［×］電池がないので、このおもちゃは動けません。
　→［○］電池がないので、このおもちゃは動きません。（因為沒有電池，所以這個玩具不會動。）

・［×］このカバンは小さくて、あまり荷物が入れません。

→［○］このカバンは小さくて、あまり荷物が入りません。（這個皮包很小，不太能裝東西。）

如果主語是人，則可以使用可能形。

・（私は）宝くじに当たったとき、あまりにも嬉しくて、しばらく動けませんでした。

（（我）中樂透時，實在太開心了，竟然全身動彈不得。）

・（私は）お医者さんに止められているので、今日はお風呂に入れません。

（（我）因為醫生下了禁止令，所以今天不能泡澡。）

④「見える」和「見られる」、「聞こえる」和「聞ける」

「見える」和「聞こえる」是表示「自然而然地映入眼簾或傳入耳裡」的意思。「見られる」和「聞ける」則表示「說話者能夠下意識地去做看或聽的動作」。

・晴れた日は、新宿から富士山が見える。（大晴天時，從新宿可以看到富士山。）

・今夜はアルバイトがないので、8時のドラマが見られる。（因為今晚沒有打工，所以可以看8點的連續劇。）

・森では、きれいな鳥の鳴き声が聞こえる。（在森林裡，可以聽見美妙的鳥鳴聲。）

・最近は、インターネットでラジオが聞けます。（最近可以在網路上收聽廣播。）

⑤ 形容詞 + がる

因表示自己以外的人的感受、心情時不能用形容詞原本的形態來表達，所以要用「悲しがる、さびしがる、怖がる、悔しがる、うらやましがる、残念がる、嫌がる」。

○ **イ形容詞 ~~い~~ + がる**　　例）悔しい → 悔しがる
○ **ナ形容詞 ~~だ~~ + がる**　　例）残念だ → 残念がる

・［×］田中さんはサッカーの試合に負けて悔しいです。

→［○］田中さんはサッカーの試合に負けて悔しがっています。（田中先生輸了足球賽，懊悔不已。）

表示現在的狀態用「～がっている」，過去的狀態用「～がっていた」。

・田中さんはパーティーでリサさんに会えなかったことを残念がっていました。

（田中先生非常遺憾沒能在宴會上見到麗莎小姐。）

⑥ 形容詞 + がる，動詞的マス形 + たがる 的用法

用來表示對方或他人的習慣及習性，有時含有批評的意思。如果用來表示長輩・上司的願望，不適合用「～がる、～たがる」，這時用表示推測的「ようだ」當作是自己的想法來表達會較為恰當。

・[×] 先生は飛行機に乗りたがらないです。

　　→[○] 先生は飛行機に乗るのが嫌いなようです。(老師似乎不太喜歡搭飛機。)

・[△] 田中先輩は鈴木さんのことは何でも知りたがります。

　　→[○] 田中先輩は鈴木さんのことは何でも知りたいようです。(田中學長好像很想知道鈴木小姐的事。)

・[×] 先生の趣味は切手を集めることだそうだ。記念切手が出るとすぐほしがる。

　　→ [○] 先生の趣味は切手を集めることだそうだ。記念切手が出るとすぐほしくなるようだ。

(聽説老師的興趣是收集郵票。好像只要紀念郵票一發售就會想要。)

練習 2

■ 請從 a. ～ d. 之中，選出最適合的答案。

1. 日本語が上手に話せる（　　）、何度も会話の練習をします。

　　a. ときに　　　　b. ように　　　　c. ために　　　　d. ばかりに

2. 約束を忘れない（　　）、メモしたほうがいいですよ。

　　a. に　　　　　　b. ので　　　　　c. ように　　　　d. ために

3. 学会に出席（　　）、フランスへ行きます。

　　a. しに　　　　　b. するように　　c. するのに　　　d. するために

4. 大きい家が買える（　　）、一生懸命働いています。

　　a. のに　　　　　b. ために　　　　c. ように　　　　d. ときに

5. 先生：先週の授業はどうして休んだんですか。

　　学生：風邪をひいて熱があったので、授業に（　　）。

　　a. 来ません　　b. 来ませんでした　　c. 来られません　　　d. 来られませんでした

6. 山田さんは試験に合格できなかったことをとても（　　）。

　　a. 残念だ　　　b. 残念だった　　　　c. 残念がる　　　d. 残念がっている

7. メガネをかけると、小さい字でもよく（　　）。

　　a. 読める　　　b. 読む　　　　c. 読んだ　　　d. 読めない

8. このいすは3人がけだから、5人は（　　）。

　　a. 座らない　　b. 座れない　　　c. 座る　　　d. 座れる

9. みんなが喜ぶ（　　　）、教室に花を飾った。

    a. ために   b. のに   c. ように   d. に

10. パソコンが急に（　　　）なって、作業中のデータが全部消えてしまった。

    a. 動けなく   b. 動かなく   c. 動いて   d. 動かないで

✎ 造句

■ 請完成含有本課内容（目的・可能・願望）的下列各句。

1. このカメラなら、素人でもすばらしい写真が＿＿＿＿＿＿＿＿＿＿＿＿＿＿＿＿＿＿。

2. ＿＿＿＿＿＿＿＿＿が上手に＿＿＿＿＿＿＿＿＿ように、毎日練習しています。

3. 将来＿＿＿＿＿＿＿＿＿＿＿＿＿ために、毎日、日本語を勉強しています。

4. ちょっと教室へ＿＿＿＿＿＿＿＿＿＿＿＿＿＿＿＿＿＿に、行ってきます。

5. 昨日は＿＿＿＿＿＿＿＿＿＿＿ために、パーティーに参加できませんでした。

6. a.＿＿＿＿＿＿＿＿＿＿ないように、b.＿＿＿＿＿＿＿＿てください。

7. 今現在、世界で最も速い人は、100メートルを9秒台で＿＿＿＿＿＿＿＿＿＿。

8. 日本料理は大好きだが、納豆だけはどうしても＿＿＿＿＿＿＿＿＿。

9. 彼女は日本人だが、長い間韓国に住んでいたので＿＿＿＿＿＿＿＿＿＿。

10. 太郎君は＿＿＿＿＿＿＿＿＿＿＿＿＿＿＿＿＿＿＿たがっている。

■ 改錯

■ 在下面的句子中有錯誤的用法。請在錯誤的地方畫上＿＿＿＿，並寫出正確用法。

1. 日曜日は夜はダメだけど、昼間なら時間があるから会うよ。

2. ここから富士山が見えられる。

58

3. 田中さんは彼女と別れて、とても悲しい。

4. 先生、来週は学会で北海道へ行くので、日本語の授業に来ません。

5. 木村先輩は新しいものが好きらしく、新しいパソコンが出ると、すぐほしがります。

找到例句了！

在這篇文章裡，使用著本課的學習內容（目的・可能・願望）。閱讀文章時，請試著思考其使用方式及意思。

日本では、1月の第二月曜日が「成人の日」で祝日です。市町村は成人を祝う式典を行い、二十歳の若者は晴れ姿で参加します。一方では、毎年一部の新しい成人が式典で、あるいは終わった後に調子に乗りトラブルを起こしています。

成人には、選挙権が与えられます。また、お酒を飲むことができ、たばこが吸えます。しかし、事件を起こすと名前や写真がメディアで報道されてしまいます。運転免許証の取得や結婚は未成年でも可能です。また、選挙権年齢を18歳に引き下げる議論が行われています。

「日本の成人は二十歳」より
Hir@gana Times（2012.1）p.22

成人の日：成人節	
祝日：國定假日	
市町村：各縣市，鎮村	
祝う：慶祝	
式典：典禮，儀式	
晴れ姿：盛裝打扮的模様	
参加する：参加	
調子に乗る：得意忘形	
トラブル：糾紛，麻煩	
選挙権：選舉權	
与える：給予，提供	
事件：事件，事故	
報道：報導	
運転免許証：駕駛執照	
取得：取得	
引き下げる：下降	
議論：議論，討論	

6 目的・可能・願望

結束・對話

リサさんはピアノがひけるそうだ。ぼくは父にギターを習ったから、ギターがひける。それをリサさんに話したら、今度、ギターを教えてほしいと言われた。リサさんにかっこいいところを見せたいので、練習しておこう。リサさんは人気者だからみんな私をうらやましがるだろう。

7 いく・くる

開始・對話

在以下情境中,三人之間會出現什麼樣的對話呢?請在_____填入適當的詞彙來完成對話。

① 田中さんはまだ a._____ いないんですね。コンサートは7時からでしょう。

② いや、さっき、一緒に b._____ んですよ。でも、忘れ物をしたと言って、家に取りに c._____ んですよ。すぐ d._____ と思いますが。

③ じゃ、田中さんが e._____ まで待ちましょうか。

④ いえ、田中さんが f._____ までぼくが待ちますから、先に g._____ ください。もうすぐ始まりますし。

這一課的句型詞彙

「行く／~ていく」「来る／~てくる」「~てきた」

首先確認

【移動】

(1) 空間的移動

「行く」=從說話者的位置、角度離開　　「来る」=接近

・毎朝8時に大学へ行く。(每天早上8點去學校。)

・友だちがうちへ遊びに来る。(朋友來家裡玩。)

・〈教室裡〉
　A:授業が終わったら、何か食べに行かない?(下課後,要不要去吃點什麼?)
　B:うん、いいね。どこに行こうか。(嗯,好啊!要去哪裡呢?)

・〈電話中〉
　A:国からたくさん食べ物が届いたんだけど、これからうちに来ない?(家裡寄來好多食物 你要不要現在來我家?)
　B:いいの? もちろん、行く、行く。(可以嗎?當然去囉!)

60

（２）動作朝向的方向

「～ていく」＝ 用在動作的方向為離開說話者時

「～てくる」＝ 用在接近說話者時

做完動作之後移動時，用「動詞＋ていく」、「動詞＋てくる」來表示動作的方向。

完成動作(--▶)之後前往(──▶)　　完成動作(--▶)之後返回(──▶)

・田中さんの誕生日パーティーにプレゼントを買っていきましょう。（我們先買禮物再去田中小姐的生日派對吧！）

・川上から葉っぱが流れてきた。そして、川下へ流れていった。（葉子從上游漂流下來。然後，往下游漂走了。）

・Ａ：どこ、行ってきたの？（你剛才去哪裡？）

　Ｂ：コンビニでジュース、買ってきたんだ。（去便利商店買果汁回來。）

（３）對象的移動

「～てくる」＝用在「品物を送る、電話をかける」等對象物或是動作朝向我的時候。

・[×] 田中さんが(私に)電話をかけました。

　→[○] 田中さんが(私に)電話をかけてきました。（田中先生打電話來（給我）。）

　→[○] 田中さんから電話がかかってきました。（田中先生打來的電話。）

・[×] ボーイフレンドが(私に)花を送りました。

　→[○] ボーイフレンドが(私に)花を送ってきました。（男朋友送花過來（給我）。）

【改變】

（４）時間上狀態的改變

「～てくる」＝ 用來表示從過去到現在的變化。

「～ていく」＝ 用來表示從現在到未來的變化。

「～てきた」＝ 用來表示現在所認知的變化。

・日本で学ぶ留学生が増えてきました。〈到目前的變化〉（在日本就學的留學生增加了。）

・これからも留学生はますます増えて、グローバル化していくでしょう。〈未來趨勢的變化〉

（今後留學生也會日益增加，朝著國際化趨勢邁進吧。）

和「増える・減る・変わる・なる」等變化動詞一起使用時，表示說話者提起該話題之前的變化。

・最近、留学生が増えた。〈變化〉（最近留學生增加了。）

・最近、留学生が増えてきた。〈到談話之前的變〉（最近留學生多了起來。）

・最近、留学生が増えてきている。〈在談及話題的當下仍持續變化〉（最近留學生不停的在增加當中。）

變化動詞 → p.244

如果在「～てくる」後面接上「～ている」變成「～てきている」，則用來表示變化持續當中。

・ふうせんがだんだん大きくなってきた。〈變化〉（氣球慢慢的變大了起來。）

・日本人の外国人に対するイメージが変わってきている。〈持續變化〉（日本人對外國人的印象不停的在改變。）

用「～てくる」「～ていく」來表示變化時，常和「少しずつ・だんだん・徐々に」等副詞一起使用。

・地域Ａの人口は徐々に増えてきて、2010年からは急激に増えている。

（地區Ａ的人口從以前就慢慢的在增加，從2010年開始急遽的增多當中。）

・3月になって少しずつ暖かくなってきている。（到了3月氣候開始慢慢地暖和起來。）

【知覺】

（5）知覺

如果「（においが）する、聞こえる、見える」等的感覺動詞和「～てくる」一起使用的話，表示接下來的感覺及感受，如果是和「～てきた」一起使用，則表示已經感覺到的事情。此外，如果和「眠くなる」「雨が降る」等表示變化的詞彙一起使用的話，表示已察覺到變化，這樣的意思無法用「～ていく」來表達。

・［○］もうすぐ公園の入り口が見えてくるよ。（快要看到公園的入口了。）

感覺動詞 → p.246

→［×］もうすぐ公園の入り口が見えていくよ。

・［○］お腹がいっぱいになったら、眠くなってきた。（吃飽之後就開始感到一陣睡意。）

→［×］お腹がいっぱいになったら、眠くなっていった。

・あ、雨が降ってきましたね。天気予報では今日晴れると言っていたのに。

（啊！下起雨來了，氣象預報明明說今天會放晴的。）

練習1

■ 請從 a. 和 b. 之間選出適當的用法。

1. 〈教室裡〉

   先生：みんな、作文を書いて（　　）か。

   学生：はーい。

   a. きました　　　　b. いきました

2. 海外旅行をするときは、ガイドブックを持って（　　）と役に立ちますよ。

   a. いく　　　　　　b. くる

3. 〈在學校〉

   先生：犬を学校に連れて（　　）はいけません。

   a. きて　　　　　　b. いって

   学生：連れて（　　）んじゃないんです。犬が勝手について（　　）んです。

   a. きた　　　　　　b. いった

4. さっきまで晴れていたのに、急に雨が降って（　　）ね。

   a. きます　　　　　b. きました

5. この3年間で急激に留学生数が増えました。これからも増えて（　　）だろうと思います。

   a. いく　　　　　　b. くる

6. 今朝、買い物に出かけようとしたときに田中さんから電話がかかって（　　）。

   a. きます　　　　　b. きました

7. A：明日、市民ホールでクラシック音楽のコンサートがあるんです。

   B：いいですね。私も一緒に（　　）いいですか。

   a. 行っても　　　　b. 来ても

8. A：今週の土曜日に家でバーベキューをするんですが、遊びに来ませんか。

   B：いいんですか。もちろん（　　）よ。

   a. 行きます　　　　b. 来ます

9. A：この書類を事務室の鈴木さんのところへ持って（　　）ください。

   B：はい、分かりました。

   a. いって　　　　　b. きて

63

10. 先週、国に帰ったので、お土産を買って（　　）。国のお菓子ですが、どうぞ召しあがってください。
　　a. いきました　　　　b. きました

提升程度

① 否定形

「〜ていく」「〜てくる」的否定形用「いく」「くる」的ナイ形來表示。

「〜ていく」→「〜ていかない」

「〜てくる」→「〜てこない」

否定形 ➡ 凡例

ナイ形 ➡ 凡例

・山登りのときは、音楽プレイヤーを持っていかないことにしています。自然から聞こえてくる音を楽しみたいからです。（登山時後，我習慣不攜帶隨身聽在身上。因為我想好好聆聽來自大自然的聲音。）

・宿題を忘れて持ってこなかったので、先生に注意されました。（因為忘記帶作業，被老師警告了。）

② 特定的時間

即使是未來的事情，若設定產生變化的時間點在未來，可使用「〜てくる」來表示接近該時間點。

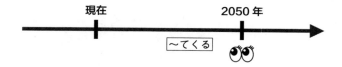

・A国の人口は減り続けて、2050年には約8000万人に減ってくると予想されています。
（A國的人口持續的在減少，預測2050年將會銳減至8000萬人。）

・9月になれば、だんだん涼しくなってくると思います。（到了9月，我想天氣就會慢慢轉涼了。）

③「〜ていく」「〜てくる」的慣用用法

「ついていく／ついてくる」「持っていく／持ってくる」

「連れていく／連れてくる」「入っていく／入ってくる」

「出ていく／出てくる」「寄っていく／寄ってくる」

慣用用法 ➡ p.246

這些詞彙與「〜ていく」「〜てくる」一起使用，來表示方向性。

・公園を散歩していたら、子犬がずっと私の後ろをついてきた。（在公園散步時，有隻小狗一直跟著我。）

・（友だちに）コンサート会場に先に行ってて。私はコンビニに寄っていくから。
（（對朋友說）你先去演唱會會場，我去一下便利商店就過去。）

練習 2

■ 請從 a. ～ d. 之中，選出最適合的答案。

1. 先生：リサさん、最近、日本語が上手に（　　）ね。

  学生：ありがとうございます。これからもがんばります。

  a. なります　　　　　b. なってきます

  c. なってきました　　d. なっていきます

2. 〈一邊走向車站〉

  A：駅はまだですか。

  B：もうちょっとですよ。そろそろ見えてくると思いますが。

  A：けっこう遠いですね。

  B：あ、あそこに駅の建物が見えて（　　）ね。

  a. いきます　　　b. いきました　　　c. きます　　　　d. きました

3. 日本はこれからもますます少子高齢化が（　　）だろうと思います。

  a. 進みます　　　b. 進んでいく　　　c. 進んでくる　　　d. 進める

4. 今日は朝ご飯を食べて（　　）ので、お腹がすきました。

  a. こない　　　b. いかない　　　c. こなかった　　　d. いかなかった

5. A：ちょっと本屋に寄って（　　）か。

  B：いいですね。私も買いたい本があるので一緒に行きましょう。

  a. いきました　b. いきません　　c. きます　　　　d. きません

6. 先輩：田中さんがいませんね。

  後輩：図書館にいると思います。呼んで（　　）か。

  先輩：はい、お願いします。

  a. いきましょう　b. いきます　　　c. きましょう　　　d. きません

7. 先週 T 社から送って（　　）カタログを見せてください。

  a. いく　　　　b. いった　　　c. くる　　　　d. きた

8. 日本に来たばかりのときは日本の生活がよく分かりませんでしたが、だんだん慣れて（　　）。

  a. きました　　　b. きます　　　c. いきます　　　d. いきました

9. 外から子どもたちの遊ぶ声が聞こえて（　　）います。

  a. いって　　　b. いて　　　c. きて　　　d. きって

65

10.A：そろそろ失礼します。

　B：明日は休みでしょう。もっとゆっくりして（　　）ください。

　A：ありがとうございます。でも、明日の朝、早く東京へ行かなければならないものですから。

　B：そうですか。じゃ、また遊びに（　　）くださいね。

　　a.いって　　　　b.いて　　　　c.きて　　　　d.きって

✏️ 造句

■ 請使用本課學習内容（いく・くる）來完成下列各句。1.～3.請留意（　）内的動詞的詞尾是否需要變化。

1. A：この機械の使い方、分かりましたか。

　　B：ええ、少しずつ（分かる）＿＿＿＿＿＿＿＿＿＿＿。

2. A：ここは、最近、新しいマンションや住宅がたくさん建ちましたね。

　　B：ええ、いろいろな店も増えて、ずいぶん便利に a.（なる）＿＿＿＿＿＿＿＿＿＿＿。これから

　　　もっと b.（発展する）＿＿＿＿＿＿＿＿＿＿＿と思います。

3. 先生は席を外しています。3時すぎには（帰る）＿＿＿＿＿＿＿＿＿＿＿と思います。

4. 今日は＿＿＿＿＿＿＿＿＿＿＿てこなかったので、先生にしかられた。

5. 環境問題は今後もさらに深刻に＿＿＿＿＿＿＿＿＿＿＿と思います。

6. 研究を続けるのは大変ですが、これからも＿＿＿＿＿＿＿＿＿＿＿と思っています。

7. あ、財布忘れた。ちょっとここで待ってて。＿＿＿＿＿＿＿＿＿＿＿から。

8. 最近、ずいぶん＿＿＿＿＿＿＿＿＿＿＿てきましたね。

9. a.＿＿＿＿＿＿は徐々に b.＿＿＿＿＿＿＿＿＿＿＿。

10.a.＿＿＿＿＿＿はこれからも b.＿＿＿＿＿＿＿＿＿と思います。

◢◤ 改錯

■ 在下面的句子中有錯誤的用法。請在錯誤的地方畫上＿＿＿＿，並寫出正確用法。

1. 〈對著在二樓為外出做準備的妻子說〉

　　夫：けいこ、急いで。もう出かけるよ。

　　妻：はーい、すぐ来るからちょっと待ってね。

2. 最初、日本語の勉強は大変でしたが、最近、おもしろくなってきます。

3. 公園を散歩していたら、突然、知らない人が私に声をかけたので、びっくりした。

4. 〈從新幹線的車窗往外看〉

　　A：あっ、見て見て、あそこ。富士山が見えてきます。

　　B：あ、ほんとうだー。わあ、大きいですね。

5. 〈在玄關〉

　　子：ただいま。お母さん、友だちの中村君。今日一緒に宿題をしたいんだけど、いい？

　　母：いいよ。でも、これからは、家に友だちを連れるときは、前もって電話してね。

67

找到例句了！

在這篇文章裡，使用著本課的學習內容（いく・くる）。閲讀文章時，請試著思考其使用方式及意思。

まんがが持つ魅力は、個性的なキャラクターがたくさん登場し、読む人に親しみやすさを感じさせることです。公立の小学校でもまんがキャラクターが使われた学習教材が採用されています。子どもたちに人気のあるキャラクターの「ドラえもん」「ちびまる子ちゃん」「クレヨンしんちゃん」などが、学校で習う勉強を教えてくれます。

まんがを読みながら、計算の仕方や漢字の書き順が勉強できるのです。ドラえもんの大好きな子どもたちは、「ドラえもんやのび太くんが、いつもの口調で話してくれるから、覚えやすいよ。まんがが面白いから、どんどんページが進んじゃうね」「勉強してるって感じじゃないな」と話します。

おかげで勉強嫌いの子どもたちも、楽しみながら勉強できる上に、内容がしっかりと記憶に残っていきます。年々学習教材に登場するキャラクターの数も増え続けています。「まんがばかり読んでいないで、勉強しなさい」と母親が子どもをしかることができなくなってきました。（中略）

情報の視覚化が加速する現代の日本においては、今後もさまざまなキャラクターが子どもたちに語りかける場面が増えていくことでしょう。

「学校でも使われるまんがキャラクター」より
Hir@gana Times(2011.4) pp.8-9

魅力：魅力
個性的：有個性的
キャラクター：卡通人物
登場する：登場，上場
学習教材：學習教材
採用する：採用
計算：計算
仕方：方式，方法
書き順：筆順
口調：語調，口氣
進む：前進
内容：内容
記憶：記憶
情報：資訊，訊息
視覚化：視覺化
加速する：加速
現代：現代
語りかける：訴說

結束・對話

友だちと４人でクラシックのコンサートに行った。７時開演だったので６時半に待ち合わせをした。待ち合わせの場所に行ったら田中さんがまだ来ていなかった。中村さんの話では、さっき一緒に来たが、忘れ物をしたので、家に取りに帰ったそうだ。開演まであまり時間がなかったので私たちは先に会場に行くことにした。開演直前に２人が会場に入ってきた。田中さんはそそっかしいから忘れ物が多いけど、いつも中村さんがそばで助けている。

各式各樣的日文②
《年輕人用語》《簡略形》

年輕人用語常出現在 10 幾歲、20 幾歲的年輕人的日常對話當中。最近「ちょー」「やばい」「まじ」「めっちゃ」等使用率相當高，這些用法一旦退了流行，有可能就會不再被使用。

此外，在口語對話中為了方便，常使用簡略形來表達。

原本的形式	簡略形	例
～ては／～では	～ちゃ／～じゃ	言っちゃだめよ
～ている／～ていた	～てる／～てた	食べてる／食べてた
～ておく	～とく／どく	言っとく／読んどく
～て（で）しまう	～ちゃう／～じゃう	やっちゃう
～のだ	～んだ	行くんだ
～と言う	～って	行くって

8 する・なる

開始・對話

在以下情境中，兩人之間會出現什麼樣的對話呢？請在＿＿＿填入適當的詞彙來完成對話。

① 日本語の勉強のために、何かしていますか。

② はい、できるだけ日本語で話す a.＿＿＿＿います。日本語をたくさん使うことが大事だと思います。

③ 漢字はどのように勉強していますか。

④ 毎日、5つの漢字を覚える b.＿＿＿＿います。最初は漢字がぜんぜん読めませんでしたが、今は500字ぐらい c.＿＿＿＿。

記者　　　　史密斯先生

這一課的句型詞彙

「する」　　　　　　　　　　「なる」
「～ことにする」「～ことにしている」「～ことになる」「～ことになっている」
「～ようにする」「～ようにしている」「～ようになる」「～ようになっている」

 首先確認

(1)「する」：　イ形容詞(～い) ＋ くする
　　　　　　　　ナ形容詞(～な) ＋ にする
　　　　　　　　名詞　　　　　＋ にする

① 依自己的意志所決定的行動用「する」。
② 說話者將關注的焦點放在動作主體的行為時使用。
③ 表示動作主體讓對象產生變化時用「人が＋名詞＋を～くする／～にする」。

・（私は）電気をつけて、部屋を明るくしました。((我)打開電燈讓房間變亮了。)

・（私は）午後からお客さんが来るので部屋をきれいにしました。(因為下午有客人要來，所以(我)把房間打掃乾淨了。)

70

（２）「なる」：
イ形容詞（い）＋ くなる
ナ形容詞（な）＋ になる
名詞　　　　 ＋ になる

「する」和「なる」
➡第 19 課

① 表示動作主體的動作結果、產生變化時用「なる」。

② 是誰做的動作並不重要，使用在關注的焦點放在接受動作的對象產生變化時。

③ 動作主體讓對象產生變化後的狀態或是變化的結果，用「名詞＋が＋～くなる／～になる」來表達。

・ 電気がついて、部屋が明るくなりました。（燈開著，房間變亮了。）

・ 要らないものを捨てたら、部屋がきれいになりました。（把不要的東西丟掉後，房間變乾淨了。）

（３）「～ことにする」：
動詞的辭書形 ＋ ことにする
動詞的ナイ形 ＋ ことにする

ナイ形 ➡凡例

① 表示依自己的意志所決定採取的行動。因動作是在之後才執行，所以「ことに」的前面不用夕形。

・ スピーチのテーマについていろいろ考えましたが、「私の国のまつり」について話すことにします。

（關於演講的主題我想了很多，最後決定來談談「家鄉的祭典」。）

・ 明日から、たばこを吸わないことにします。（我決定從明天起不再抽菸。）

② 表示已經下定決心的事用「～ことにした」。

・ 研究が忙しくなったので、アルバイトを辞めることにしました。（因為研究變得很忙，已經決定辭去打工。）

・ 今年の夏休みは国へ帰らないことにした。（我決定今年暑假不回國了。）

（４）「～ことにしている」

表示持續自己所定下的習慣。

・ Ａ：毎日、ジョギングをしているんですか。（你每天都慢跑嗎？）

Ｂ：はい、健康のために、毎日２キロ走ることにしています。（是的，為了健康，我每天固定跑兩公里。）

（５）「～ことになる」：
動詞的辭書形 ＋ ことになる
動詞的ナイ形 ＋ ことになる

① 用在即使是依自己意志所決定的事，也以結果狀態・事態來表達時。

・ Ａ：発表の順番は決まりましたか。（發表的順序決定了嗎？）

Ｂ：ええ、みんなで相談しましたが、この順番で発表することになりました。

（決定了，大家一起討論後，決定將以這個順序進行發表。）

・ Ａ：来週の飲み会は中止になったんですか。（下週的飯局取消了嗎？）

Ｂ：ええ、出席できる人が少ないので、飲み会はやらないことになったんです。

（是啊！因為能出席的人太少了，所以飯局取消了。）

・ 来週の金曜日は休暇をとるので、３日間、休むことになります。（因為下週五請假，所以變成有三天假期。）

8

する・なる

71

② 表示和自己的意志無關，最後得到的結果。已經發生的事情用「～ことになった」。

・ 私の失言が結果的に彼を傷つけることになってしまった。（我不小心說溜嘴，結果對他造成了傷害。）

・ 検査の結果、入院することになった。（檢查結果是必須住院。）

③ 表示事情發展至下一個階段時，「～ことになる」和「～ことになった」皆可使用。

・ 大学生のときに読んだ1冊の本が彼の人生に大きな影響を与えることに{なる／なった}。

（大學時代所讀的一本書，對他的人生影響甚鉅。）

・ AチームとBチームが決勝戦に進出したので、両チームは3年連続、決勝戦で対決することに{なる／なった}。（因為A隊與B隊均進軍決賽，演變成兩隊連續三年在決賽中對決的局面。）

（6）「～ことになっている」

表示規則所規定的事、禁止的事。

・ ここでは写真撮影ができないことになっています。（此處禁止拍照。）

・ この病院の敷地内では、たばこを吸ってはいけないことになっています。（本院院區全面嚴禁吸菸。）

（7）「～ようにする」： 動詞的辞書形 ＋ ようにする
　　　　　　　　　　　　動詞的ナイ形 ＋ ようにする

① 動作主體為了讓對象產生變化而施予作用力。另外也表示為了實現目標而正在努力當中。

② 相較於「～ことにする」，努力的意思較強烈。

〈時常睡過頭遲到的學生對老師說〉

・ （私は）来週からは遅刻しないように、（私は）毎朝6時に起きるようにします。

（下週起（我）為了不再遲到，（我）每天早上努力六點起床。）

〈經常請假的學生對老師說〉

・ これからはできるかぎり授業を休まないようにします。〈努力〉（我以後會盡量做到不要請假。）

・ これからは授業を休まないことにします。〈自己決定的事〉（我決定今後不再請假。）

③ 動作主體和對象有時相同有時不同。

相同：（私は）ぼうしをかぶって、（私は）日焼けしないようにします。（（我）戴帽子防止（我）曬黑。）

不同：（私は）窓を閉めて、虫が部屋に入らないようにした。（（我）關上窗戶，不讓蟲飛進房間。）

（8）「～ようにしている」

表示動作主體有意識在持續的事情或習慣。

- 健康のために、なるべく野菜をたくさん食べるようにしています。（為了健康，（我）盡可能多吃蔬菜。）

- 私は、できるだけ夜10時までには寝るようにしています。（我盡可能晚上10點前就寢。）

可能動詞 ➔ ⁇ p.246

（9）「～ようになる」： 動詞的辭書形 ＋ ようになる

思考動詞 ➔ ⁇ p.250

① 表示之前不會的事情，或不是那樣的情況，慢慢產生變化，演變成可以做到，或是變成那樣的結果、狀態。
常和可能動詞（分かる、読める）或是思考動詞（思う、考える）等一起使用。

- 日本に来たばかりのときは漢字がぜんぜん読めませんでしたが、今は読めるようになりました。

（剛來到日本時，完全看不懂漢字，不過現在已經看得懂了。）

- 留学してから、家族の大切さを考えるようになった。（留學之後，開始會去思考家人的重要性。）

② 表示事情產生了變化，變成和之前不同的狀態。有時也用來表示已成為習慣並固定下來的事。

- 機械が苦手な父が最近スマートフォンを使うようになりました。
（以前不用 → 現在使用中）　　　　　　　　　　　　（原本不擅長操作電子產品的爸爸，最近開始使用起智慧型手機了。）

- 日本に来てから、毎日自分で料理を作るようになりました。（來到日本之後，變成每天自己下廚。）
（在自己的國家時不煮飯 → 現在都自己煮）

（10）「～ようになっている」

針對東西的構造，或是已決定的事情做說明。

- このトイレは、人が入ってきたら自動的に電気がつくようになっています。

（這間洗手間，會在人進去之後，自動感應亮燈。）

- このクラスが修了したら、次のレベルに上がれるようになっています。

（修完這門課之後，可直接進階到下個等級。）

練習1

■ 請從 a. 和 b. 之間選出適當的用法。

1. 急に用事ができて、飲み会に参加（　　）なった。
   a. できなく　　　　b. できないように

2. 私は、毎日、野菜ジュースを飲むことに（　　）。
   a. しています　　　b. なっています

3. 大学院に進学したいので、今働いている会社を辞めることに（　　）。
   a. しました　　　　b. なりました

73

4. 午後から急に会議が入ったので、今日の食事会には(　　)。

　　a. 行けなくしました　　　b. 行けなくなりました

5. 今年から奨学金がもらえることに(　　)。

　　a. しました　　　　　　　b. なりました

6. 部屋が暑かったので窓を開けて、風が入るように(　　)。

　　a. しました　　　　　　　b. なりました

7. 数年前からインターネットで買い物ができる(　　)なりました。

　　a. ように　　　　　　　　b. ことに

8. 国では料理を作らなかったが、日本で一人暮らしを始めてから、自分で料理を作るように(　　)。

　　a. した　　　　　　　　　b. なった

9. 日本語がもっと上手になるように、毎日1時間は勉強することに(　　)。

　　a. しています　　　　　　b. なっています

10. このレバーを引くと、いすが回転する(　　)。

　　a. ようになる　　　　　　b. ようになっている

提 升 程 度

① 「～ことになる」的特殊用法

　即使是自己意志所決定的事，在致詞等正式場合中，有時會用「～ことになる」。

正式場合 ➡ p.248

・長い間お世話になりました。3月末に帰国することになりました。今まで本当にありがとうございました。

（長久以來受您照顧了。我3月底要回國了，真的非常感謝您一直以來的關照。）

② 「～ようにしてください」與「～てください」使用上的區分

　「～ようにしてください」＝ 為了實現某個目標，而要求對方努力。

　「～てください」＝ 強烈要求或請託對方做某件事時

・これから早く起きるようにしてくださいね。〈要求對方努力〉（今後請盡可能早起喔！）

　これから早く起きてください。〈強烈請託〉（今後請早起。）

・明日からは遅刻しないようにしてください。（從明天開始請做到不要遲到。）

　明日からは遅刻しないでください。（從明天開始請勿遲到。）

③ 和「～ようにする・～ようにしている」一起使用的詞彙

因為「～ようにする・～ようにしている」含有努力・下意識維持的意思，因此常和**「なるべく」「できるだけ」**等副詞一起使用。

・仕事が多いときでも、なるべく7時には家に帰るようにしている。（即使工作繁忙時，也盡量七點回家。）

・これからは週末はできるだけ家族と過ごすようにします。（以後週末會盡量和家人一起度過。）

④ 動詞種類與表示變化的句型

詞意中含有變化意思的變化動詞（増える、減る、なる、等）——「～てきた」 　変化動詞 ➡ ❓p.244

詞意中不含變化意思的動作動詞（食べる、書く、読む、等）

可能句型（可能形、分かる、できる、等） 　}——「～ようになった」 　動作動詞 ➡ ❓p.245

・コンビニが増えて、便利になってきた。（変化動詞）（便利商店的據點增加後，生活變得更方便了。）

・最近は小さい子どももインターネットを使うようになった。（動作動詞）（最近連年紀小的小孩也在使用網路了。）

・日本に来てから自転車に乗れるようになった。（可能形）（來到日本後，學會了騎腳踏車。）

⑤「～ようになる」的否定形

～ようになる → ［○］～なくなる

　　　　　　　　［×］～ないようになる

・［○］最近はめったに手紙を書かなくなった。（最近幾乎沒有在寫信了。）

　［×］最近はめったに手紙を書かないようになった。

・［○］仕事が忙しくて友だちに会えなくなった。（工作太忙，變得無法和朋友見面。）

　［×］仕事が忙しくて友だちに会えないようになった。

練習2

■ 請從 a.～ d. 之中，選出最適合的答案。

1. 現在、日本の法律では20歳未満の未成年者はお酒を飲んではいけないことに（　　　）。

　　a. しました　　　b. なりました　　　c. しています　　　d. なっています

2. 今日からこの会社でお世話になることに（　　　）。どうぞよろしくお願いします。

　　a. しました　　　b. なりました　　　c. しています　　　d. なっています

3. 仕事が多くなればなるほど、ストレスも（　　　）。

　　a. 多い　　　　　b. 多いになる　　　c. 多くなる　　　d. 多くなっている

4. 日本は小学校と中学校が義務教育なので、日本の子どもは9年間、学校で（　　）。

a. 勉強することにします　　　　b. 勉強しないことになります

c. 勉強することにしています　　d. 勉強することになっています

5. 最近急に太ったので、去年買ったスカートが（　　）。

a. はかない　　　　　　　　　b. はけなくなった

c. はけないようになった　　　d. はけないことになった

6. T大学は8時40分に1時限目の授業が始まる（　　）。

a. ようにしています　　　　　b. ようになっています

c. ことになっています　　　　d. ことにしています

7. 私は日本語の練習のために、できるだけ母語を使わない（　　）。

a. ようにしています　　　　　b. ようになっています

c. ことになっています　　　　d. ことになります

8. 毎日、英会話の練習をしているので、少し英語が（　　）。

a. 話すことにしました　　　　b. 話すことになりました

c. 話せるようにしました　　　d. 話せるようになりました

9. 若いときは油っこい物が好きだったけど、年を取ってから（　　）。

a. 食べられなくなった　　　　　b. 食べられないようになった

c. 食べられないことになった　　d. 食べられないことにした

10. 医者：のどがはれていますね。たばこを吸わない（　　）ください。

患者：はい、分かりました。今日からやめます。

a. ようにして　　　b. ようになって　　　c. ことになって　　　d. ことにして

✏️ 造句

■ 請使用本課學習內容（する・なる）來完成下列各句。

1. 来年4月から日系企業で＿＿＿＿＿＿＿＿＿＿＿＿＿＿＿＿＿＿＿＿＿＿＿。

2. さっきまで動いていたパソコンが急に＿＿＿＿＿＿＿＿＿＿＿＿＿＿＿＿＿なった。

3. この洗濯機、高いですね。もう少し＿＿＿＿＿＿＿＿＿＿＿＿＿＿＿＿もらえませんか。

4. 今の部屋はせまいので、もっと広い部屋に＿＿＿＿＿＿＿＿＿＿＿＿＿＿＿＿＿＿＿＿＿。

5. どうしようかと迷いましたが、10月に入学試験を＿＿＿＿＿＿＿＿＿＿＿＿＿＿＿＿＿。

6. 私は健康のために、できるだけエスカレーターを＿＿＿＿＿＿＿＿＿＿＿＿＿＿＿＿＿。

7. 今週からパソコンで自分の成績が見られる＿＿＿＿＿＿＿＿＿＿＿＿＿＿＿＿＿＿＿＿。

8. 私は日本語の勉強のために、毎日＿＿＿＿＿＿＿＿＿＿＿＿＿＿＿＿＿＿＿＿＿＿＿＿。

9. 2010年に日本へ来たので、今年で＿＿＿＿＿＿＿＿＿＿＿＿＿＿＿＿＿＿ことになる。

10.最近、a.＿＿＿＿＿＿＿＿＿＿＿＿ので、b.＿＿＿＿＿＿＿＿＿＿＿なくなりました。

■□改錯

■ 在下面的句子中有錯誤的用法。請在錯誤的地方畫上＿＿＿＿＿，並寫出正確用法。

1. 昨日は熱がありました。早く家に帰って休んだので、今日はよくになりました。

2. 来年の3月に大学を卒業することにしました。

3. 卒業したら日本の会社で働きたいので、日本語の勉強を続けることになりました。

4. 入社試験に合格したので、来月からA会社で働くようになりました。

5. 日本では、2011年7月24日からアナログテレビが見られないようになりました。

在這篇文章裡，使用著本課的學習內容（する・なる）。閱讀文章時，請試著思考其使用方式及意思。

日本人は清潔好きでほとんど毎日風呂に入ります。日本人にとって浴室は、単に体を洗う場所ではなく、湯船につかりゆっくりくつろぐ場所でもあります。同じお湯を家族みんなで使うため、湯船には体を洗ってから入ります。

温泉は日本の各地にあり、温泉リゾートは日本人に最も人気のある旅行先です。近年は、住宅地に「日帰り温泉」と呼ばれる施設が相次いででき、手軽に楽しめるようになりました。露天風呂、ジャグジー、サウナ、レストラン、理髪店、マッサージなどさまざまな心地よい設備があり、安い価格で楽しめます。

「日本人はお風呂が大好き」より
Hir@gana Times(2012.2) p.22

清潔好き	愛乾淨
浴室	浴室
湯船	浴缸
つかる	浸，泡
くつろぐ	放鬆
お湯	熱水
住宅地	住宅區
日帰り温泉	當天來回的溫泉之旅
施設	設施
相次ぐ	相繼
手軽に	容易，簡單
露天風呂	露天溫泉
理髪店	理髮店
心地よい	舒適的
設備	設備

結束・對話

私の友だちのスミスさんは日本語がとても上手だ。今日、研究室で勉強しているとき、大学の新聞を作っている記者が研究室にスミスさんにインタビューにきた。スミスさんは日本語が上手になるように、できるだけ日本語で話すようにしていると答えていた。毎日、漢字を5つ覚えることにしているので、今は500字ぐらい読めるようになったそうだ。私もスミスさんに負けないように、一生懸命勉強したいと思った。

各式各樣的日文③
《男性用語與女性用語》

在在口語對話中,男生和女生所使用的詞彙有時候會不太一樣,主要以人稱代名詞及終助詞居多。不過,最近男性用語與女性用語之間的差異變得越來越小了。

	男性用語	女性用語
第一人稱	ぼく、おれ、わし、自分	わたし、あたし
第二人稱	お前、君	あなた、あんた
名詞	飯	ご飯
	腹	お腹
動詞	食う	食べる
	(腹が)へる	(お腹が)すく
終助詞	よ	わよ
	ぞ	わ
	かな	かしら

我們可以從對話中的用字遣詞,來得知說話者的性別或是說話者與聆聽者之間的關係。從下面的對話中,可看出兩人的性別及關係。

〈例〉〔朋友間的對話〕

A:あ〜、腹へった。めし、食いに行こうか。〈男性〉(啊〜肚子好餓。要不要去吃飯?)
B:うん、あたしもお腹すいたわ。一緒に行こう。〈女性〉(恩,我肚子也餓了。一起去吧!)

〔爺爺和孫子的對話〕

A:おい、太郎!わしと一緒に公園に行かんか。〈祖父〉(嘿,太郎!要不要跟我一起去公園呀?)
B:ぼく、一郎とサッカーの約束があるんだよ。〈孫子(小男孩)〉

(我和一郎約好要一起踢足球了耶!)

9 テ形和否定形

開始・對話

在以下情境中,兩人之間會出現什麼樣的對話呢?請在＿＿＿填入適當的詞彙來完成對話。

① どうしたの?
大丈夫?

② うーん、
頭が a.＿＿＿＿
歩けない…

③ 今日はもう
会議に b.＿＿＿＿、
c.＿＿＿＿ほうが
いいんじゃない?

這一課的句型詞彙
テ形 「〜て」　否定形 「〜なくて」「〜ないで／〜ずに」

首先確認

【テ形（肯定）】

(1) X て Y

	動詞	イ形容詞（い→く）	ナ形容詞（な→）／名詞
	て（テ形）	て	で

Y

X

動 詞	イ形容詞	ナ形容詞	名 詞
行って	赤くて	便利で	事故で

テ形 ➡ 凡例

① **動作接連發生** 〈連接：動詞〉

意思 做完 X 之後,做 Y。

動作接連發生 ➡ p.245

・図書館へ行って、本を探す。［行く→探す］（去圖書館找書。［去→找］）

連接 ➡ p.245

・切符はここで買えますよ。お金を入れてボタンを押してください。［入れる→押す］
（車票可以在這裡買喔!請投入錢後,按下按鈕。［投入→按］）

80

② 附帯状況 〈連接：動詞〉

附帯状況 → ？ p.244

意思 在完成 X 的狀態之下，做 Y。

→用 X 來說明做動作 Y 的狀況・樣子。

・目が悪くなるから、電気を<u>つけて</u>本を読みなさい。[X 是看書時的房間狀態]（因為視力會變差，請開燈看書。）

・お父さんは、<u>横になって</u>テレビを見ている。[X 是看電視時的姿態]（爸爸都躺著看電視。）

③ 原因・理由 〈連接：動詞／イ形容詞／ナ形容詞／名詞〉

原因・理由 → 第 5 課

意思1 因為 X（原因・理由）、所以 Y（結果）。

→ X 是已經發生的事，不能用來表示接下來要發生的事。

・長年思い続けてきた願いが<u>かなって</u>うれしい。[かなった→うれしい]

（長久以來的心願終於實現，真開心。[實現→開心]）

・プロポーズされて、<u>うれしくて</u>涙が出た。[うれしかった→涙が出た]

（因為被求婚，太開心而流下淚來。[開心→落淚]）

・いなくなっていた犬が戻ってきた。<u>無事で</u>よかった。[無事だった→よかった]

（走失的狗回來了。平安無事真是太好了。[平安無事→太好了]）

・[×] 来週給料を<u>もらって</u>新しいパソコンが買える。

[○] 来週給料を<u>もらうので</u>、新しいパソコンが買える。（下週領薪水，所以可以買新的電腦。）

意思2 對於 X，以 Y 來道謝或是表達歉意。

・<u>遅くなって</u>すみません。（對不起我遲到了。）

→表示謝意時，因為是自己接受對方的行為，所以會加上「～てくれる」。

・[○] 昨日は駅まで<u>送ってくれて</u>ありがとう。（謝謝你昨天送我到車站。）

[×] 昨日は駅まで<u>送って</u>ありがとう。

④ 並列 〈連接：動詞／イ形容詞／ナ形容詞／名詞〉

並列 → ？ p.244

意思 有狀況 X，也有狀況 Y。

・このレストランの料理は<u>安くて</u>おいしい。[安い＋おいしい]（這間餐廳的料理，便宜又好吃。[便宜＋美味]）

・月曜日はパスタを<u>食べて</u>、火曜日は焼き肉を食べた。[パスタ＋焼肉]

（星期一吃義大利麵，星期二吃燒肉。[義大利麵＋燒肉]）

・彼は英語も<u>できて</u>、フランス語もできる。[英語＋フランス語]（他會英文，也會法文。[英文＋法文]）

9

て形和否定形

81

【否定形】

(2) X なくて Y

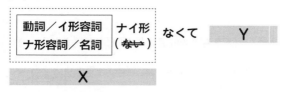

ナイ形 ➡ 凡例

動詞	イ形容詞	ナ形容詞	名詞
行かなくて	赤くなくて	便利 {じゃ／では} なくて	事故 {じゃ／では} なくて

① **原因・理由** 〈連接：動詞／イ形容詞／ナ形容詞／名詞〉

　意思 因為沒有發生 X（原因），所以 Y（結果）

・昨日は電車が動かなくて大変だった。［動かなかった→大変だった］
（昨天因為電車停擺，麻煩透了。［不動→麻煩透了]）

・目覚まし時計が鳴らなくて、起きられなかった。［鳴らなかった→起きられなかった］
（因為鬧鐘沒響，所以起不來。[沒響→起不來]）

※「ある」的否定形是「ない」。([×] あらなくて)

・今日は時間があって、友だちとゆっくり話すことができた。（因為今天有時間，所以能和朋友好好聊聊。）

・昨日は時間がなくて、友だちとゆっくり話すことができなかった。（因為昨天沒時間，所以沒能和朋友好好聊上一番。）

② **並列** 〈連接：イ形容詞／ナ形容詞／名詞　※ 不能連接動詞〉

　意思 不是 X。是 Y

A：これ、犬かな？ ねこかな？ たぶんねこだろうね。（這是狗呢？還是貓呢？應該是貓吧？）
B：これは、ねこじゃなくて犬だよ。鼻が前に出てるからね。［ねこではない＋犬だ］

（這不是貓，是狗喔！因為鼻子有突出來。[不是貓＋是狗]）

・このレストランの料理は高くなくておいしい。［高くない＋おいしい］
（這間餐廳的料理，不貴又好吃。[不貴＋美味]）

(3) X ないで Y ／ X ずに Y

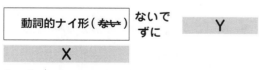

※「～ずに」：第 3 類動詞「する」→「せずに」
※ 如果有「～ている」的話不能用「～ていずに」，要改成「～ていないで」

① **動作接連發生** 〈連接：動詞〉

　意思1 不做 X。做 Y

・ゼミの資料を準備しなければならなかったのに、せずに寝てしまった。［準備しない→寝た］
（明明必須準備上課的資料，竟然沒準備就睡了。[沒準備→睡著了]）

意思2 做 Y 來取代 X

→意思是 1 還是 2，依前後文內容來決定。

・昨日は図書館に行かないで、うちで勉強した。［図書館に行かない→うちで勉強する］

（昨天沒去圖書館，而是在家念書。［不去圖書館→在家念書］）

② **附帶狀況** 〈連接：動詞〉

意思 不做 X 的狀態下做 Y

→用 X 來說明做 Y 時的狀況・樣子。

・コートを着ないで出かけた。［X 是出門時的樣子］（沒穿大衣就出門了。）

・彼は何も言わずに部屋を出て行った。［X 是走出去的樣子］（他默默的走出房間。）

■「X て Y」「X なくて Y」「X ないで Y ／ X ずに Y」的用法總整理

	肯定	否定	
	て	なくて	ないで／ずに
①動作接連發生	靴を**脱いで**入る	×	靴を**脱がないで**／**脱がずに**入る
②附帶狀況	コートを**着て**出かける	×	コートを**着ないで**出かける
③原因・理由	願いが**かなって**うれしい	願いが**かなわなくて**悲しい	×
④並列	**安くて**おいしい	**高くなくて**おいしい	（×**高くないで**おいしい）
	医者で作家だ	**医者じゃなくて**作家だ	（×**医者じゃないで**作家だ）

練習1

■ 請從 a. 和 b. 之間選出適當的用法。

1. A：私、最近寒いから、靴下を（　　）寝てるんだ。

   a. はいて　　　　　　b. はかないで

   B：そうなの？　私は（　　）寝るよ。裸足のほうが気持ちいいよ。

   a. はいて　　　　　　b. はかないで

2. 苦しくても、（　　）最後までがんばる。

   a. 諦めなくて　　　　b. 諦めないで

3. いつもは朝ご飯を食べてくるのに、今日は（　　）来たら、もうお腹がすいてきた。

   a. 食べて　　　　　　b. 食べずに

83

4. もう！外が（　）眠れない！
   a. うるさくて　　　b. うるさいで

5. 最近は（　）、なかなか本を読む時間が取れない。
   a. 忙しくて　　　　b. 忙しくなくて

6. 週末、化粧を（　）出かけたら、友だちに私だと気づいてもらえなかった。
   a. しずに　　　　　b. せずに

7. この書類は、えんぴつ（　）、黒のボールペンで記入してください。
   a. ではなくて　　　b. ではないで

8. 健康のために、毎日駅まで（　）行きます。それから電車に乗ります。
   a. 歩いて　　　　　b. 歩いてから

9. 昨日はパソコンが（　）メールがチェックできなかった。
   a. 使えなくて　　　b. 使えないで

10. A：どこ行くの？
    B：本屋へ（　）、それからちょっと郵便局にも行ってくる。
    a. 行って　　　　　b. 行かないで

 提升程度

① 「X て Y」「X なくて Y」和「から」「ので」

表示原因・理由的「～て／～なくて」，用 Y 來描述感受或是事實，在這裡表示其原因 X 必須是已經決定的事，或是已經發生的事（過去）。如果要描述接下來發生的事（未來），要用「から」「ので」。

・［○］先週、国から両親が来てうれしかった。（X是過去發生的事）（上週，爸爸媽媽從家鄉來看我，好開心。）

　［×］来週、国から両親が来てうれしい。

　［○］来週、国から両親が来るから／のでうれしい。（X是未來將發生的事）

（因為爸爸媽媽下週要從家鄉來看我，我好開心。）

② 「～も～ずに」

「～ずに」經常使用的形式為慣用用法「～も～ずに」。在口語對話中也經常用固定的說法。

・彼は食事もせずに、ずっと本を読んでいる。（他沒有進食，一直在看書。）

慣用用法 ➡ p.246

口語 ➡ p.246

・子：ただいま。かさがなかったから濡れちゃった。（小孩：我回來了。因為沒有雨傘所以淋濕了。）

母：え！ こんな雨の中、かさもささずに歩いて帰ったの？ 風邪ひくから、早くお風呂に入りなさい。（媽媽：什麼？這麼大的雨，連傘都沒撐就走回來了嗎？這樣會感冒，趕快去洗澡。）

練習2

■ 請從 a. ～ d. 之中，選出最適合的答案。

1. いい部屋が（　　）よかったですね。

    a. 見つけて　　　b. 見つけないで　　　c. 見つからなくて　　　d. 見つかって

2. 最近、私は紅茶にしょうがを（　　）飲んでいます。温まりますよ。

    a. 入れて　　　b. 入れないで　　　c. 入れなくて　　　d. 入って

3. 母親は帰りの遅い娘を心配して、一睡も（　　）帰りを待った。

    a. して　　　b. せずに　　　c. しなくて　　　d. しないので

4. このぐらいの軽いけがで（　　）よかったですね。

    a. すんで　　　b. すまないで　　　c. すまなくて　　　d. すまない

5. 今年の新入社員は文句も（　　）よく働いている。

    a. 言って　　　b. 言ってなくて　　　c. 言わなくて　　　d. 言わずに

6. 彼は誰にも相談（　　）、突然、会社を辞めた。

    a. して　　　b. せずに　　　c. しなくて　　　d. しない

7. A：Bさん、レポート提出は金曜日だっけ？

    B：ううん、確か、金曜日（　　）、木曜日だったと思うけど。

    a. で　　　b. じゃなくて　　　c. じゃないで　　　d. ではないので

8. A：ねえ、中村さんの奥さんに会ったことある？

    B：うん。（　　）感じのいい人だね。

    a. 明るくて　　　b. 明るいで　　　c. 明るくなくて　　　d. 明るくないで

9. 母親：こら、まだゲームしてるの！ いつまでもゲームばかり（　　）勉強しなさい！

    a. していて　　　b. していないで　　　c. していなくて　　　d. していずに

10. A：遠慮（　　）たくさん食べてくださいね。

    B：ありがとうございます。いただきます。

    a. して　　　b. しなくて　　　c. せずに　　　d. しない

✎ 造句

■ 請使用本課學習内容（テ形和否定形）來完成下列各句。

1. A：昨日は何をしましたか。
   き のう

   B：昨日は、えっと、朝 a.＿＿＿＿＿＿＿＿＿て、午後は b.＿＿＿＿＿＿＿＿＿。
      ご ご

2. ＿＿＿＿＿＿＿＿＿＿＿＿＿＿＿＿＿＿｜て／で｜嬉しかった。
                                              うれ

3. 私は目玉焼きを食べるとき、a.＿＿＿＿＿＿を b.＿＿＿＿＿＿て食べます。
      め だま や

4. A：釣りが趣味だそうですね。先週末も行かれたんですか。
      つ   しゅ み   せんしゅうまつ

   B：いえ、先週は体調が悪かったので＿＿＿＿＿＿＿＿うちで寝ていました。
             たいちょう わる   ね

5. ＿＿＿＿＿＿＿＿＿＿＿＿＿＿＿＿＿＿｜て／で｜残念です。
                                              ざんねん

6. A：連休に京都へ行くんですか？　いいですね。京都で何をするんですか？
      れんきゅう きょう と   なに

   B：えっと、a.＿＿＿＿＿＿＿＿、b.＿＿＿＿＿＿＿＿つもりです。

7. 紀子ちゃんはいつも人の話を＿＿＿＿＿＿＿＿、自分のことばかりしゃべる。
   の り こ   じ ぶん

8. a.＿＿＿＿＿＿＿とき、緊張して b.＿＿＿＿＿＿＿＿＿＿。
                      きんちょう

9. A：中村さんはどの方ですか。
      なかむら   かた

   B：中村さんね、あそこのいすに座って＿＿＿＿＿＿＿＿いる人ですよ。
                              すわ

10. この文章を覚えましたか。では、本を＿＿＿＿＿＿＿＿言ってみてください。
    ぶんしょう おぼ

■■ 改 錯

■ 在下面的句子中有錯誤的用法。請在錯誤的地方畫上＿＿＿＿＿＿，並寫出正確用法。

1. 足が痛いで歩けない。
   あし いた ある

2. 太郎は、勉強もしなくて、ずっと遊んでいる。
   た ろう べんきょう   あそ

3. インターネットがつながらないで、メールが送れなかった。
                                            おく

86

4. 田中さん、いつも私を手伝ってありがとう。

5. 急に停電になったとき、何も見えないで怖かった。

在這篇文章裡，使用著本課的學習內容（テ形和否定形）。閱讀文章時，請試著思考其使用方式及意思。

Q 国内勤務ですが、配属された部署の上司が外国人です。どう接すればいいでしょうか？
A 企業のグローバル戦略の拡大や国際的なM&A（合併・買収）などに伴って職場もグローバル化し、上司が外国人となるケースも増えています。（中略）
新入社員はただでさえ遠慮しがちですが、外国人上司には疑問や意見などがあれば時間をおかず遠慮せずに伝えましょう。逆に意見を聞かれたときに臆さずに主張することも必要です。
アフター5などの付き合い方は、社風や習慣などを先輩に確認して、それに合わせれば良いでしょう。

「会社の常識 新入社員Q&A」より
日本経済新聞2011年8月22日

配属する：分配
部署：部門
上司：上司
接する：接觸
グローバル戦略：全球化策略
拡大：擴大
合併・買収：合併，收購
〜に伴って：伴隨著〜
ただでさえ：本來就（已經）
遠慮：客氣
〜がち：容易〜
時間をおかず：立刻，馬上
臆さずに：不畏懼，不害怕
主張する：主張
アフター5：傍晚5點下班後
社風：公司風氣

結束・對話

今日は、朝から頭が痛くて、つらかった。午前中は、薬を飲んでがんばって仕事をしたけど、午後は痛みがひどくなって歩けなくなった。それを見て、同僚が午後の会議には出ないで帰ったほうがいいと言ってくれた。帰って薬を飲んで寝たので少し楽になった。明日は今日の分までしっかりがんばろう。

10 名詞修飾

開始・對話

在以下情境中,兩人之間會出現什麼樣的對話呢?請在＿＿＿填入適當的內容來完成對話。

① 犬を探しているんですが、見かけませんでしたか。

② 何匹か見ましたけど、どんな犬ですか?

③ a.＿＿＿＿＿＿犬です。b.＿＿＿＿っていう名前なんですけど。

這一課的句型詞彙

名詞修飾 「名詞＋の＋名詞、イ形容詞＋名詞、ナ形容詞＋名詞」
「動詞（ル形／テイル形／タ形）＋名詞」「～という＋名詞」

【何謂名詞修飾】

用來說明接在後面的名詞的句子或詞彙。

田中さん　は　週末、デパート　で　かばん　を買った。（田中先生週末在百貨公司買了皮包。）
主語　　　　　　　　　　　　　　　　　受詞

① 說明人　　デパートでかばんを買った　田中さん〈人〉（在百貨公司買了皮包的田中先生）
　　　　　　　　　　　名詞修飾

② 說明地點　田中さんがかばんを買った　デパート〈地點〉（田中先生購買皮包的百貨公司）

③ 說明東西　田中さんがデパートで買った　かばん〈東西〉（田中先生在百貨公司買的皮包）

④ 說明時間　田中さんがデパートでかばんを買った　週末〈時間〉（田中先生在百貨公司買皮包的週末）

88

（1）被修飾的名詞

被修飾的名詞可以作為**主語・主題、受詞、述語**。

- 田中さんがデパートで買った かばん は　どれですか。（田中先生在百貨公司買的皮包是哪一個呢？）
  [主語・主題]

  主語 ➡ p.248

- 田中さんがデパートでかばんを買った 日 は　雪で電車が止まりました。
  [主語・主題]　（田中先生在百貨公司買皮包的那天，電車因下雪而停駛了。）

  主題 ➡ p.248

- 田中さんがデパートで買った かばん を　見ました。（我看了田中先生在百貨公司買的皮包。）
  [受詞]

  受詞 ➡ p.250

- これは、田中さんがデパートで買った かばん です。（這個是田中先生在百貨公司買的皮包。）
  [述語]

  述語 ➡ p.249

（2）用名詞／イ形容詞／ナ形容詞來修飾名詞

名詞的現在式＝「名詞 ＋ の ＋ 名詞」
ナ形容詞的現在式＝「だ」→「な ＋ 名詞」

- この<u>お店の</u>料理は、<u>母の</u>味に似ています。（這家店的料理，跟我媽媽煮的味道好像。）
- 私は、<u>白い</u>シャツが好きで、たくさん持っています。（因為我喜歡白色的襯衫，所以有很多件。）
- 今日は私のおごりです。<u>好きな</u>料理を何でも注文してください。（今天我請客。喜歡吃什麼就點什麼吧！）
- <u>学生じゃない</u>人は割引が受けられません。（不是學生的人無法享受折扣優惠。）

（3）用動詞來修飾名詞

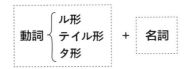

ル形 ➡ 凡例、第12課

タ形 ➡ 凡例、第12課

① **ル形＋名詞**　意思　表示接下來或之後要做的動作、發生的變化、習慣

- これは、明日<u>飲む</u>ワインです。[之後要做的動作]（這是明天要喝的葡萄酒。）
- 明日、授業に<u>来られない</u>理由を先生に説明した。[之後將發生的變化]（跟老師說明明天無法出席的理由。）

② **テイル形＋名詞**　意思1　現在正在進行的動作
　　　　　　　　　　意思2　表示變化結束後的狀態

- 今、<u>飲んでいる</u>ワインはフランスのワインです。[現在正在進行的動作]（現在喝的葡萄酒是法國的葡萄酒。）
- <u>破れている</u>服は、もう捨てましょう。[狀態]（破了的衣服就丟掉吧！）

◆ 只用「～テイル」來表示現在狀態的動詞

持つ　　　田中さんが持っている車は日本製です。（田中先生的汽車是日本製的。）
も

知る　　　駅の近くで私が知っているお店は、１軒しかありません。（車站周邊我知道的店家只有一間。）
し　　　　えき　ちか　　　　　　　　　　　　　　　　　　けん

住む　　　田中さんが住んでいるアパートは駅の近くにあります。（田中小姐住的公寓在車站附近。）
す

結婚する　私の職場に結婚している人は３人います。（在我的公司裡，已婚的有３人。）
けっこん　　　　しょくば

③ 夕形 + 名詞　意思1　表示結束的動作
　　　　　　　　　意思2　表示變化結束後的狀態

・ これは、昨日飲んだワインです。［結束的動作］（這是昨天喝的葡萄酒。）
　　　　　きのう

・ 破れた服は、もう捨てましょう。［現在的狀態］（破掉的衣服就丟掉吧！）
　やぶ　　　す

◆「テイル形 + 名詞」「夕形 + 名詞」表示同一件事時

用來描述某人，或是穿戴在其身上的衣物飾品・持有物品的狀態、東西的性質時（=②　意思2 、
③ 意思2 ），無論使用「テイル形＋名詞」或是「夕形＋名詞」意思都一樣。

・ 破れている服／破れた服は、もう捨てましょう。（破的衣服就丟掉吧！）

・ このクラスには、めがねをかけている人／かけた人がたくさんいます。（在這個班級裡，有很多戴眼鏡的人。）

（4）用「～という」來修飾名詞

> 動詞／イ形容詞／ナ形容詞　的普通形
> 　　　　　　名詞　　　　　（だ）　＋ という ＋ 名詞

意思1　說明不太有名的東西、或是說話者認為對方可能不知道的東西

→用「X という Y」來說明時，X 為具體的名詞，Y 為表示包含 X 的範疇的名詞。

・ 私のうちの近くに、ニコニコマート という スーパー があります。（我家附近有一間叫做 NIKONIKO 的超級市場。）
　　　　　　　ちか　　　X　　　　　　　　　Y

意思2　說明報導，書信或電子郵件等的內容

・ 先生：何かあったらメールで連絡してください。（老師：如果有任何問題請用電子郵件與我聯絡。）
　　　　　　　　　　　　　れんらく

　学生：実は、先週メールをお送りしたんですが、送信できませんでしたというメールが返ってきたんです。
　　　　じつ　せんしゅう　　おく　　　　　　　そうしん　　　　　　　　　　　　　　　　　かえ

　　　　　（學生：其實，上週我寄了一封郵件給您，但收到一封郵件傳送失敗的回信。）

・ 首相が国際会議に参加しないというニュースが入ってきました。（傳來了首相將不出席國際會議的新聞。）
　しゅしょう　こくさいかいぎ　さんか

→具體說明新聞報導的內容時用「～という」，如果不說明內容則不使用。

・ 昨日のテレビで言っていたニュースは、本当でしょうか。（昨天電視報導的新聞是真的嗎？）
　きのう　　　　　　　　　　　　　　　　ほんとう

◆ 口語對話中用「～っていう」「～って」   口語 → p.246

・ 高橋さん<u>っていう</u>（＝という）人、知ってる？（你知道有一位叫做高橋的人嗎？）

練習 1

■ 請從 a. 和 b. 之間選出適當的用法。

1. 旅行のときに使える（　　　　）かばんが欲しいなあ。
   a. 大きいの　　　　　　b. 大きい

2. 先週、（　　　　）ケータイを落としてしまいました。
   a. 買ったばかりの　　　b. 買ったばかり

3. 災害が起きた場合は、すぐに（　　　　）場所に避難してください。
   a. 安全の　　　　　　　b. 安全な

4. あそこで、本を（　　　　）人が田中さんですよ。
   a. 読んでいる　　　　　b. 読んだ

5. あそこにいる、ストライプのスーツを（　　　　）人、素敵ですね。
   a. 着る　　　　　　　　b. 着ている

6. ねえ、見て見て。あそこの、黒いぼうしを（　　　　）人、女優のＡさんじゃない？
   a. かぶる　　　　　　　b. かぶった

7. 山下さんが（　　　　）写真を見たことがありますか。すごく上手なんですよ。
   a. 撮る　　　　　　　　b. 撮った

8. 先週、田中先生の講演会に出席したんだけど、私の（　　　　）人はほとんどいなかったよ。
   a. 知る　　　　　　　　b. 知っている

9. A：最近、田中さんが（　　　　）車、すごいね。高そう。
   B：あれね、先月買ったんだって。
   a. 乗っている　　　　　b. 乗った

10. 昨日も、熱中症で 25 人が病院に運ばれた（　　　　）ニュースがありました。みなさんも気をつけてください。
    a. という　　　　　　　b. の

10
名詞修飾

91

① 動詞的種類和名詞修飾的形式

動作動詞	瞬間動詞	結婚する、持つ、死ぬ 等
	➡ 加上「ている」表示結果的狀態 ・うちの学校には結婚している先生が2人います。 （在我的學校，已婚的老師有兩位。）	
	持續動詞	読む、食べる、勉強する 等
	➡ 加上「ている」表示動作的進行 ・あそこで新聞を読んでいる人は鈴木さんです。 （在那邊看報紙的人是鈴木小姐。）	
狀態動詞	不用「ている」的動詞	ある、いる
	・明日、時間がある人は手伝いに来てください。 （明天有空的人請過來幫忙。）	
	使用「ている」的動詞	すぐれる、似る、とがる
	・ここに穴を開けたいんですが、何か先がとがっているものを持っていませんか。（我想在這裡打個洞，你有沒有前端尖銳的東西？）	

瞬間動詞 ➡ ? p.249
動作動詞 ➡ ? p.245
持續動詞 ➡ ? p.248
狀態動詞 ➡ ? p.248

② 「イ形容詞 + 名詞」修飾名詞的特殊形

■ 用「多い、近い、遠い」的基本形來修飾名詞時

以「多くの(たくさんの)、近くの、遠くの」等形式來修飾名詞。

[×] **多い**＋名詞　（多い人）　　　　[×] **近い**＋名詞　　（近い交番）
　↓　　　　　　　　　　　　　　　　　　↓
[○] **多く**＋の＋名詞（多くの人）（很多人）　[○] **近く**＋の＋名詞　（近くの交番）（附近的派出所）

[×] **遠い**＋名詞　　（遠い山）
　↓
[○] **遠く**＋の＋名詞（遠くの山）（遠方的山）

基本形 ➡ 凡例
修飾 ➡ ? p.247

・[×] 昨日の学会には多い人が集まりました。

　[○] 昨日の学会には多くの人／たくさんの人が集まりました。（昨天的學會聚集了許多人。）

・[×] 道に迷ったようだ。近い交番で聞いてみよう。

　[○] 道に迷ったようだ。近くの交番で聞いてみよう。（我們好像迷路了。去附近的派出所問問看吧！）

■「大きい、小さい、おかしい」修飾名詞時

有些イ形容詞可以將詞尾的「い」改成「な」來修飾名詞。修飾眼睛看得見的具體的東西時「い」「な」皆可使用，如果是修飾眼睛看不見的抽象事物則多用「な」。

〈具體的東西〉

・庭に、かわいくて小さい／小さな花が咲いていました。（庭院裡有可愛小巧的花朵。）

・この作文の日本語で、おかしい／おかしなところがあったら教えてください。

（這篇作文的日文如果有不適當的地方請告訴我。）

〈抽象的事物〉

・小さな努力の積み重ねが、大きな成功につながります。（小小努力的累積會帶來大成就。）

・誰もいないのに急にドアが開くなど、最近、おかしな出来事が続いています。

（明明沒有人開門卻突然打開，最近類似這樣的怪事頻頻發生。）

③ 名詞修飾為主語時

當被修飾的名詞為主語時，修飾部分的助詞用「が」或是「の」。

・［×］田中さん　は　買ったかばんは、どれですか。
　　　　　　　↓
　［○］田中さん　が／の　買ったかばんは、どれですか。（田中小姐買的皮包是哪一個呢？）

④ 必須使用「～という」的情形，以及用不用都可以的情形

　■ 必須使用「～という」………後面的名詞與語言表現有關

〈例〉話、噂、ニュース、質問、手紙、理由 等

後面的名詞與思考及情感有關

〈例〉考え、推測、喜び、不安 等

・夏休みの宿題はないほうがいいという意見があります。（有人建議不要有暑假作業會比較好。）

・一人暮らしは、生活リズムが乱れてしまうんじゃないかという不安があります。

（一個人生活，會有生活步調可能大亂的不安。）

　■ 用不用「～という」都可以

…後面的名詞表示事件或事物

〈例〉事件、事故、仕事、アルバイト 等

・私は、海外の絵本を自分の国の言葉に翻訳する（という）仕事をしています。

（我所從事的工作，是將國外繪本翻譯成我的母語。）

練習2

■ 請從 a.～ d. 之中，選出最適合的答案。

1. これは私が子どものころに（　　　）絵です。

　a. 描く　　　b. 描いている　　　c. 描いた　　　d. 描いたの

2. A：木村さんが去年から（　　　）アパートは、どうですか。

　B：駅から近くて便利です。

　a. 住む　　　b. 住んでいる　　　c. 住んだ　　　d. 住んでの

93

3. 〈A看著B的手錶〉

　　A：めずらしいデザインの時計ですね。

　　B：ええ、これは祖父に（　　　）時計なんです。

　　a. もらった　　b. あげた　　　　c. くれた　　　　d. もらったの

4. 京都には、一年中（　　）観光客が訪れます。

　　a. 多い　　　　b. 多いの　　　　c. 多くの　　　　d. 多かった

5. 私の故郷は、緑が多くて、空気が（　　）ところです。

　　a. きれい　　　b. きれいな　　　c. きれいだ　　　d. きれいの

6. 本日、午後、雨の（　　）確率は50％です。

　　a. 降る　　　　b. 降った　　　　c. 降っている　　d. 降っていた

7. オリンピックに出場する選手に、国民は（　　）期待を寄せています。

　　a. 大きい　　　b. 大きな　　　　c. 大きいの　　　d. 大きいな

8. 田中さん、先月（　　）本だけど、そろそろ返してもらえない？

　　a. 貸す　　　　b. 貸している　　c. 貸した　　　　d. 貸していた

9. 〈百貨公司的服務台〉

　　A：あの、すみません。どこかに手さげ袋を忘れてしまったんですが。

　　B：どのような手さげ袋でしょうか。

　　A：ピンクのリボンが（　　）手さげ袋です。

　　a. つく　　　　b. つけた　　　　c. ついた　　　　d. ついていた

10. お金がないので、できるだけ（　　）物は買わないようにしています。

　　a. むだ　　　　b. むだの　　　　c. むだだ　　　　d. むだな

✏️ 造句

■ 請用本課學習内容（名詞修飾）來完成下列各句。請從{　　}中選出一個適當的答案。

1. 私は a.＿＿＿＿＿＿＿＿＿郵便局で b.＿＿＿＿＿＿＿＿＿切手を買いました。

2. 私の国には、お正月、＿＿＿＿＿＿＿＿＿＿＿＿＿＿＿習慣があります。

3. 私は、日本の＿＿＿＿＿＿＿＿＿＿＿という{ドラマ／映画}を見たことがあります。

4. A：あの、かさを忘れてしまったんですが。

 B：どんなかさですか。

 A：＿＿＿＿＿＿＿＿＿＿＿＿＿＿＿＿＿＿＿かさです。

5. 将来は a.＿＿＿＿＿＿＿＿て（で）b.＿＿＿＿＿＿＿＿家に住みたいです。

6. A：私の国には a.＿＿＿＿＿＿＿＿＿＿＿＿という料理があります。

 B：どんな料理ですか。

 A：b.＿＿＿＿＿＿＿＿＿＿＿＿＿＿料理です。

7. A：私の国には a.＿＿＿＿＿＿＿＿＿＿＿＿という日があります。

 B：どんな日ですか。何をするんですか。

 A：b.＿＿＿＿＿＿＿＿＿＿＿＿＿＿日です。

8. 田中：山本さん、マリアさんの彼氏に会ったことある？ どんな人？

 山本：うん、会ったことあるよ。＿＿＿＿＿＿＿＿＿＿＿人だよ。

9. 私が通っていた高校には、＿＿＿＿＿＿＿＿＿＿＿という規則がありました。

10.私は＿＿＿＿＿＿＿＿＿＿＿＿＿＿＿ときに一番幸せを感じます。

■ 改 錯

■ 在下面的句子中有錯誤的用法。請在錯誤的地方畫上＿＿＿＿＿，並寫出正確用法。

1. A市は、先週の台風で、大きいな被害を受けました。

2. A：庭で野菜を作りたいと思っています。

 B：何の種類ですか。「野菜」と言っても、多い種類がありますよね。

3. 健康のために、毎回、栄養のバランスがとれる食事をしてください。

4. キムさんは、実験が忙しいの理由で、最近日本語のクラスを休んでいる。

5. 山下さんは住んでいるところは東京です。

在這篇文章裡，使用著本課的學習內容（名詞修飾）。閱讀文章時，請試著思考其使用方式及意思。

日本能率協会マネジメントセンター（東京・港）によると、手帳の市場は推定で年間1億冊。スマートフォン（高機能携帯電話＝スマホ）のスケジュール管理機能が充実し始めた2010年はスマホやパソコンで予定を管理する「デジタル派」の割合が増えた。最近は手帳などを使う「アナログ派」が盛り返している。

同社の調査では12年に手帳などを使うと回答したユーザーは69.4％で、10年に比べ11.6ポイント上昇した。「思いついたらすぐ書き込め、使い方に制約がない点が支持されている」（同社）。手帳は男性にはスーツの内ポケットに入れやすい縦長タイプ、女性には通勤用のバッグに入れてもかさばらないA6サイズが人気という。

「アナログ回帰　書き込みやすさ人気」より
日本経済新聞2012年4月2日

能率	效率
協会	協會
推定	推定
機能	功能,機能
充実する	充實
デジタル派	數位派
割合	比例
アナログ派	類比派
盛り返す	恢復
ユーザー	使用者,用戶
上昇する	上升
思いつく	想到
制約がない	沒有限制
支持する	支持
縦長	豎長
通勤	通勤,上下班
かさばる	體積大,佔空間

結束・對話

〈協尋啟事〉

犬を探しています！

牛のような、白と黒のもようのある大きな犬です。ダルメシアンという種類で、名前はテリーです。赤い首輪をしています。見かけたら連絡ください。見つけてくださった方には謝礼を差し上げます。

串聯句子和句子的詞彙①
《逆接的接續詞》

在書寫或是論述有條理的內容時,「接續詞」扮演著非常重要的角色。

接續詞能夠讓前後文之間的關係明確,使得談話的內容呈現更有邏輯的結構。在這裡介紹「逆接」的接續詞。

所謂「逆接」,是指前後文的句子內容意思相反。常使用的逆接的接續詞有「しかし」「ところが」「でも」等等。這些全都是用來表示「逆接」,但每一個接續詞在用法上都不盡相同。請大家思考下面這3個例句。

〈例〉① 科学技術の発達で生活は便利になった。しかし、同時に失われたものもある。
（生活因科技技術的發達而變得更方便了。但同時我們也失去了不少東西。）

② テストは簡単だったのでいい成績が出ると思っていた。ところが、結果はあまりよくなかった。（因為考題蠻簡單的,所以我覺得應該會得到不錯的成績。可是結果竟然不如預期。）

③ お昼はラーメンにしようかな。でも、チャーハンもいいな。
（中午吃拉麵好了。不過,炒飯好像也不錯。）

從句子的文體及一起使用的詞彙,應該可以看出箇中學問了吧!

①「しかし」常使用在説明文、論説文當中,如果是用在口語的話,會使用在正式的場合。類似的接續詞有「けれども」。

②「ところが」意味著結果出乎意料之外而感到驚訝的心境,可使用在書面語及口語對話中。

③「でも」適合使用在口語對話中,類似的接續詞有「だけど」「けど」。

■ 請在(　　)中填入適當的接續詞。

(1) A：この服、Bさんに似合うんじゃない？
　　B：そう？（　　）ちょっと派手かな。

(2) 確かに絵文字を使うと幼稚な感じがする。（　　）、絵文字によって、文字だけでは伝わらない感情を相手に伝えることができるのも事実である。

(3) 今回の試合は、みんな、Aチームが勝つと思っていた。（　　）後半、Bチームが追い上げて、何と、Aチームに勝ったのだ。

11 並列

開始・對話

在以下情境中，兩人之間會出現什麼樣的對話呢？請在＿＿＿填入適當的詞彙來完成對話。

① ねえ、ちょっと散歩に行かない？
散歩 a.＿＿＿＿、新しくできた喫茶店にも行ってみたい b.＿＿＿。今、時間ある？

② あ、あの角のところにできた喫茶店？

③ うん、さっきからずっと本ばかり読んでいたから、少し外の空気が吸いたいと思ってね。そこの喫茶店で、お茶でも c.＿＿＿＿＿＿、ちょっとお話しない？

④ いいよ。そうしよう。

這一課的句型詞彙

兩者之間的關係　「Xのに対してY」「XだけでなくY」
　　　　　　　　「XかYか」「XにしろYにしろ」

舉例　「XしYし」「XとかYとか」「XだのYだの」「XやらYやら」

附帶狀況　「XながらY」「XままY」「XついでにY」

確 認

【兩者之間的關係】

① 表示兩人或是兩者之間的對比、逆接、累加等關係。

② 在演講等正式場合，句尾會用敬體「〜です/〜ます」來表達，但是「XかYか」「XにしろYにしろ」的「X」和「Y」即使是正式場合，也要用普通形來連接，而不是敬體。

正式場合 ➡ ❓ p.248

敬體 ➡ 凡例

連接 ➡ ❓ p.245

(1) X のに対して Y〈對比〉〈逆接〉

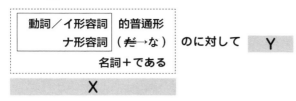

意思　強調 X 和 Y 的不同之處。多用在理論性及較生硬的文章中。

・実験の結果、A グループは変化が見られたのに対して、B グループは変化が見られなかった。
（實驗結果，相對於觀察到產生變化的 A 組，B 組並未看出有任何變化。）

・A 国は経済成長が続いているのに対して、B 国は不景気が続いています。
（相對於經濟持續成長的 A 國，B 國卻景氣長期低迷。）

◆ 類似句型：「～反面」「～一方で」

表示同一人（物）所持有的兩件事或特徵是呈對照性質時，用「～反面」「～一方で」。

・彼は社会的に成功した反面、家庭生活には不満が多かった。（對外他事業有成，不過相反的，家庭生活卻不太圓滿。）

・A 国は高齢者が増えている一方で、生まれてくる子どもの数は減っています。
（A 國的老年人口不斷增加，另一方面，新生兒人數卻持續下降。）

(2) X だけで（は）なく Y も〈累加〉

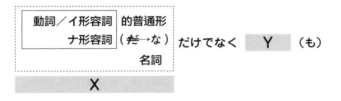

意思　表示「X 和 Y 兩者都～」「X 和 Y 都是～」

・あの歌手は歌が上手なだけではなく、作曲もできる。（那位歌手不僅歌唱得好，也會作曲。）

◆ 類似句型：「X ばかりか Y も」

在正式場合用「X ばかりか Y も」。用來表示相較於 X，Y 的重要性更高，或是程度更大時。

・彼はあの事故で財産ばかりか、家族も失ってしまった。（他因為那場事故，不只是財產，連家人都失去了。）

・中村さんはオリンピックに出場したばかりか、金メダルをとってみんなを驚かせた。
（中村先生不僅參加奧林匹克運動會，還奪得了金牌，讓大家都嚇了一跳。）

（3）XかYか〈對比〉

意思　用來表示結果為X或是Y其中之一。

・次の試合で勝つか、引き分けるかで、Aチームの優勝が決まる。
（在下一場比賽，結果是取勝或是和局，都將成為A隊是否能成為優勝隊伍的關鍵。）

◆ 類似句型：「〜かどうか」

意思是「做〜或不做〜」「是〜或不是〜」。

・奨学金がもらえるかどうかで、生活が大きく変わってくる。（生活會因為是不是能領到獎學金，而有所不同。）

（4）XにしろYにしろ〈對比〉

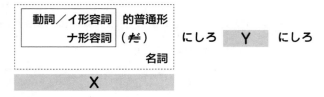

意思　表示無論是X或是Y，都會得到相同的結果。有時會同時使用同一個動詞的肯定形和否定形。

・雨にしろ晴れにしろ、明日の決勝戦は予定通り行われます。（不論是雨天或是晴天，明天的決賽將如期舉行。）
・来月の会合に参加するにしろしないにしろ、返事はしなければならない。
（下個月的集會不論出席或不出席，都必須回覆。）

◆ 類似句型：「XにせよYにせよ」

相較於「XにしろYにしろ」，「XにせよYにせよ」較為生硬。

・悪気があるにせよないにせよ、うそをつくのはよくない。（不論是否有惡意，說謊都不是好事。）

【舉例】

用來舉例說明同一範疇的事物。有時只舉一個例子，有時會舉兩個以上的例子。

（5）XしYし

意思　表示X、Y等複數事物或條件的存在。若只舉複數事物其中之一為例，則用「Xし」。

・田中さんはスポーツも上手だし、ハンサムだし、頭もいいし、うらやましい。
（田中先生不但擅長運動、長得帥、頭腦又好，真羨慕。）

・この部屋は高いし、ひっこしたいです。（這間房間房租好貴，所以我想搬家。）

（6）X とか Y とか

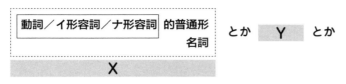

意思 用來舉同類型的東西或動作為例時。

・授業を休むときは、電話とかメールとかで、必ず連絡するようにしてください。
（不來上課時，請務必來電或以電子郵件等方式告知。）

◆ 類似句型：「〜なり〜なり」

用來表示從兩者當中，或是很多事物當中做選擇時，能夠做為選項的同種類的事或物。

・これはあなたにあげた物だから使うなり捨てるなり自由にしてください。
（這個東西已經給你了，要用還是要丟掉都是你的自由。）

・何か問題があるときは、１人で悩まないで、先生なり両親なりに相談したほうがいいよ。
（有任何問題時，不要一個人煩惱，跟老師或是爸爸媽媽商量會比較好喔！）

（7）X だの Y だの

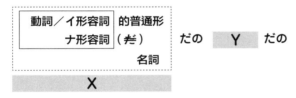

意思 用來表示說話者對於對象的評價或責備的理由。也可表示說話者對於對方所感到的不愉快。

・彼女は海外旅行に行くと、いつもブランド品のかばんだの洋服だの、買い物ばかりしている。
（她只要出國旅行，就買名牌包啦、名牌服飾啦，一直買個不停。）

・彼は会社が忙しいだの給料が安いだのと、いつも不満ばかり言っている。
（他一天到晚都在說公司有多忙、薪水有多低，總是不停的抱怨。）

（8）X やら Y やら

意思 表示同時發生許多事情。多用來表示麻煩，困難重重等負面的意思。

・期末テストやら宿題やらレポートやら、いろいろなことがあって、来週までは本当に忙しい。
（期末考啦、作業啦、還有報告，有好多事情，一直到下禮拜真的會忙得不可開交。）

【附帶狀況】

表示在做某個動作時，同時進行另一個動作。

(9) X ながら Y：

意思　X 和 Y 同時進行，Y 為主要的動作。表示在做動作 Y 時也同時進行動作 X。X 只能用表示該動作在時間上具有一定持續性的動詞（動作動詞），不能用一瞬間就結束的動詞（瞬間動詞）。

・携帯電話で話しながら、車を運転してはいけません。（不可以一邊用手機講電話，一邊開車。）

・［×］先生はいつも立ちながら授業をします。
　→［○］先生は立って、授業をします。（老師站著上課。）

可以用在多次重複同一個動作時。

・何度も、道を聞きながら、目的地までたどり着いた。（一路上不停問路，終於抵達目的地。）

(10) X まま Y：

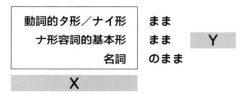

意思　表示在動作 X 的結果狀態持續之下，做動作 Y。

・弟はいつも冷蔵庫のドアを開けたまま、牛乳を飲む。（弟弟總是開著冰箱門站在那喝牛奶。）
・昨日はコンタクトレンズを入れたまま、朝まで寝てしまった。（昨天戴著隱形眼鏡就睡了，一覺到天亮。）

「X ないまま Y」是表示不做動作 X 的情況下，做動作 Y。不能用「～なかったまま」。

・昨夜はとても疲れていたので、化粧を落とさないまま、寝てしまった。
（因為昨天非常疲憊，所以在沒卸妝的情況下，不小心睡著了。）

・洗濯物を取り込まないまま出かけて、雨で洗濯物がびしょぬれになった。
（沒有將曬在外面的衣服收進屋內就出門了，結果衣服被雨淋得溼答答的。）

（11）X ついでに Y

動詞的普通形 動作性名詞	ついでに のついでに	Y

X

意思 表示利用做動作 X 時，在無負擔的情況下順便做了動作 Y。X 和 Y 的動作主體為同一人。

・散歩のついでに、郵便局へ行って手紙を出してきた。（出門散步順便去郵局寄信。）

・買い物に行くついでに、私のお弁当も買ってきてくれない？（去買東西時，可以順便幫我買便當回來嗎？）

◆ 類似句型：「〜がてら」

和「〜ついでに」意思相同，但「〜がてら」連接名詞和動詞的マス形。

・散歩がてら、郵便局へ手紙を出しに行ってきた。（出門散步順便去郵局寄信。）

・親戚のうちに遊びに行きがてら、京都の観光に行くことにした。（我決定去親戚家玩，順便去京都觀光。）

練習1

■ 請從 a. 和 b. 之間選出適當的用法。

1. 木村さんと中村さんは同じ年であるが、木村さんが部長に昇進した（　　）、中村さんはまだ平社員だ。

   a. のに対して　　　　b. に対して

2. A村は人口が（　　）一方で、B村は人口が増えています。

   a. 減っています　　　b. 減っている

3. 卒業した後、帰国（　　）か、日本で就職（　　）か、まだ決めていません。

   a. します　　　　　　b. する

4. 合格（　　）、不合格（　　）、来週までには面接の結果をご連絡します。

   a. にしろ　　　　　　b. やら

5. 来週は期末テストもある（　　）、アルバイトを減らして勉強しなきゃ。

   a. し　　　　　　　　b. とか

6. 鈴木君は、自転車が壊れた（　　）、目覚まし時計がならなかった（　　）、約束に遅れたら、いつも言い訳ばかり言う。

   a. だの　　　　　　　b. まま

103

7. 木村：田中さんが仕事に遅れるってめずらしいですね。何かあったんですか。
   田中：朝から夫の出張の準備（　）、娘のお弁当（　）、大変だったんですよ。
   a. やら　　　　b. なり

8. A：買い物に（　）ついでに、田中君のアパートに寄って様子も見てきてくれる？
   　　昨日、風邪を引いて、苦しそうだったから。
   B：うん、分かった。行ってくるよ。
   a. 行き　　　　b. 行く

9. 暗いときは、必ず自転車のライトを（　）乗ってください。
   a. つけながら　b. つけて

10. 週末は化粧をしないで、すっぴん（　）、家でのんびり過ごすのが好きです。
    a. のまま　　　b. まま

① 表示理由的用法

可以用「X し Y」的形式來表示 X 為 Y 的理由。也可以只用「X し」來表示理由。

・今日は雨が降っている<u>し</u>、出かけないで家で映画でも見ようと思う。

（因為今天下雨了，所以打算不出門在家看電影。）

② 「～ながら」的慣用用法

「～ながら」有「勝手ながら」「残念ながら」「いやいやながら」「陰ながら」「貧しいながら」等慣用用法。X 和 Y 為逆接的關係。

・<u>勝手ながら</u> 今日は休ませていただきます。（今日公休，造成不便敬請見諒。）
　　　X　　　　　　　Y

　（勝手なことだと思いますが、今日は休みます。）（擅自決定深感歉意，今日不營業。）

慣用用法 ➡ ❓ p.246
逆接 ➡ ❓ p.245

・今回の実験は<u>残念ながら</u>失敗に終わった。（這次的實驗很可惜以失敗告終。）

・中村さんは上司に言われて、<u>いやいやながら</u>会議に出席していた。

（中村小姐被老闆告知後，心不甘情不願地出席了會議。）

104

練習2

■ 請從 a. ～ d. 之中，選出最適合的答案。

1. 年金でもらえる金額は下がっている（　　）、消費税は上がっている。
   a. に対して　　　b. 一方で　　　c. まま　　　d. にしろ

2. あきちゃんはまだ5歳なのに、ひらがなが読める（　　）、漢字も読めるんです。
   a. ばかり　　　b. ついでに　　　c. だけではなく　　　d. 一方

3. A：牛乳、買ってきてくれたんですね。どうもありがとう。
   B：ええ、公園まで散歩に行った（　　）、コンビニにも行ってきました。
   a. まま　　　b. ばかりか　　　c. ついでに　　　d. がてら

4. 雨風も強くなってきた（　　）、今日は早めに家へ帰ります。
   a. し　　　b. か　　　c. とか　　　d. なり

5. 具合が悪いんですか？病院に行く（　　）、薬を飲む（　　）して、早く治してくださいね。
   a. なり　　　b. し　　　c. だの　　　d. しろ

6. ひっこしの荷造り（　　）、掃除（　　）で、今日は本当に忙しい。
   a. しろ　　　b. たり　　　c. なり　　　d. やら

7. 卒業して国へ帰るにしろ、（　　）にしろ、これからも日本語の勉強は続けたいと思っています。
   a. 帰りません　　　b. 帰った　　　c. 帰らない　　　d. 帰らなかった

8. 結局、2人はお互いの気持ちを話し合わない（　　）、別れてしまった。
   a. ながら　　　b. とか　　　c. まま　　　d. ついでに

9. （　　）ながら、家族3人は幸せに暮らしていました。
   a. お金持ち　　　b. 貧しい　　　c. 悲しい　　　d. 嬉しい

10. A：今日、一緒に映画に行かない？
    B：今日は母と約束がある（　　）、また今度でもいいかなあ。
    a. とか　　　b. し　　　c. やら　　　d. ばかりか

11

並列

105

✏️ 造 句

■ 請使用本課學習內容（並列）來完成下列各句。

1. 日本は a.＿＿＿＿＿＿＿＿＿のに対して、私の国は b.＿＿＿＿＿＿＿＿＿。

2. 夏休みに a.＿＿＿＿＿＿＿か b.＿＿＿＿＿＿＿か、まだ決めていません。

3. 私の彼氏は親切なだけではなく、＿＿＿＿＿＿＿＿＿＿＿＿＿＿。

4. 学期末になると a.＿＿＿＿＿＿＿やら、b.＿＿＿＿＿＿＿やら、やらないといけない
   ことが多くて、大変だ。

5. 私の母は a.＿＿＿＿＿＿＿し、b.＿＿＿＿＿＿＿し、とてもや
   さしいです。

6. 私は a.＿＿＿＿＿＿＿ながら、b.＿＿＿＿＿＿＿のが好きです。

7. 娘は毎日 a.＿＿＿＿＿＿＿だの、b.＿＿＿＿＿＿＿だの、忙しいと言って、
   家事の手伝いをしない。

8. a.＿＿＿＿＿＿＿まま、b.＿＿＿＿＿＿＿のはよくないと思います。

9. a.＿＿＿＿＿＿＿ないまま、b.＿＿＿＿＿＿＿てしまった。

10. a.＿＿＿＿＿＿＿ついでに、b.＿＿＿＿＿＿＿。

■ 改 錯

■ 在下面的句子中有錯誤的用法。請在錯誤的地方畫上＿＿＿＿＿＿，並寫出正確用法。

1. 兄はスポーツが好きに対して、弟は本を読むのが好きだ。

2. 来月、国へ帰りますか、日本にいますか、まだ決めていません。

3. 母はイタリアに海外旅行に行って、バッグなり、靴なり、買い物ばかりしていた。

106

4. 彼は彼女にプロポーズができなかったまま、別れてしまった。

5. 郵便局に行きついでに、切手も買ってきました。

在這篇文章裡，使用著本課的學習內容（並列）。閱讀文章時，請試著思考其使用方式及意思。

「車内では携帯電話の通話はご遠慮ください」。西日本の鉄道の乗客には聞き慣れたアナウンスだが、東海道新幹線（東京―新大阪）を運行するJR東海の電車は全国でも異例の「通話OK」だ。利用者のマナー向上を認め「差し支えない」との判断からだ。しかし他社に追随の動きはなく、車内ケータイをめぐる考えは分かれたままだ。

「新幹線客席のケータイ、○？×？　JR東海と各社で差」より
朝日新聞デジタル　2012.3.5付
http://www.asahi.com/travel/aviation/OSK201203040141.html

鉄道：鐵路
乗客：乗客
聞き慣れる：耳熟
運行する：行駛
異例：特例，破例
通話：通話
マナー：禮節，禮貌
向上：提升，進步
差し支えない：沒有妨礙
他社：其他公司
追随：追隨，跟進

結束・對話

来週は期末テストだ。ずっと図書館で勉強していたので疲れてしまった。田中君を誘って公園へ散歩に行った。公園に行ったついでに、公園の近くに新しくできた喫茶店に入ってケーキを食べながら話をした。田中君は専門の知識だけではなく、いろいろなことをよく知っているので、話がおもしろい。次は映画とかコンサートとか誘ってみようかな。

12 時態相關句型

開始・對話

在以下情境中,三人之間會出現什麼樣的對話呢?請在＿＿填入適當的詞彙來完成對話。

① 昨日食べた料理、とても a.＿＿＿ね!

② そうだね! 今日は何を b.＿＿＿?

③ ラーメンはどう? 大学に c.＿＿＿とき、駅前に新しい店ができてるのを見たよ。

④ そうなんだ!じゃあ、ゼミが d.＿＿＿てから、一緒に行こう。

這一課的句型詞彙

主句的時態　　ル形、テイル形、タ形、テイタ形
從屬句的時態　「～まえに」「～あとで」「～てから」「～とき」「～ところ」「～ばかり」

 確　認

時態 ➡ p.249

【主句和從屬句的時態】

　　在句子當中有「主句」和「從屬句」。基本上位於句子的最後,扮演整句的中心角色的部分為「**主句**」,其他部分為「**從屬句**」。在文法上,用來表示事情在時間上的定位的範疇稱為**時態**(temporary)。

・<u>明日はテストがあるので</u>、<u>今日は夜中まで勉強します</u>。(因為明天有考試,所以今天要挑燈夜讀。)
　　　從屬句　　　　　　　　　主　句

主句的時態…　以說話的時間點為基準,表示事情發生在過去,現在或是未來(絕對時態)。

從屬句的時態…　有時候會以說話的時間點作為基準來表示過去或是未來,有時也會以主句的時態為基準,來表示時間的先後關係(相對時態)。

→整句的時態以**主句的時態**為準。

108

【主句的時態】

> 「ル形」「テイル形」＝表示現在・未來　　「夕形」「テイタ形」＝表示過去

主句的時態基本上依據時間（過去・現在・未來）來決定。
「ル形」和「夕形」也有不受限於時間的用法。

ル形 ➡ 凡例

夕形 ➡ 凡例

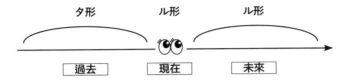

（1）ル形・テイル形

① 現在

〈現在的狀態〉＝ 狀態動詞／可能動詞的「ル形」，形容詞／名詞的現在式

- この大学のコンピュータ室にはパソコンが200台ある。〈狀態動詞〉（這所大學的電腦教室裡有200台電腦。）
- 私は3ヶ国語が話せる。〈可能動詞〉（我會說3國語言。）
- このレストランのカレーはおいしいですよ。〈形容詞〉（這間餐廳的咖哩很好吃喔！）

狀態動詞 ➡ p.248

可能動詞 ➡ p.246

〈目前動作的進行・狀態的持續〉＝ 動作動詞／狀態動詞的「テイル形」

- 今、図書館で本を読んでいます。〈動作動詞〉（現在正在圖書館看書。）
- 教室の電気が消えています。〈狀態動詞〉（教室的電燈關著。）

動作動詞 ➡ p.245

② 未來

〈未來〉＝ 動作動詞的「ル形」

∞　常和「まもなく」「これから」「明日」等一起使用。

- この電車はまもなく発車します。（這班電車即將發車。）
- これから、毎日2時間、日本語の勉強をします。（今後每天要念日文2小時。）

③ 不受限於時間的用法

〈習慣、真理、法律・規則、事實、説明、諺語〉等 ＝「ル形」
→不過，如果是說明習慣的狀態，也可以用「テイル形」。

- 私は毎朝8時に起きて、10時に{寝ます／寝ています}。〈習慣〉（我每天早上8點起床，10點就寢。）
- 太陽は東から上って、西に沈む。〈真理〉（太陽從東方昇起，西方落下。）
- 日本では、車は左側を走る。〈法律・規則〉（在日本，汽車靠左行駛。）
- 4月に入学式が行われる。〈事實〉（四月舉行入學典禮。）
- まずお金を入れて、それから、行き先ボタンを押します。〈説明〉（首先投入金額，接著，按下欲前往目的地的按鈕。）

（２）**タ形・テイタ形**

① **過去**

〈過去〉＝動詞・イ形容詞・ナ形容詞的「**タ形**」（表示過去的動作或是事件。）

・ 今日の昼、学食でカレーを食べました。おいしかったです。（今天中午在學生餐廳吃了咖哩飯。很好吃。）

〈過去動作的持續・過去的習慣〉＝動作動詞的「**テイタ形**」

・ 昨日は、１日中、ずっとテレビを見ていました。〈過去的動作持續〉（昨天一整天都在看電視。）

・ 日本に来たばかりのときは、日本語の勉強のために、毎日テレビでドラマを見ていた。〈過去的習慣〉

（剛來日本時，為了學日文，每天都看電視連續劇。）

② **不受限於時間的用法**

〈發現東西・事情・新事實、想起、確認、決定、一瞬之間的情緒變化〉＝「**タ形**」

・ あっ、大学行きのバスが来たよ。〈發現〉（啊！開往大學的公車來了喔！）

・ 田中さんも大阪出身だったんですか。私もです。〈發現新事實〉（原來田中先生也是大阪出身的啊！我也是。）
　　　　　　おおさかしゅっしん

・ そうだ、明日は田中さんと打ち合わせがあった。〈想起〉（對了，明天要和田中小姐會面協商。）
　　　　　　　　　　　　　　　う あ

・ 資料のコピーは１０部でよかったっけ？〈確認〉（資料是影印１０份對吧？）
　　しりょう

・ どっちもいいなあ。あ、こっちに決めた！〈決定〉（這兩個都很好耶！啊，選這個好了！）
　　　　　　　　　　　　　　　 き

・ わあ、驚いた。彼がパーティーに来るなんて、珍しいね。〈一瞬之間的情緒變化〉
　　　 おどろ　　　　　　　　　　　　　　　 めずら

（哇！嚇了一跳。沒想到他竟然會來宴會，真是難得啊！）

→即使是未來的事情，**假設事情已發生時用「タ形」**。

⚭　經常和「とき」「場合」一起使用。
　　　　　　　　　　ば あい

・ 万が一のことがあったときのために、保険に入っておきます。（為了以防萬一，所以先加入保險。）
　　まん が いち　　　　　　　　　　　　　　 ほ けん

・ 財布を落とした場合、どうすればいいでしょうか。（錢包遺失時，該怎麼辦才好呢？）
　　さい ふ　 お

【 **從屬句的時態** 】

┌───┐
│「〜まえに」「〜あとで」「〜てから」「〜とき」「〜ところ」「〜ばかり」│
└───┘

（３）**〜まえに**： ┌─────────────────────┐
　　　　　　　　　│ 動詞的辭書形 ＋ まえに │
　　　　　　　　　│ 名詞 ＋ の ＋ まえに │
　　　　　　　　　└─────────────────────┘

●主句的動作＝先做① ／ 從屬句的動作＝後做②

・ 昨日、┌──────────────┐ ┌──────────┐ ［映画→ご飯］（昨天在吃飯前看了電影。［電影→吃飯］）
　　　　│ ご飯を食べる まえに │ │ 映画を見た。│
　　　　│ ご飯 のまえに　　　│ │ えい が　　│
　　　　└──────────────┘ └──────────┘
　　　　　　　 從屬句　　　　　　 主句
　　　　　　　 　②　　　　　　　 　①

・ 友だちが来るまえに、宿題をやってしまおうと思います。［宿題→友達が来る］
　　　　　　　　　　　 しゅくだい

（我打算在朋友來之前先完成作業。［作業→朋友來訪］）

110

（4）～あとで： 動詞的タ形 ＋ あとで
　　　　　　　　名詞 ＋ の ＋ あとで

→也能用在兩個沒有直接關係的動作上。

● 從屬句的動作＝先做① ／ 主句的動作＝後做②

・昨日、ご飯を食べた あとで　　映画を見た。［ご飯→映画］（昨天吃完飯之後看了電影。［吃飯→電影］）
　　　　ご飯 のあとで
　　　　　從屬句　　　　　　　主句
　　　　　　①　　　　　　　　②

・A：ねえ、早く、ゲームしようよ。一人で始めちゃうよ。（喂，快來玩遊戲啦！不然我要自己先玩了喔！）
　B：この宿題すぐ終わるから、これが終わったあとで、一緒に遊ぼうよ。［宿題→ゲーム］
　　　　　　　　　　　　　　　　　　　　　　　　　（因為我快完成這份作業了，這個做完後再一起玩啦！［作業→遊戲］）

（5）～てから： 動詞的テ形 ＋ から

→意思是做完從屬句的動作之後，做主句的動作。常用來表示有密切關係，或是接連發生的兩個動作。

● 從屬句的動作＝先做① ／ 主句的動作＝後做②

・ご飯を食べ てから、　歯をみがきました。　［食べる→歯をみがく］（吃完飯之後接著刷了牙。［吃→刷牙］）
　　從屬句　　　　　　　主句
　　　①　　　　　　　　②

・日本では、体を洗ってから、お湯に入ります。［体を洗う→お湯に入る］
　　　　　　　　　　　　　　　　　　　　　（在日本，通常都是先洗好身體之後再泡澡。［洗身體→泡澡］）

（6）～とき： 動詞／イ形容詞 的普通形 ＋ とき
　　　　　　　ナ形容詞 （だ→な）＋ とき
　　　　　　　名詞 ＋ の ＋ とき

普通形 ➡ 凡例

① 動詞的ル形／ナイ形＋とき

● 主句的動作＝先做① ／ 從屬句的動作＝後做②

・国へ帰るとき、空港でお土産を買います。［お土産を買う→国へ帰る］
　　從屬句　　　　主句　　　　　　　　　（回國時，會在機場買伴手禮。［買伴手禮→回國］）
　　　②　　　　　①

・ドアを開けるときは、ノックしてください。［ノックする→ドアを開ける］（開門時，請先敲門。［敲門→開門］）

・授業に来られないときは、連絡してください。［連絡する→授業に来ない］
　　　　　　　　　　　　　　　　　　　　　（不能來上課時，請與我聯絡。［聯絡→不來上課］）

② **動詞的夕形＋とき**

◉從屬句的動作・事件＝先做① ／ 主句的動作＝後做②

・ 国へ帰った とき、 友だちに会いました。 ［国へ帰る→友だちに会う］（回國時，我見了朋友。［回國→見朋友］）
　　　　かえ
　　 從屬句　　　　　　 主句
　　　①　　　　　　　　②

・ 電話をかけ間違えたとき、「すみませんでした」と謝ります。［電話をかけ間違える→謝る］
　　　　 まちが　　　　　　　　　　　　　　　　　 あやま
　　　　　　　　　　　　　　　　　　　　（打錯電話時，要説「抱歉」來道歉。［打錯電話→道歉］）

③ **イ形容詞的普通形＋とき，ナ形容詞的普通形＋(だ→な)＋とき**

　名詞＋の＋とき

◉在從屬句所表示的時間内做主句的動作

・ 学生のとき、 よく友だちと飲みに行きました。 ［学生の期間＝飲みに行く］
　　　　　　　　　　　　　　　　　　　　　　 きかん
　　 從屬句　　　　 主句　　　　　　　　（學生時代，時常和朋友去小酌幾杯。［學生時期＝去喝酒］）

・ ひまなとき、 一緒に映画でも見ませんか。（有空時，要不要一起去看電影呀？）
　　　　　　 いっしょ えいが

（7）**～ところ：** `動詞的 { ル形／テイル形／夕形 } ＋ ところ`

① **動詞的ル形＋ところ**：接在「ところ」前面的動詞所表示的動作即將發生

・ 今から出かけるところなので、あとで連絡します。（因為現在正要出門，稍後再跟你聯絡。）
　　　　　　　　　　　　　　　　　　 れんらく

② **動詞的テイル形＋ところ**：接在「ところ」前面的動詞所表示的動作正在進行當中

・ 今、友だちと映画を見ているところです。（現在正在和朋友看電影。）
　　　　　　　　　　 み

・ 料理を作っているところなので、もう少し待ってください。（現在正在煮飯，請再稍等一下。）
　 りょうり つく　　　　　　　　　　　　　　　　 ま

③ **動詞的夕形＋ところ**：接在「ところ」後面的動詞所表示的動作剛結束

　◎◎多與「今」「たった今」等一起使用。

・ 今、家に帰ってきたところです。（現在剛回到家。）
　 いま

・ 料理を作ったところなので、時間があったら食べて帰ってください。

（正好剛煮好飯，所以時間方便的話就吃一吃再回家吧！）

（8）**～ばかり：** `動詞的夕形 ＋ ばかり`

用在説話者覺得從屬句的動作才剛結束不久時。其時間的長短依説話者的感受而有所不同。

・ 日本に来たばかりなので、まだ日本についてあまりよく分かりません。

（由於才剛來日本，關於日本的一切都還不太清楚。）

・ 買ったばかりの携帯電話が、もう壊れてしまった。（才剛買的手機，已經壞掉了。）
　　　　　　 けいたいでんわ　　　　 こわ

112

練習 1

■ 請從 a. 和 b. 之間選出適當的用法。

1. 昨日、この漢字を習った（　　）なのに、もう忘れてしまった。

　　a. ところ　　　　b. ばかり

2. 日本では、家に帰って（　　）とき、「ただいま」と言います。あなたの国ではどうですか？

　　a. くる　　　　　b. きた

3. まず本屋へ行って（　　）、図書館へ行きましょう。

　　a. から　　　　　b. まえに

4. あっ、探していたボールペンがこんなところに（　　）。

　　a. ある　　　　　b. あった

5. 私が住んでいる町のバスは、（　　）ときに料金を払うことになっています。

　　a. 降りる　　　　b. 降りた

6. 映画が（　　）まえに、トイレに行っておきませんか。

　　a. 始まる　　　　b. 始まって

7. 部屋を（　　）ときは、エアコンを消してください。

　　a. 出る　　　　　b. 出た

8. 15 を 5 で割る (15 ÷ 5) と 3 に（　　）。

　　a. なっている　　b. なる

9. 今後のことは、国へ（　　）ときに、両親と相談して決めます。

　　a. 帰る　　　　　b. 帰った

10. ほら、あそこ見て！ 富士山が見えて（　　）よ。きれいだねー。

　　a. くる　　　　　b. きた

12

時態相関句型

113

① 過去完成

〈表示過去的動作已完成〉=「夕形」

→否定形是「～なかった／～ませんでした」。

・A：昨日、先生に会いましたか？（昨天見到老師了嗎？）

　B：はい、会いました。／いいえ、会いませんでした。（有，見到了。／不，沒有見到。）

過去完成 → p.246

② 現在完成

〈表示現在的動作、或是持續到現在的動作已完成〉=「夕形」

→否定形是「まだ～ていない」。

・A：もう、宿題は終わりましたか？（作業已經做完了嗎？）

　B：はい、終わりました。／いいえ、まだ終わっていません。（是的，已經做完了。／不，還沒做完。）

現在完成 → p.247

③ 「～ている」和「～ていた」都能使用的情形

〈主句與從屬句的事件同時發生時　發生的狀態持續時〉=「～ているとき」「～ていたとき」

・私たちは、アメリカに｛留学している／留学していた｝とき、知り合いました。（我們是在美國留學期間認識的。）

④ 「～たところ」與「～たばかり」的不同

「～たところ」= 表示動作剛結束沒多久。

「～たばかり」= 即使實際上動作已結束一段時間，但說話者如果不這麼覺得，也可以使用。

・私はこの会社に今年入った｛ばかりです。（○）（我今年才剛進這間公司。）
　　　　　　　　　　　　　　ところです。（×）｝

・〈電話中〉

　A：いつ退院したんですか？（什麼時候出院的呢？）

　B：｛昨日、退院したばかりです。しばらく家で休みます。（○）（昨天才剛出院。暫時會在家休養。）
　　　今、退院したところです。まだ病院にいるんですが、これからタクシーで家に帰ります。（○）｝
　　　　　　　　　　　　　　　　　　　　　　　　　　　　（才剛辦完出院手續，還在醫院，現在要搭計程車回家了。）

114

練習2

■ 請從 a.～ d. 之中，選出最適合的答案。

1. A：具合が悪そうだけど、どうしたんですか。

   B：ここ数日、熱が（　　　）んです。食欲もないし…。

   a. 下がった　　　　b. 下がる　　　　c. 下がらない　　　d. 下がらなかった

2. A：田中さんなんだけど、明日は（　　　）かな。

   B：さあ、どうだろうね。

   a. 来る　　　　　　b. 来た　　　　　c. 来ている　　　　d. 来ていた

3. ここ1週間、私は、毎朝6時に（　　　）。

   a. 起きます　　　　b. 起きています　　　c. 起きていました　　　d. 起きました

4. 今日は（　　　）ので、昼ごはんが食べられなかった。もう5時過ぎちゃった。

   a. 忙しい　　　　　b. 忙しかった　　　c. 急いだ　　　　　d. 急いでいる

5. 手帳が見つからない。（　　　）なぁ。

   a. 困る　　　　　　b. 困っている　　　c. 困った　　　　　d. 困って

6. A：昼ごはん、食べたの。

   B：うん、もう（　　　）よ。

   a. 食べる　　　　　b. 食べた　　　c. 食べている　　　d. 食べていた

7. 〈一邊看著手機的未接來電〉

   日本語の授業を（　　　）ときに、母から電話があったみたいだ。

   a. 受けた　　　　　b. 受けている　　　c. 受ける　　　　　d. 受けて

8. 国へ一時帰国（　　　）ときは、いつも事務室に届け出を出さなければなりません。

   a. する　　　　　　b. している　　　c. した　　　　　　d. していた

9. 授業が（　　　）あとで、みんなでボーリングに行きました。

   a. 終わり　　　　　b. 終わる　　　c. 終わって　　　　d. 終わった

10. 先月からアルバイトを始めた（　　　）なので、まだ仕事に慣れていません。

    a. とき　　　　　　b. あいだ　　　c. ところ　　　　　d. ばかり

✏️ 造句

■ 請使用本課學習内容（時態相關句型）來完成下列各句。

1. 父は毎晩、＿＿＿＿＿＿＿＿＿＿まえに、お酒を１杯飲みます。

2. 留学したいなら、その国について＿＿＿＿＿＿＿＿＿＿てから決めたほうがいい。

3. あ、ちょっと待ってて、すぐ行く。今＿＿＿＿＿＿＿＿＿＿ところだから。

4. 先週 a.＿＿＿＿＿＿ ばかりの b.＿＿＿＿＿＿＿ をなくしてしまいました。

5. 私の国では、a.＿＿＿＿＿＿ ときに、b.「＿＿＿＿＿＿＿」と言います。

6. 試験が a.＿＿＿＿＿＿＿ てからは、b.＿＿＿＿＿＿＿ てはいけません。

7. A：昼ご飯食べた？

　　B：いや、a.＿＿＿＿＿＿｜て／で｜、b.＿＿＿＿＿＿＿。

8. 駅前の映画館でやっているあの映画、＿＿＿＿＿＿＿＿＿＿＿？

9. 昨日の晩、＿＿＿＿＿＿＿＿＿＿＿＿みたいだね。道路がぬれているよ。

10.私は毎日、＿＿＿＿＿＿＿＿＿＿＿＿＿ています。

■ 改 錯

■ 在下面的句子中有錯誤的用法。請在錯誤的地方畫上＿＿＿＿＿，並寫出正確用法。

1. 日本では、靴を脱いだあとで、部屋に入ります。

2. 地震がくるときは、すぐに外に飛び出してはいけません。

3. A：田中さんは？

　　B：田中さんは、今、食堂でご飯を食べます。

4. A：レポートはもう出しましたか？

　　B：いいえ、出しませんでした。

116

5. あ、あそこにスカイツリーが見えてくる。高いねー。

找到例句了！ 在這篇文章裡，使用著本課的學習內容（時態相關句型）。閱讀文章時，請試著思考其使用方式及意思。

　娘の小学校で先月、「2分の1成人式」があった。10歳になったばかりの娘に、何か記念になるものを残したいと考えていた。

　そんな矢先、ふと通りかかった花屋さんの店先にあった「放春花」の鉢が目に入った。小さなつぼみをたくさんつけ、今か今かと春を心待ちにしているように思えた。

　何の花だろうと見ると、ボケだった。春を放つ花。なんてすてきな名前なんだろう。じっくり選んで、赤と白の2鉢を買った。帰りの電車の中でも胸の前に大事に抱え、寒い日だったが、心はポカポカ暖かく感じた。

　娘が生まれてから10年、あっという間だった。多分、これからの10年のほうが、もっと早く過ぎていくんだろう。

　娘が成人式を迎えるまで、大切に育てて、毎年きれいな花を咲かせたい。少しずつ反抗期が始まってきている娘にも、この花の名前のように、周りに暖かな春を感じさせることができるような女性に育ってくれたらいいな、と思う。

　買った時には固いつぼみだった花が開いた。私の心もふんわりと開いたような気がした。

「女の気持ち　2分の1成人式」より
毎日新聞 2010年3月24日

成人式：成人式
記念：紀念
矢先：正要~的時候
通りかかる：經過，路過
鉢：花盆
目に入る：看見，映入眼簾
つぼみ：花苞，花蕾
心待ちにする：期盼，盼望
放つ：散發，放出
じっくり：仔細地
抱える：抱
迎える：迎接
反抗期：叛逆期
ふんわりと：輕飄飄，軟綿綿

12
時態相關句型

結束・對話

　私とアンナさんとリサさんは仲良しです。3人とも、1ヵ月前に日本に来たばかりですから、今、いろいろなお店を探して、一緒にご飯を食べています。昨日は、大学の近くの和食のお店で天ぷらを食べました。とてもおいしかったです。今日は、駅の近くにできたばかりのラーメン屋へ行くことにしました。ゼミが終わってから、みんなで一緒に行きたいと思います。

13 授受動詞句型

開始・對話

在以下情境中，會出現什麼樣的對話呢？請在＿＿＿填入適當的詞彙來完成對話。

①おふたりはどうやって知り合ったんですか。

②駅で困っていた彼女にぼくがお金を貸して a.＿＿＿。そのあと、彼女がお礼にクッキーを b.＿＿＿のがきっかけです。

這一課的句型詞彙

東西的授受動詞句型　「やる／あげる／さしあげる」「もらう／いただく」
　　　　　　　　　　「くれる／くださる」

行為的授受動詞句型　「～てやる」「～てあげる／～てさしあげる」
　　　　　　　　　　「～てもらう／～ていただく」「～てくれる／～てくださる」

確　認

【何謂授受動詞句型】

　　用來表示東西的給予(授)與接受(受)的句型。

(1) 東西的授受動詞句型

・表示東西往來(給予與接受)的動詞有「**あげる**」「**もらう**」「**くれる**」。

・依據與對方的關係來區分用法。

① あげる系列：　Aは　Bに　名詞(東西)を {やる／あげる／さしあげる}

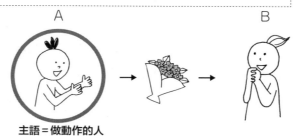

主語 ➔ p.248

118

（A：私は）B：妹に　　　花を　　やりました。　　　　［B為晚輩或部屬］（(A：我) B：送花給妹妹。）
（A：私は）B：友だちに　花を　　あげました。　　　　［B為朋友］（(A：我) B：送花給朋友。）
（A：私は）B：先生に　　花を　　さしあげました。　　［B為長輩或上司］（(A：我) B：獻花給老師。）

② もらう系列：　Bは　Aに　名詞(東西)を　{もらう／いただく}

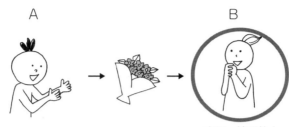

主語＝接受的人

（B：私は）A：妹に　　　花を　　もらいました。　　　［A為晚輩或部屬］（(B：我) A：從妹妹那裡得到花。）
（B：私は）A：友だちに　花を　　もらいました。　　　［A為朋友］（(B：我) A：從朋友那裡得到花。）
（B：私は）A：先生に　　花を　　いただきました。　　［A為長輩或上司］（(B：我) A：從老師那裡收到花。）

③ くれる系列：

$$A\text{が} \begin{Bmatrix} B：我 \\ B：我的家屬親友（自家人） \end{Bmatrix} \text{に 名詞(東西)を }\{\text{くれる／くださる}\}$$

B（說話者）是「我」。以「我」的觀點來描述。

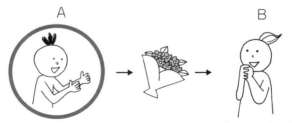

主語＝做動作的人（「我」之外的人）　　　　說話者＝我，或是自家人

A：妹が　　　　B：私に　　花を　　くれました。　　　［A為晚輩或部屬］（A：妹妹　B：送花給我。）
A：友だちが　　B：私に　　花を　　くれました。　　　［A為朋友］（A：朋友　B：送花給我。）
A：先生が　　　B：私に　　花を　　くださいました。　［A為長輩或上司］（A：老師　B：送花給我。）

「內」與「外」➜ p.245

■「自家人」的觀點

所謂「自家人」，是指家人或是親戚。在日文的世界裡，除了自己的家人及親戚之外，和自己屬於同一族群的人，例如親密的朋友，或是面對其他公司時，會將自己公司的人視為「內」，其他則區分為「外」。

（2）行為的授受動詞句型

- 表示動作行為的授受往來的句型有「～てあげる」「～てもらう」「～てくれる」。
- 行為的方向和東西的授受動詞「あげる・もらう・くれる」相同。

① **あげる系列**： A は　B に　（～を）｛～てやる／てあげる／てさしあげる｝

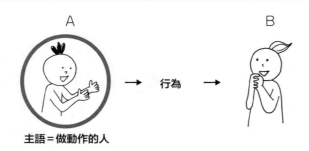

- 用來表示 A 為了 B 做了某件事。
- A 所做的動作如果是直接對著 B，要用「B を」（①），如果動作的對象是 B 所持有的物品，用「B の名詞を」（②）。

　　① （A：私は） B：妹を 駅まで 送ってやりました。（（A：我） B：送妹妹到車站。）

　　② （A：私は） B：友だちの作文を チェックしてあげました。（（A：我） B：幫朋友檢查作文。）

- 用來表示為了 B 而採取某行動，例如幫助有困難的人。

　　・友だちが財布を忘れて困っていたので、お金を貸してあげた。
　　　　　　　　（因為朋友忘記帶錢包不知如何是好，所以我把錢借給他。）

- 對長輩或是上司用「～てさしあげる」時，如果該動作並非對方所期待的，會讓人覺得說話者以恩人自居而顯得失禮，所以會用「お～する」來表示自己的動作。如果是對方所期望的動作才可以用。

　　・学生：先生、お荷物が重くて大変そうですね。 ┌ 持ってあげます。（×）
　　　（學生：老師，您的行李很重，感覺好辛苦喔！）　│ 持ってさしあげます。（×）
　　　　　　　　　　　　　　　　　　　　　　　　└ お持ちします。（○）（讓我來幫您拿。）

　　・先生に頼まれて、お客さんに学校の中を案内してさしあげました。（○）（受老師之託，引領貴賓參觀校園。）

② もらう系列： B は　A に　～を　{～てもらう／ていただく}

i) 授受用法

- 用來表示 B 接受 A 的恩惠。
- 做動作的人（A）用「に」來表示。

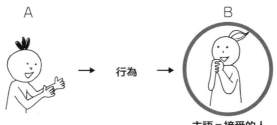

主語＝接受的人

（B：私は）A：妹に　　　歌を　　　歌ってもらいました。　［A 為晚輩或部屬］（（B：我）A：請妹妹唱首歌。）
（B：私は）A：友だちに　日本語を　教えてもらいました。　［A 為朋友］（（B：我）A：請朋友教我日文。）
（B：私は）A：先生に　　推薦書を　書いていただきました。［A 為長輩或上司］
　　　　　　　　　　　　すいせんしょ　　　　　　　　　　　　　　（（B：我）A：請老師、幫我寫推薦函。）

ii）請託用法　　　　　　　　　　　　　　　　　　　　　　　　　請託用法 ➜ p.247

用「～てもらえますか／～てもらえませんか／～てもらいたいんですが」「～ていただけますか／～ていただけませんか／～ていただきたいんですが」來表示 B 對 A 有禮貌的請託。

- 〈對隔壁同學說〉すみません。教科書を忘れてしまったので、見せてもらえますか。
  　　　　　　　　　　　　　きょうかしょ　わす
  （不好意思，我忘記帶課本了，可以請你讓我看嗎？）
- この本を田中さんに渡してもらいたいんですが。（我想請你將這本書轉交給田中小姐。）
  　　　　　　　　　わた
- もう少し大きい声で話していただけませんか。（可以請您說話再大聲一點嗎？）
  　　　　　　　こえ
- 〈辦公室裡〉IC レコーダーを貸していただきたいんですが。（我想請您借我錄音筆。）
  　　　　　　　　　　　　　か

③ くれる系列： A が　B {に／を}（～を）{～てくれる／てくださる}

i) 授受用法

- 用來表示 B（我或是自家人）接受 A（「我」之外的人）的恩惠。
- 動作的主體（A）用「が」、接受行為的人（B）用「に／を」來表示。

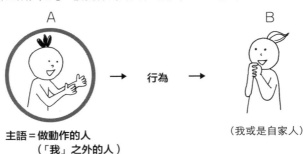

主語＝做動作的人　　　　　　　　（我或是自家人）
　（「我」之外的人）

A：子どもが　　B：私に　　　ボールを　投げてくれました。　[A 為晩輩或部屬]（A：小孩　B：把球投給我。）

A：友だちが　　B：私・妹に　日本語を　教えてくれました。　[A 為朋友]（A：朋友　B：教我・妹妹日文。）

A：先生が　　　B：私に　　　推薦書を　書いてくださいました。[A 為長輩或上司]（A：老師　B：幫我寫推薦函。）

ii）請託用法

用「～てくれますか／～てくれませんか」「～てくださいますか／～てくださいませんか」來表示 B 對 A 有禮貌的請託。

・〈學校餐廳裡〉ちょっと、そこのしょうゆを取ってくれますか。（可以幫我拿一下放在那的醬油嗎？）

・すみません。ペンを忘れたので貸してくれませんか。（不好意思，我忘了帶筆，可以借我嗎？）

・秋葉原までの行き方を教えてくださいませんか。（能不能請您告訴我怎麼去秋葉原？）

練習1

■ 請從 a. 和 b. 之間選出適當的用法。

1. A：わぁ、きれいな花ですね。どうしたんですか。

　　B：鈴木さんが（　　　）んです。

　　a. あげた　　　　b. くれた

2. A：その時計、素敵ですね。どうしたんですか。

　　B：ああ、これは中村さんに（　　　）んですよ。

　　a. もらった　　　b. くれた

3. A：大きい花束ですね。どうしたんですか。

　　B：シェリーさんに（　　　）んですよ。今日は彼女の誕生日なんです。

　　a. もらう　　　　b. あげる

4. 学生A：来週は先生の還暦のお祝いですね。プレゼントどうしましょうか。

　　学生B：ネクタイを（　　　）たらどうでしょうか。

　　a. さしあげ　　　b. いただい

5. A：リサさん、この間のパーティーのときの写真なんですが、パソコンにメールで送って
　　　（　　　）ませんか。

　　B：ええ、いいですよ。じゃあ、今晩送りますね。

　　a. いただき　　　b. いただけ

6. A：これ、小学校のときの先生が（　　　）んです。

   B：へぇ、素敵なアルバムですね。

   a. くださった　　b. いただいた

7. 〈動物園的告示牌〉

   動物にえさを（　　　）ないでください。

   a. あげ　　　　b. やら

8. A：田中さん、昨日、妹の仕事を手伝って（　　　）んだってね。ありがとう。

   B：どういたしまして。

   a. あげた　　　b. くれた

9. 昨日、鈴木さんはリサさんに家まで送って（　　　）んだって。

   a. くれた　　　b. もらった

10. 今日は自分の仕事が早く終わったから、田中さんの仕事を手伝って（　　　）。

    a. あげよう　　b. もらおう

① 不使用「～てあげる／～てさしあげる」的情形

「～てあげる／～てさしあげる」有時候會讓人覺得盛氣凌人，所以對於長輩或上司提出建議時（口語對話）用「お～します」「お～しましょうか」（敬語）較為洽當。

・先生、荷物を持って ｛ あげましょうか。（×）
　　　　　　　　　　 さしあげましょうか。（×）

口語 ➡ ? p.246

　→ 先生、荷物をお持ちします。（○）（老師，我來幫您拿行李。）
　　　先生、荷物をお持ちしましょうか。（○）（老師，我來幫您拿行李吧！）

說明事實時，無需使用敬語。

・先生の本を中国語に翻訳して ｛ あげました。（×）
　　　　　　　　　　　　　　　 さしあげました。（×）

敬語 ➡ 第15課

　→ 先生の本を中国語に翻訳しました。（○）（我把老師的書翻譯成中文了。）

② 使用「（～て）あげる」的情形

對寵物或是自己栽種的植物有時不用「～（て）やる」，會用「（～て）あげる」來表達。

・ 毎朝、花に水を $\begin{cases} \underline{やります。}（每天早上幫花澆水。） \\ \underline{あげます。}（每天早上幫花澆水。） \end{cases}$

・ 母 ：ひろし、ポチ（犬）を散歩に連れていって $\begin{cases} \underline{やって。} \\ \underline{あげて。} \end{cases}$（母親：HIROSHI，帶 POCHI（狗）去散步。）
　　　　さんぽ

　ひろし：はーい。（HIROSHI：好～）

③「～てもらう」和「～てくれる」的不同

「～てもらう」…用來表示自己主動拜託對方，請對方做某件事時。

「～てくれる」…對於對方出於一番好意的舉動，相較於「～てもらう」更能表達感謝之意。多使用在沒有拜託對方，而對方主動採取的行動。

・ 私は手をけがして料理が作れないので、主人に頼んで作ってもらった。
　　　　　　　　　　　　　　　　　　しゅじん

（因為我手受傷無法下廚，所以請我先生做飯。）

・ 毎日忙しくしていたら、私は何も言っていないのに、主人が料理を作ってくれた。
　　　　いそが

（日子一天一天忙了起來，我什麼都沒說，先生竟然為我下廚。）

④「～てくれる」和「～てくれない」的意思

「～てくれる」…表示感謝。

「～てくれない」…表示不滿。

・ 妹が部屋をそうじしてくれた。（感謝）（妹妹幫我打掃了房間。）
　　　　へや

・ 夫が部屋をそうじしてくれない。（不滿）（我先生不幫我打掃房間。）
　　おっと

練習2

■ 請從 a. ～ d. 之中，選出最適合的答案。

1. A：探していた本、図書館にあった？
　　　さが

　　B：ううん。でも田中さんが持っていたから、田中さんに貸して（　　　　）よ。
　　　　　　　　　　　　　　　　　　　　　　　　　　　　　　　か

　　a. くれた　　　b. もらった　　　c. あげた　　　d. いただいた

2. A：夏休みに北海道まで車で旅行したんだ。
　　　　　　ほっかいどう　　　りょこう

　　B：へえ、車買ったの？

　　A：ううん、友だちの車に乗せて（　　　　）んだよ。
　　　　　　　　　　　　　の

　　a. やった　　　b. あげた　　　c. くれた　　　d. もらった

124

3. A：ポチ（犬）にえさ（　　　）？

   B：うん。（　　　）よ。

   a. さしあげた　　　b. やった　　　c. もらった　　　d. くれた

4. 田中さんはいつも私の仕事を手伝って（　　　）から、とてもありがたい。

   a. あげる　　　b. くれる　　　c. もらう　　　d. やる

5. 先生、先日は弟に本を（　　　）まして、ありがとうございました。

   a. さしあげ　　　b. ください　　c. あげ　　　d. もらい

6. せっかくケーキを作ったのに、彼が食べて（　　　）。

   a. いただけない　　b. もらわない　　c. あげない　　d. くれない

7. 〈辦公室裡〉

   すみません。奨学金の申し込みについて教えて（　　　）ませんか。

   a. あげ　　　b. くれ　　　c. もらい　　　d. いただけ

8. 友だちの大学の学園祭に行って、構内を案内して（　　　）ました。とても楽しかったです。

   a. あげ　　　b. くれ　　　c. もらい　　　d. いただけ

9. A：新しい会社はどうですか？

   B：ええ、みなさん親切で、分からないところはいろいろ教えて（　　　）ます。

   a. さしあげ　　　b. ください　　　c. いただき　　　d. もらい

10. 〈張貼的布告〉

    子犬がたくさん産まれたので、欲しい方に（　　　）ます。かわいがってください。

    a. さしあげ　　　b. ください　　　c. いただき　　　d. もらい

✏ 造句

■ 請使用本課學習内容（授受動詞句型）來完成下列各句。第 4 題請用（　　　）中的①或②來完成句子。

1. A：きれいな指輪ですね。

   B：ええ。これは祖母に＿＿＿＿＿＿＿＿＿＿＿＿＿＿指輪なんです。

2. あっ、いけない！ 家の植木に＿＿＿＿＿＿＿＿＿＿＿＿＿のを忘れてきちゃった。

125

3. A：今年、お正月に実家に帰ったとき、もう大学生なのに、両親がお年玉を＿＿＿＿＿＿＿んで
　　　す。びっくりしましたよ。

　　B：あなたが帰ってきてうれしかったんでしょうね。

4. A：夏休みはどこかへ行きましたか？

　　B：ええ。ホストファミリーに、京都（①に・②を）＿＿＿＿＿＿＿＿＿＿＿＿＿＿＿＿＿。

5. 昨日、小学校へ行って、子どもたちに私の国の言葉を＿＿＿＿＿＿＿＿＿＿＿＿＿。

6.〈機場的餐廳裡〉

　　客　：注文した料理がまだ来てないんですが…。出発まで時間がないので、

　　　　　ちょっと＿＿＿＿＿＿＿＿＿＿＿＿＿＿＿。

　　店員：申しわけありません。すぐにお持ちします。

7. もし結婚するなら、家事を＿＿＿＿＿＿＿＿＿＿＿＿＿人と結婚したい。

8. レポートが進まなくて困っていたところ、先生が参考になる論文を＿＿＿＿＿＿＿＿＿＿ので
　　とても助かった。

9. A：5月は母の日、6月は父の日がありますね。何か考えていますか。

　　B：そうですね。休みが取れれば、親を旅行に＿＿＿＿＿＿＿＿＿＿＿たいです。

10. 母：このゴミ、ゴミ捨て場に＿＿＿＿＿＿＿＿＿＿＿＿＿＿＿＿＿ない？

　　子：はーい。

■ 改錯

■ 在下面的句子中有錯誤的用法。請在錯誤的地方畫上＿＿＿＿＿，並寫出正確用法。

1. すみません。ちょっと写真を撮っていただきませんか。

2. 国の家族が私に荷物を送りました。

3. 先生：今度の冬休み、中国へ行くんです。

　　学生：そうなんですか。よろしかったら、北京の町をご案内してあげます。

4. 自転車が壊れて、田中さんが困っていたので、田中さんに自転車を直してあげました。

5. 私の論文の日本語をチェックしていいですか。

找到例句了！ 在這篇文章裡，使用著本課的學習內容（授受動詞句型）。閱讀文章時，請試著思考其使用方式及意思。

要するに他人に物をもらうと、たいへん日本人は苦しむのである。このことから、日本人は他人に物が簡単にあげられないことになる。「これをあなたにあげたなら、あなたはお返ししなければいけないと思うだろう」と思うのである。それをやわらげるためには、他人に物を贈る場合に、日本人らしいあいさつが生まれる。たとえば「まことにつまらないものですが」というような。これに対してアメリカの人は、なぜ、つまらないと知って持ってきたか、と思うそうであるが、日本人としては、これをあなたにさしあげるけれども、つまらないものだからお返ししようとしなくてもいいのだ、という意味なのだ。「何もございませんが、召し上がって下さい」という言い方も、これを食べても何も食べなかったと同じだと思ってほしい、という日本人のやさしい心のあらわれだということになる。

金田一春彦（1988）『日本語（上）』p.240, 岩波書店

要するに：總而言之
苦しむ：苦惱
やわらげる：使~緩和
贈る：贈送
つまらない：不值錢的
あらわれ：表現

結束・對話

<結婚喜宴>

新郎：僕たちは3年前に出会いました。彼女が駅で財布を忘れて困っていた時に、僕がお金を貸してあげたんです。そのあと、彼女がお礼にお菓子を作ってくれました。彼女は料理が上手です。結婚したら、毎日、おいしいお弁当を作ってもらうのが夢だったので、結婚できて幸せです。

14 尊敬語・謙讓語

開始・對話

在以下情境中，兩人之間會出現什麼樣的對話呢？請在＿＿＿填入適當的詞彙來完成對話。

①先生、今日の５時ごろ、研究室に a.＿＿＿＿＿か？

②うん、いるよ。

③そうですか。じゃ、のちほどそちらに b.＿＿＿＿＿もよろしいでしょうか。

這一課的句型詞彙

　　　尊敬語・謙讓語

確認

【何謂敬語】
　在溝通交流的場合，用來表示對於對方的敬意，或是自己和對方之間的親疏關係的說法。

（1）使用敬語的場合
　① 和長輩或上司（老師、長官、年長者等）說話時
　② 和陌生人或不熟的人說話時（第一次見面等）
　③ 在商務的場合等，和不太熟的人（非朋友）說話時
　④ 在正式場合發言時（發表、會議等）

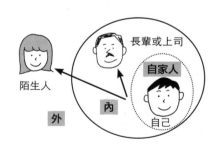

（2）敬語的種類
　尊敬 …… 對方為主語，抬舉對方的動作
　謙讓 …… 自己為主語，貶低自己的動作
　禮貌 …… 將名詞或句尾敬語化

敬語 ➡ p.247

正式場合 ➡ p.248

128

種類		形態	例句
尊敬	尊敬語	特殊形	田中さんが本をご覧になります。（田中先生看書。）
	尊敬用法	規則形	田中さんが本をお読みになります。（田中先生看書。）
		れる・られる	田中さんが本を読まれます。（田中先生看書。）
謙讓	謙讓語	特殊形	（私が）田中さんの都合をうかがいます。（（我來）詢問田中先生方便的時間。）
	謙讓用法	規則形	（私が）田中さんの都合をお聞きします。（（我來）詢問田中先生方便的時間。）
禮貌	禮貌用法	詞頭	お食事のご用意ができました。（餐點已為您準備好了。）
		句尾	こちらが今回発売された新製品でございます。（這是這次發售的新產品。）

（3）敬語的形態

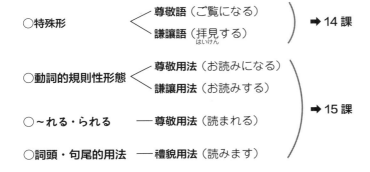

【尊敬語及謙讓語】

（1）尊敬語

用來表示說話者對做動作的人(對方)的敬意。

主語 p.248

□主語＝對方
　　→上司、老師、前輩等身分地位居上的人、陌生人、不太熟絡的人

・先生、昨日の新聞記事、ご覧になりましたか。（＝見ましたか）(老師，請問您看了昨天報紙的報導嗎？)

・社長、明日のパーティーは、どうなさいますか。（＝しますか）(社長，明天的宴會有決定要參加嗎？)

129

（2）謙讓語

用來貶低做動作的人（大多是「自己」），以表達對對方的敬意。也用在動作的對象為長輩或上司的所有物時。

□主語＝我、我們、我的家人...等（自家人）

→因為「私」經常被省略，所以句子若無主語，做動作的人即為說話者（「私」）。

・先生の論文を拝見しました。（＝読みました）（我拜讀了老師的論文。）

【對等】

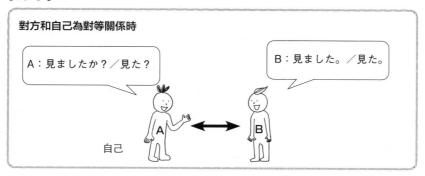

【尊敬】

【謙讓】

■特殊形的敬語

尊敬語	辞書形	謙譲語
いらっしゃる※	いる	おる
	来る	まいる
	行く	
なさる※	する	いたす
めしあがる	食べる	いただく
	飲む	
	もらう	
	あげる	さしあげる
くださる※	くれる	
ご覧になる らん	見る	拝見する はいけん
	読む	
	見せる	ご覧にいれる／お目にかける
おっしゃる※	言う	申す もう
ご存じだ ぞん	知っている	存じている
	会う	お目にかかる
	聞く	うかがう
訪問なさる※ ほうもん	訪問する	うかがう／訪問いたす

➡ 以「る」結尾的第一類動詞的マス形通常是「ります」但標有※的動詞的マス形不是「ります」要用「います」。

練習1

■ 請從 a. 和 b. 之間選出適當的用法。

1. A：川田さん、こんにちは。どちらに（　　　　）んですか。

   B：ちょっと郵便局まで。
   ゆうびんきょく

   a. いく　　　　b. いらっしゃる

2. 最近、ゴルフをやる人が増えていますが、先生も（　　　　）ますか。
   さいきん　　　　　　　　　　　　ふ

   a. なさい　　　　b. なさり

3. すみません、ちょっと（　　　　）たいことがあるんですが、よろしいですか。

   a. うかがいし　　　　b. うかがい

131

4. 他の大学の先生：どこかで会いましたかね？
   学生（私）　　：はい。去年の学会で（　　　）ました。
   a. お目にかけ　　b. お目にかかり

5. あれ、この人、誰だろう。木村さん、この写真の人、（　　　）か。
   a. ご存じです　　b. 存じています

6. これ、私が作ったんです。どうぞ（　　　）ください。
   a. めしあがって　　b. いただいて

7. 先生：リサさん、昨日の夜、メール送ったんだけど読んだ？
   学生：はい。（　　　）ました。
   a. ご覧になり　　b. 拝見し

8. A：あの、お名前は何と（　　　）んですか。
   a. おっしゃる　　b. 申す

9. B：キムと（　　　）ます。
   a. おっしゃい　　b. 申し

10. 先生、実験室の掃除でしたら、私たちが（　　　）ます。
    a. なさい　　b. いたし

提升程度

① 補助動詞的敬語

補助動詞 ➡ p.244

「〜てくる」「〜ていく」「〜ている」「〜てもらう」等作為補助動詞使用時也有敬語形。

- 今日は、めずらしい物を持ってまいりました。（←〜てきました）（（我）今天帶了很稀奇的東西過來。（←〜來了））
- その本、何を読んでいらっしゃるんですか。（←〜ています）（您正在讀的那本書是什麼內容呢？（←正在〜））
- 田中さんに駅まで送っていただきました。（←〜てもらいました）（我請田中先生送我到車站。（←請對方做〜））

② 使用敬語的對方

因為家人是自己人，所以基本上在家人之間不使用敬語。

- ［×］お父さん、ニュースをご覧になりますか。
  ⇒［○］お父さん、ニュース、見る？（爸，要看新聞嗎？）

不過，當自家人（家人、自己人）的動作直接朝向對方（外人）時，有時候會用謙讓語來表示自家人的動作。

・〈學生跟老師說明媽媽的行動〉

　　5時ごろ、母がそちらにうかがいますのでよろしくお願いいたします。（五點左右，家母將會前往拜訪，麻煩老師了。）

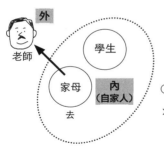

○「母がそちらにうかがいます」（謙讓）（「家母將前往拜訪」）

×「母がそちらにいらっしゃいます」（尊敬）

「內」與「外」➡ p.245

③ **禮貌用法**

使用尊敬語、謙讓語時，不只該動詞，連句中的名詞及句尾用法也都要用有禮貌的說法。

・［×］先輩、あの店にいらっしゃったことある？

　⇒［○］先輩、あのお店にいらっしゃったことがありますか。（學長，您去過那家店嗎？）

禮貌用法 ➡ 第15課

句尾用法 ➡ p.247

④ **「まいる」和「うかがう」**

「まいる」＝用來告知對方自己將前往對方的地方。

「うかがう」＝用來告知對方自己將前往對方的地方，或是前往之前徵求對方的同意時。

・［○］3時に先生のお宅にまいります。（3點要去拜訪老師。）
　［○］3時に先生のお宅にうかがいます。（3點要去拜訪老師。）

・［×］のちほど、そちらにまいってもよろしいでしょうか。
　⇒［○］のちほど、そちらにうかがってもよろしいでしょうか。（稍後方便過去拜訪您嗎？）

練習2

■ 請從 a.～d. 之中，選出最適合的答案。

1. 何かご意見がありましたら、（　　　）ください。

　　a. おっしゃりて　　b. おっしゃって　　c. おっしゃい　　d. おっしゃり

2. 木村　：ジョンさんの時計、すてきですね。
　　ジョン：ありがとうございます。兄が（　　　）んです。

　　a. いただいた　　b. くださった　　c. あげた　　d. くれた

3. 学生：先生、先週、駅で奥様に（　　　）ました。

　　先生：ああ、家内に聞いたよ。

　　a. 拝見し　　　　　　b. ご覧になり　　　　c. お目にかけ　　　d. お目にかかり

4. 学生：先生、何時まで大学にいらっしゃいますか。

　　先生：今日は5時まで（　　　）よ。

　　a. います　　　　b. いらっしゃいます　　　c. あります　　　d. まいります

5. 〈會議室的失物招領〉

　　携帯電話の忘れ物がありました。黒い携帯電話を忘れた方は（　　　）か？

　　a. いません　　　b. おりません　　c. ございません　　　d. いらっしゃいません

6. 〈宴會上〉

　　A：遠慮せずにたくさん食べてくださいね。

　　B：はい。もう十分（　　　）ました。ありがとうございます。

　　a. めしあがり　　　b. あがり　　　c. いただき　　　d. おっしゃい

7. A：何見てるの？

　　B：写真だよ。昨日、先生が（　　　）んだ。

　　a. なさった　　　　b. さしあげた　　c. くださった　　d. いただいた

8. A：昨日、何をしましたか？

　　B：昨日ですか。友だちの部屋で、一緒にテレビを（　　　）。

　　a. 拝見しました　　b. 見ました　　c. うかがいました　　　d. ご覧になりました

9. 〈社長辦公室裡〉

　　社長：これについて、もっと詳しいデータがあるかな。

　　社員：はい、調べてあります。机に置いてありますので、すぐに取って（　　　）。

　　a. まいります　　　b. いらっしゃいます　　　c. うかがいます　　d. お目にかかります

10.先輩：発表の資料を作ったんだけど、分かりにくいところがないか、ちょっと読んでもらえない
　　　　かな？

　　後輩：はい、じゃ、ちょっと（　　　）。

　　a. ご覧になります　　　b. 拝見します　　c. うかがいます　　d. さしあげます

✏️ 造句

■ 請使用本課學習內容(尊敬語・謙讓語)來完成下列各句。1.～4. 請將畫線部分的動詞改為適當的敬語。

14
尊敬語・謙讓語

1. 〈已決定將宴會會場設在「BERU」。想問老師是否知道該會場〉

   学生：パーティーの会場は「ベル」ですが、＿＿＿＿＿＿＿＿＿＿＿＿＿。

   先生：いや、知らないな。

2. 〈因為有事想和老師商量，所以想請教老師明天1點是否方便去研究室打擾〉

   学生：先生、明日なんですが、1時に研究室に＿＿＿＿＿＿＿＿＿＿も、よろしいでしょ

   　　　うか。

   先生：ええ、いいですよ。

3. 〈想問上司要將下次的會議定於何時〉

   部下：部長、次の打ち合わせですが、いつに＿＿＿＿＿＿＿＿＿＿＿＿。
   ぶか　　ぶちょう

   上司：そうだな。じゃ、来週の火曜日に。
   　　　　　　　　らいしゅう

4. 〈想問不太熟的人從事什麼工作〉

   私　：あの、お仕事は、何を＿＿＿＿＿＿＿＿＿＿＿＿＿＿＿。

   相手：えっと、銀行に勤めています。
   あいて　　　　ぎんこう　つと

5. 〈現在是下午〉

   学生：先生、今朝、何時ごろこちらに＿＿＿＿＿＿＿＿＿＿＿んですか。
   　　　　　　けさ

   先生：そうですね、10時ごろだったと思いますけど。

6. 〈確認對方知不知道這個人〉

   先生：君は、T大学の木村先生に会ったことがあるかな。
   　　　きみ　　　　　きむら

   学生：えっと、お名前だけは a.＿＿＿＿＿＿＿＿＿＿が、b.＿＿＿＿＿＿＿

   　　　＿＿＿＿＿＿＿＿＿＿ことはありません。

7. 〈會議上。川野小姐先表達了意見〉

   司会：中村さん、いかがでしょうか。
   しかい　なかむら

   中村：はい、私も、さっき川野さんが＿＿＿＿＿＿＿＿＿意見に賛成です。
   　　　　　　　　　　　　　　　　　　　　　　　　　　　　さんせい

135

8. 〈和第一次見面的人〉

　　A：趣味は映画を見ることです。

　　B：そうですか。最近は＿＿＿＿＿＿＿＿＿＿＿＿＿＿＿＿＿＿。

9. 後輩：ちょっとこの機械の使い方について＿＿＿＿＿＿＿＿たいんですが…。

　　先輩：うん、いいよ。

10. A：これ、ハワイのお土産で、チョコレートです。

　　　どうぞ、みなさんで＿＿＿＿＿＿＿＿＿＿＿＿＿＿＿＿＿＿＿。

　　B：ありがとう。わあ、おいしそう。

■ 改 錯

■ 在下面的句子中有錯誤的用法。請在錯誤的地方畫上＿＿＿＿＿，並寫出正確用法。

1. 先輩、昨日のパーティーで何を召し上がった？

2. このパンフレット、お目にかかってもよろしいでしょうか。

3. 〈對公司的同事說〉
　　明日の会議の時間が変わったと聞きましたが、ご存じましたか。

4. 日本のお酒を買って、国の父にさしあげます。

5. 私は田中さんが申したことに賛成です。

在這篇文章裡，使用著本課的學習內容（尊敬語・謙讓語）。閱讀文章時，請試著思考其使用方式及意思。

スマート敬語実戦講座 ～名門ホテルの極意を学ぶ

数多くのVIPも宿泊するホテルオークラ東京には、利用客に気持ちよくホテル内で過ごしてもらうための「言葉遣いの基本」がある。（中略）

「佐藤様のフルネームをお願いいたします」。ホテル、レストランの予約時などによく聞く常とう句だが、ホテルオークラ東京ではNG。「カタカナ語をむやみに使うとお客様に不快な印象を与える恐れがあります。この場合は『佐藤様のお名前を伺えますか』、または『佐藤何様でいらっしゃいますか』と話すようにしています」（新入社員研修を担当する畑中哲子さん）。

「離席」「出張中」などの熟語も、「突き放した硬い感じを相手に与える」（畑中さん）ので会話では避けたほうがよい。「席を外しております」「出張しております」と話し言葉にすれば、伝わる印象もずっと柔らかなものになる。

「休み明け 電子版でスイッチオン」より
日本経済新聞 2011年8月21日

実践	實踐
名門	名門
極意	秘訣
VIP	貴賓
常とう句	固定說法
むやみに	隨便，輕易
不快な	不愉快的
印象	印象
恐れ	擔憂，唯恐
突き放す	撇開不管，疏遠
避ける	避開，避免

口語 → p.246

14 尊敬語・謙讓語

結束・對話

私は、携帯電話で、先生が5時ごろ研究室にいらっしゃるかどうかうかがいました。「いる」とおっしゃったので、夕方、研究室に向かいました。研究室に着いたとき、先生は、雑誌をご覧になっていました。レポートのテーマについて話したあと、お茶をいただきました。

15 尊敬用法・謙讓用法・禮貌用法

> 開始・對話

在以下情境中，兩人之間會出現什麼樣的對話呢？請在＿＿＿填入適當的詞彙來完成對話。

①すみません。おはしを
　貸していただけませんか。

②はい、
　a.＿＿＿＿＿＿＿＿＿

③ありがとうございます。
　じゃ、使わせていただきます。

這一課的句型詞彙

　　尊敬用法　「{お／ご}～になる」
　　謙讓用法　「{お／ご}～する」
　　禮貌用法　「{お／ご}＋{名詞／イ形容詞／ナ形容詞}」「～ございます」

 確　認

（1）尊敬用法

說話者用來表示對動作主體（對方）的敬意。動作主體和對方有直接關係時，用尊敬用法來表達。

○第1類・第2類動詞 ＝「お ＋ 動詞的マス形 ＋ になる」
○第3類動詞 ＝「{お／ご} ＋ 漢語 ＋ なさる」

　＊「お／ご」的使用規則和名詞相同。（請參照 p.140 的表格）

第1類・第2類　読む　⇒　読みます　⇒　お 読み になります
第3類　　　　出席する　　　　　　⇒　ご 出席 なさいます
　　　　　　しゅっせき

第1類動詞 ➡ 凡例
第2類動詞 ➡ 凡例
第3類動詞 ➡ 凡例

漢語 ➡ ❓ p.246

・先生、今日は何時ごろお帰りになりますか。（老師，您今天大約幾點回家呢？）
　　　きょう

138

→ 不過，第２類動詞在改為マス形時，如果「マス」的前面只有１個字的話，則使用特殊形。

見る → みます → **ご覧になる**　　　いる → います → **いらっしゃる**

着る → きます → **お召しになる**　　寝る → ねます → **お休みになる**

・〈店裡〉

客　：このコート、色もいいし、暖かそうですね。（顧客：這件大衣不但顏色好看，看起來好像很保暖耶！）

店員：ええ。よろしかったら、どうぞ、<u>お召しになって</u>みてください。（着る）（店員：是的，您可以試穿看看。）

・先生は、毎晩何時ごろ、<u>お休みになる</u>んですか。（寝る）（老師，您每天晚上大約幾點就寢呢？）

【與勸誘對方的句型「ください」一同使用時】

○第１類・第２類動詞 ＝「お ＋ 動詞的マス形 ＋ ください」

○第３類動詞 ＝「{お／ご} ＋ 漢語 ＋ ください（←~~する~~）」

第１類・第２類　　読む　　⇒　読み **~~ます~~**　⇒　**お 読み** ください

第３類　　　　　出席する　　　　　⇒　**ご 出席** ください

・みなさま、資料があるかどうか<u>ご確認ください</u>。（各位，請確認手邊是否有資料。）

・こちらのパンフレットはご自由に<u>お取りください</u>。（歡迎自由索取簡介手冊。）

（２）謙讓用法

使用在貶低做動作的人來表達對對方的敬意。做動作的人和對方有直接關係時，用謙讓用法來表達。

○第１類・第２類動詞 ＝「お ＋ 動詞的マス形 ＋ {する／いたす}」

○第３類動詞 ＝「{お／ご} ＋ 漢語 ＋ {する／いたす}」

→ 用「いたす」會更有禮貌。

第１類・第２類　　借りる ⇒ 借り **~~ます~~**　⇒　**お 借り** します／いたします

第３類　　　　　紹介する　　　　　⇒　**ご 紹介** します／いたします

　　　　　　　　電話する　　　　　⇒　**お 電話** します／いたします

・〈收銀處〉

店員：1000 円、<u>お預かりいたします</u>。（店員：收您1000圓。）

139

（３）禮貌用法

對對方表達禮貌之意。經常使用在以顧客為對象的場合或是服務業，另外，也常使用在公共場所及正式場合。

お久しぶりです。佐藤です。⇒ お久しぶりです。佐藤でございます。

正式場合 ➡ ❓p.248

・〈店裡〉

客 ：すみません、もっと大きいサイズは<u>ありませんか</u>？（顧客：不好意思，有再大一點的尺寸嗎？）

店員：はい、こちらに<u>ございます</u>。（店員：有的，在這裡。）

名詞可加上「**お**」或「**ご**」使之成為有禮貌的說法。通常和語加上「お」，漢語則加上「ご」。此外，片假名詞彙或是公共機構不用「お」「ご」。不過，也有如以下所示的例外用法。

■ 加「お」「ご」的名詞

		基　本	例　外
和語	お	お名前、お国、お車、お休み、お父さん、お忙しい、おひま、おきれい　　など	ごゆっくり
漢語	ご	ご専門、ご住所、ご協力、ご入学、ご案内　　など	お時間、お勉強、お食事、お料理、お留守、お上手、お電話
片假名詞彙	―	タクシー、メール、ドリンク	おビール、おトイレ
公共機構等	―	大学、図書館、信号、駅、入り口	お出口

和語 ➡ ❓p.247

練習1

■ 請將（ ）的動詞改成尊敬用法來完成句子。

例）先生は黒板に漢字を<u>お書きになりました</u>。（書いた）

　　こちらにお名前を<u>お書きください</u>。（書いてください）

1. スミス先生はいつも日本語で＿＿＿＿＿＿＿＿＿＿＿＿＿＿＿＿＿。（話す）

2. スミス先生は毎日7時に＿＿＿＿＿＿＿＿＿＿＿＿＿＿＿＿。（帰る）

3. スミス先生、コピー機を＿＿＿＿＿＿＿＿＿＿＿＿＿＿。（使いますか）

4. 何かありましたら、こちらの番号に＿＿＿＿＿＿＿＿＿＿＿＿。（連絡してください）

140

5. 資料は後ろにあります。みなさま各自＿＿＿＿＿＿＿＿＿＿＿＿＿＿＿。（取ってください）

6. エレベーターはこちらの奥にございます。

　　よろしければ＿＿＿＿＿＿＿＿＿＿＿＿＿＿＿。（利用してください）

練習2

■ 請將（　　）的動詞改成謙讓用法（「{お/ご} ～ {する/いたす}」）來完成句子。

例）先生にEメールを <u>お送りしました</u>。（送った）

1. 今日決まったことは私から木村さんに＿＿＿＿＿＿＿＿＿＿＿＿＿。（伝えた）

2. 明日、この本を田中先生に＿＿＿＿＿＿＿＿＿＿＿＿＿＿＿＿。（返す）

3. 昨日、東京でとった写真を先生に＿＿＿＿＿＿＿＿＿＿＿＿＿＿。（見せた）

4. 旅行のスケジュールは来週＿＿＿＿＿＿＿＿＿＿＿＿＿＿＿＿。（知らせる）

5. 調査した内容について、私から＿＿＿＿＿＿＿＿＿＿＿＿＿＿。（報告する）

6. 〈演講會場〉

　　まず、今回の講師の先生を＿＿＿＿＿＿＿＿＿＿＿＿＿＿＿。（紹介する）

7. 何か必要な物がありましたら、おっしゃってください。

　　こちらで＿＿＿＿＿＿＿＿＿＿＿＿＿＿＿＿＿＿。（用意する）

練習3

■ 請在下面的詞彙前加上「お」或「ご」來改成禮貌用法。

1. 今日は、みなさんに大切な（　　）知らせがあります。

2. ここに必要事項を記入してください。まず、（　　）名前、（　　）年、（　　）ところ、です。

　　（　　）住所はアパート名までお願いします。

　　それから、（　　）職業もよろしければお書くください。

　　何かありましたら、こちらから（　　）連絡します。

3. 〈委託問卷調查時〉

あの、(　)忙しいところすみません。ちょっと(　)時間よろしいでしょうか。

…以上ですが、何か(　)質問はありますでしょうか。

…これで、アンケートは終わりです。(　)協力ありがとうございました。

4. 来週のパーティーに(　)招待したいんですが、(　)都合はいかがですか。

5. 今日は、パーティーに(　)招きいただき、ありがとうございます。

6. (　)料理が(　)上手ですね。どれもとてもおいしいです。

いつも(　)食事は、(　)自分でお作りになるんですか。

7. (　)兄弟は何人いらっしゃるんですか？

8. 今後とも、(　)指導のほど、よろしくお願いいたします。

① 表示尊敬的「れる・られる」

相較於特殊形或是「お／ご～になる」「お／ご～する」，其表達的敬意程度較低。形態和被動句相同（請參照 p.203）。

・この意見について、鈴木さんはどう思われますか。（關於這個意見，鈴木先生您有什麼看法嗎？）

・中村さんは、普段、お酒を飲まれますか。（中村先生，您平常喝酒嗎？）

② 使用尊敬用法時的注意事項

尊敬用法包含了幾種不同的種類，如果在同一個句子裡使用兩種以上敬語就會過度。我們稱之為「雙重敬語」（現在為了表示更有禮貌，有時會在對話中使用，不過這樣的用法其實是錯誤的）。

　　[○] 社長は今、お客様と話していらっしゃいます。（社長目前正在和客人談話。）

　　[○] 社長は今、お客様とお話しになっています。（社長目前正在和客人談話。）

　　[○] 社長は今、お客様と話されています。（社長目前正在和客人談話。）

　　[×] 社長は今、お客様とお話しになっていらっしゃいます。

　　[×] 社長は今、お客様と話されていらっしゃいます。

雙重敬語 ➔ p.249

③「內」與「外」的觀點

說話者和「外」人說話時，表示家人對於「外」人的行為時會用謙讓的表現，這是因為家人屬於「內」，而其他人屬於「外」的緣故。

「內」與「外」➡️❓p.245

〈學生跟老師說明媽媽的行動〉

・５時ごろ、母がそちらに<u>うかがいます</u>のでよろしくお<u>願</u>いいたします。

（五點左右，家母將會前往拜訪，麻煩老師了。）

在公司等等的組織裡，和其他公司的人（外）對話時，就算是說到自己公司的老闆或是上司（內）的行動時，也不能用尊敬用法，應該要用謙讓用法來表達。另外，「社長」等職位或是「～さん」等敬稱也必須省略。

・Ａ（他社の人）　：斉藤<u>社長</u>に<u>お会いしたい</u>んですが。（Ａ（其他公司的人）：我想會見齊藤社長。）

　Ｂ（斉藤の部下）：<u>斉藤</u>はただいま外出して<u>おります</u>。（Ｂ（齊藤的部下）：齊藤不巧外出了。）

　　　　　　　　　（※ 不是「斉藤社長」而是「斉藤」）

・詳しい内容に関しましては、のちほど部長の<u>鈴木</u>から<u>ご連絡いたします</u>。

（關於詳細內容，稍後部長的鈴木會與您連繫。）

④ 用來對對方提出建議

對對方提議由自己來做某件事時，用謙讓用法的「{お／ご}～{する／いたす}」。如果用「～てさしあげる」來表示為對方做的動作，意思會變成「這是特別為你做的」，會讓人感覺將恩惠強加於對方，因而導致失禮。

〈跟老師說〉

・[×] 荷物を持っ<u>てさしあげます</u>。

　[○] お荷物、<u>お持ちします／お持ちいたします</u>。（行李我來幫您拿。／我來幫您拿行李。）

⑤ 用來確認長輩或上司的動作行為

對於長輩或上司有所請求時，用來確認對方「是否已經完成」該請求的內容，如果以長輩或上司為主語用尊敬用法來表達的話，會顯得不得體。這時必須以自己為主語的「～していただく」，例如「～していただけましたか」。另外，也可以選擇直接省略。

主語➡️❓p.248

・[×] 先週お<u>願</u>いした<u>推薦状</u>ですが、<u>お書きになりましたか</u>。

　[○] 先週お願いした推薦状なんですが、<u>書いていただけましたでしょうか</u>。

（關於上週拜託您的推薦函，請問您寫好了嗎？）

　[○] 先週お願いした推薦状なんですが…。（關於上週拜託您的推薦函…。）

此外，跟長輩或上司確認「是否想做」某件事時，不能用「お～になりたいですか」，這時要用「～ますか」來確認。

・[×] 先生、この<u>雑誌</u>を<u>お読みになりたいですか</u>。

　[○] 先生、この雑誌を<u>お読みになりますか</u>。（老師，您要看這本雜誌嗎？）

練習4

■ 請從 a. ～ d. 之中，選出最適合的答案。

1. その仕事については私から（　　　）。

a. ご説明なさいます　　b. ご説明になります　　c. ご説明いたします　　d. ご説明ございます

2. 〈學姊 A 借書給學妹 B〉

A：これ、まえ言ってた本。どうぞ。でも、今使ってるから早めに返してね。

B：はい、分かりました。週末読んで、来週の月曜日には（　　　）ます。

a. お返し　　　b. お返しし　　　c. お返しられ　　　d. お返しになり

3. みなさん、どうぞお（　　　）ください。会議を始めます。

a. 座って　　　b. 座り　　　c. 座る　　　d. 座りて

4. 〈在 A 大學〉

学外の人　　：すみません、講堂はどこでしょうか。

A 大学の人：すぐそこですので、（　　　）。

a. ご案内です　　　b. ご案内ます　　　c. ご案内します　　　d. ご案内になります

5. 学生 A：田中さん、スミス先生はまだ研究室にいらっしゃいますか。

　　学生 B：先生はもう（　　　）よ。

a. お帰りいたしました　　b. お帰りにしました　　c. お帰りされました　　d. お帰りになりました

6. 先生、この資料をあさってまでお借り（　　　）よろしいでしょうか。

a. されても　　b. しても　　c. なさっても　　d. くださっても

7. お宅に帰られたら、ご家族のみなさまによろしく（　　　）ください。

a. お伝え　　　b. 申して　　　c. おたずね　　　d. 言われて

8. お預かりしている荷物は、私が来週お届け（　　　）。

a. くださいます　　　b. なさいます　　　c. ございます　　　d. いたします

造句

■ 請使用本課學習內容（尊敬用法・謙讓用法・禮貌用法）來完成下列各句。第1題請用（　）中的動詞。第4題請選擇（　）中的「お」或「ご」。

1. 先輩　：ジョンさん、昨日のパーティーの会費、もらったっけ？
   ジョン：あ、まだでした。すみません。今、（支払う）＿＿＿＿＿＿＿＿＿＿＿。

2. 田中：このケーキ、手作りなんです。よかったらどうぞ。
   中村：わあ！これ、田中さんが＿＿＿＿＿＿＿＿＿＿＿んですか。

3. 〈顧客剛走進餐廳〉
   店員：いらっしゃいませ。お客様、コートはこちらで＿＿＿＿＿＿＿＿＿＿＿。
   客　：あ、ありがとうございます。

4. 〈在旅行社〉
   係りの人：（お・ご）旅行の（お・ご）申し込みですか。
   　　　　こちらに（お・ご）名前と（お・ご）住所を＿＿＿＿＿＿＿＿＿＿＿。

5. 〈在電梯裡〉
   次は3階、婦人服売り場＿＿＿＿＿＿＿＿＿＿＿。

6. 〈車站的廣播〉
   駅員：電車がまいります。線の内側まで＿＿＿＿＿＿＿＿＿＿＿。

7. A：主人は、週末も仕事でうちにいないんです。
   B：え、ご主人は、週末も＿＿＿＿＿＿＿＿＿＿＿。

8. A：次回の会議について、日にちが決まりましたらすぐ＿＿＿＿＿＿＿＿＿＿＿。
   B：わかりました。お願いします。

145

改錯

■ 在下面的句子中有錯誤的用法。請在錯誤的地方畫上_____，並寫出正確用法。

1. 先輩：昨日、何したの？

   後輩：昨日は、一日中、小説をお読みしました。

2. こちら割引チケットです。ご自由にお取りしてください。

3. 〈老師的研究室（已經去了許多次）〉

   学生：失礼します。先生、リンと申します。

4. 学生：先生、昨日メールをお送りしたんですが、ご確認なさいましたか。

5. 学生：先生、この雑誌をご覧になりたいですか。よろしかったら、どうぞ。

6. 学生：先生、何をご覧になっていらっしゃるんですか。

在這篇文章裡，使用著本課的學習內容（尊敬用法・謙讓用法・禮貌用法）。閱讀文章時，請試著思考其使用方式及意思。

オンラインでのご予約の流れ
[お申し込み方法について]
ご希望のコースのお見積もり後、「オンライン申込み」へおすすみください。
お申込フォーム「お客様情報」にご入力頂き、お支払い方法をご選択ください。
なお、お申込フォーム「お客様情報」のご入力はツアー確保ではございません。正式な回答メールをお待ち下さい。
オプショナルの時間帯選択があるものや、バス等乗車場所の選択がある場合は、要望欄へのご記入をお願い致します。
お申し込みのご登録完了後、受付完了の確認メールが届きますので、内容にお間違いないか今一度ご確認ください。
確認メールが届かない場合は、ご登録が完了していないか、ご登録のメールアドレスが間違っている可能性もございますので、お問い合わせください。

H.I.S. WEB サイト首都圏版「国内旅行のご案内・ご注意とご予約の流れ」より
http://www.his-j.com/kokunai/kanto/nagare.htm　2013.2.21

オンライン：網上, 線上
流れ：流程
見積もり：估價
入力：輸入
確保：確保
オプショナル：任意的, 自由選擇的
時間帯：時段
要望欄：需求欄
登録：註冊
受付：受理
問い合わせる：查詢, 詢問

結束・對話

　　私はフランス料理のレストランでアルバイトしています。お客様は、はじめ、ナイフとフォークをお使いになっていましたが、おはしを貸してほしいと言われたので、おはしをお渡ししました。お客様は喜んでくださいました。私にとっては、おはしの使い方のほうが難しいです。文化によって食べ方も違うのでおもしろいと思いました。

16 否定相關句型

開始・對話

在以下情境中,兩人之間會出現什麼樣的對話呢?請在____填入適當的詞彙來完成對話。

①なかなか日本人の友だちができないんですけど…。

②そんなに心配する
a._____。

③どうすれば友だちが作れるでしょうか。

④サークルに参加してみたらどうですか。

先生／私

這一課的句型詞彙

否定表現 「～とは限らない／～とも限らない」「～とは言えない／～とも言えない」
「～ことはない／～こともない」「～ないことはない／～ないこともない」

確 認

【何謂否定相關句型】

○ **完全否定**…在動詞、イ形容詞、ナ形容詞、名詞加上「ない」,來表示否定的意思。　　完全否定 ➔ p.250

・明日は大学に行か<u>ない</u>。(明天不去學校。)
・今日は暑く<u>ない</u>。(今天不熱。)
・私は日本人では<u>ない</u>。(我不是日本人。)

部分否定 ➔ p.244

○ **部分否定**…在動詞、イ形容詞、ナ形容詞、名詞加上「ない」,來表示否定一部分而非全部。意思是「有可能不～」,或是可能性很低。

・勉強したからといって試験に<u>受かる</u>とは<u>限らない</u>。(雖說認真讀書了,但不見得就一定會通過考試。)
(＝有可能考不上)

・勉強したからといって試験に<u>落ちない</u>とは限らない。(雖說認真讀書了,但不見得就一定不會落榜。)
(＝有可能落榜)

148

（1）～とは限らない／～とも限らない

① 並非「100%都是這樣」，無法說「總是這樣」，表示「也會有不是這樣的情況發生」的意思。

・カラオケが好きだからといって、必ずしも歌が上手だとは限りません。（雖說喜歡卡拉OK，但未必就表示很會唱歌。）
（←雖然覺得喜歡卡拉OK的人應該都很會唱歌，但也有不是這樣的人。）

・ダイエットするからといって、必ずやせるとも限らない。（雖說要節食瘦身，但也未必就會變瘦。）
（←雖然覺得只要節食應該就會變瘦，但也是有人瘦不下來。）

動詞／イ形容詞 ナ形容詞／名詞	的ナイ形	＋	とは限らない とも限らない

ナイ形 ➡ 凡例

② 並非「100%不是這樣」，無法說「經常不是這樣」，表示「也會有這樣的情況發生」的意思。

・お酒を飲まないからといって、お酒が好きじゃないとも限らない。（雖說不喝酒，但不一定就表示不喜歡酒。）
（←雖然覺得不喝酒的人應該都不喜歡酒，但也有可能並非如此。）

> ➡功能　……〈忠告〉
>
> **得到預期結果的可能性低。**
> ・初めての実験なので、万全の準備をしても成功するとは限らない。
> 　（←成功的可能性低）　　　（因為是第一次做實驗，所以即使有萬全準備，也未必一定會成功。）
>
> **有可能結果是不理想的。**
> ・このまま勉強しないで遊び続けたら、落ちないとも限らないよ。
> 　（←有可能會落榜）　　　（如果這樣不讀書一直玩下去的話，不見得就不會落榜喔！）

（2）～とは言えない／～とも言えない

① 用來表示因為根據不明確，所以無法明確的斷定。

・このままがんばれば、あの大学には入れると思うけど、100 パーセント大丈夫だとは言えない。
（←也有可能會考不上）　（如果一直持續努力的話，我想應該能考上那所大學，但也不敢說100%沒問題。）

・先輩：この試合は勝つ自信、あるよね。（學長：有信心贏得這場比賽吧！）
　後輩：絶対勝てるとは言えませんが、最善を尽くします。（學弟：雖然不敢說絕對會贏，但我會盡全力去爭取的。）
　　　　（←有可能不會贏）

149

$$\begin{bmatrix} 動詞／イ形容詞 \\ ナ形容詞／名詞 \end{bmatrix} 的ナイ形 + \begin{cases} とは言えない \\ とも言えない \end{cases}$$

② 類似「～かもしれない」、「～の可能性がある」，表示雖然希望不大，但還是有可能的。

・いくら運転が上手でも、絶対事故を起こさないとは言えない。（就算開車技術再好，也不能說絕對不會發生意外。）
（←有一點發生意外的可能性）

・今回のトラブルについて彼に責任がないとは言えない。（關於這次的問題，不能說他沒有責任。）
（←有點責任）

> **➡功能** ……〈客氣〉〈顧慮〉
>
> **用在不想明確表達自己的意見，或是不想完全否定對方的意見時。**
>
> A：日本に来たばかりだから、大変でしょう。（你才剛來日本，應該很辛苦吧？）
> B：そうですね。大変じゃないとは言えませんが、少し慣れてきました。
> 　　（←有點辛苦）　　　　　（嗯，雖然不能說完全不辛苦，不過已經慢慢習慣了。）

（3）～ことはない／～こともない

こと ➡第4課

「～ことはない」和「～とは限らない」「～とは言えない」不同，意思會因為前面所接的動詞是辭書形還是ナイ形而有所改變。

$$動詞的辭書形 + \begin{cases} ことはない \\ こともない \end{cases}$$

意思是「沒有那個必要」、「不做～也可以」。

・このくらいの雨なら、かさをさすことはないだろう。（下這一點雨，不需要撐傘吧！）

・電話で済むことだから、わざわざ事務室まで行くことはないかもしれないなあ。

（這是打電話就能解決的事，或許不用特地跑一趟辦公室。）

表示對對方輕微的命令或忠告。

・1回失敗したくらいで泣くことはないでしょう。（才失敗一次，不需要哭吧！）
（←請不要哭）

> **➡功能** ……〈建議〉
>
> **也可以用來建議擔心著「應該必須～吧！」的人「沒那個必要」「不需要擔心成那樣」。**
>
> A：この仕事は今日中に終わらなければなりませんか。（這項工作一定要在今天完成嗎？）
> B：いいえ、今週中に終わればいいので、無理することはありませんよ。
> 　　（←今天沒完成也沒關係，所以不需要勉強。）　　（不用，這禮拜完成就可以了，不需要勉強喔！）

（４）～ないことはない／～ないこともない

$$\boxed{\begin{array}{c}\text{動詞／イ形容詞}\\\text{ナ形容詞}\end{array}}\text{的ナイ形} + \begin{cases}\text{ことはない}\\\text{こともない}\end{cases}$$

意思是「有時候做～」「稍微做～」「也可以說是～」。用來表示不想斷定的表達意見。

・映画館へ行かないこともないけど、最近は家で DVD を見ることが多い。

（←偶爾會去電影院）　　　　　　　　　　　　　　　（雖然也不是都不去電影院，不過最近比較常在家看 DVD。）

➡功能 ……〈謙虛〉

用在不想否定對方，或是對於自己的能力表示謙虛的態度時。

・Ａ：田中さんの意見はどうでしょうか。（覺得田中先生的意見如何呢？）

　Ｂ：田中さんが言いたいことは分からないこともないんですが、データをもう少し検討してみたら
　　　どうでしょうか。（我並不是無法理解田中先生想表達的，但再稍微研究一下數據應該會比較好吧！）
　　　（←理解是理解）

・英語は、話せないこともないけど、上手ではない。（英文並不是不會說，但就是講得不太好。）

　（←稍微會說）

練習1

■ 請從 a. 和 b. 之間選出適當的用法。

1. 適度な運動は必要だが、やり方を間違えれば、必ずしも体に（　　）とは限らない。

　a. いい　　　　b. よくない

2. 彼はお酒を（　　）こともないが、あまり好きじゃないそうです。

　a. 飲む　　　　b. 飲まない

3. お金持ちだからといってみんなが幸せだ（　　）。

　a. ではありません　　　　b. とは言えません

4. いつでも車で行くほうが歩くより（　　）とは限らない。

　a. 速い　　　　b. 遅い

5. まったくスーツを（　　）こともないですが、ふだんはジーンズに T シャツが多いです。

　a. 着る　　　　b. 着ない

6. たとえ彼から連絡がなくても、彼が無事じゃない（　　）。山小屋で休憩しているかもしれません
　よ。

　a. とは限りません　　　　b. ことはない

151

7. 1回失敗したぐらいで、がっかりする（　　）ですよ。「失敗は成功のもと」と言うじゃないですか。

　　a. ことはない　　　　b. とは言えない

8. その仕事は今月中に終わればいいので、（　　）ことはありませんよ。

　　a. 無理する　　　　b. 無理しない

9. 日本に長くいるからといってみんな日本語が上手に（　　）。

　　a. なるとは限らない　　　b. ならない

10. 答えを間違えたからといって、そんなにはずかしがる（　　）ですよ。

　　a. とは言えない　　　　b. ことはない

① 和「〜とは限らない」「〜と言えない」一起使用的詞彙句型

　　∞「〜(だ)からといって」「〜ても／でも」

・一生懸命勉強したからといって、必ずいい点が取れるとは限らない。

（雖然説已經非常用功讀書了，但也未必就能得到好成績。）

・日本人でも、みんなが日本のことをよく知っているとは言えない。

（即使是日本人，也不能説每個人都非常了解日本。）

　　∞「必ずしも」「常に」「いつも」「誰でも」「何でも」等副詞

・大学を出ても必ずしもいい仕事が見つかるとは限らない。（就算大學畢業也未必能找到好的工作。）

・新聞に書いてあることがいつも真実だとは言えない。（不能説報紙上寫的内容都是真相事實。）

② 「〜ないことはない」的類似表現

　　「〜なくもない」可以用來表示和「〜ないことはない」相同的意思。

・フランス語はできなくもないけど、しばらく使っていないから、忘れているかもしれません。

（我並不是不會法文，但因為有一陣子沒用了，有可能已經忘了。）

③ 「〜ことはない」的用法

　　「〜ことはない」用來表示「不需要做〜」時，常以「わざわざ〜ことはない」的形式出現。

・外は寒いんだから、わざわざ駅まで迎えに来ることはないですよ。（外面很冷，所以不需要特地來車站接我喔！）

・電話で連絡すればいいことを、わざわざ会いに行くことはないですよ。

（用電話聯絡就可以解決的事，不需要特地跑去見面喔！）

有時候會用來責備對方，這時多以「**なにも {あんなに／そんなに} ～ことはない**」的形式來表達。

· 漢字の書き方を間違えたくらいで、<u>なにもそんなに笑うことはない</u>。

（我也不過是把漢字的寫法弄錯而已，不需要笑成那樣吧！）

· あなたの気持ちも分かるけど、みんなの前で<u>あんなに怒ることはない</u>でしょう。

（你的心情我可以理解，但沒必要在大家面前生那麼大的氣吧！）

· 5分遅刻しただけで、<u>なにも怒ることはない</u>。（才遲到5分鐘，沒必要生氣吧！）

④「**～とは言えない**」的用法

「**～とは言えない**」除了有無法斷言的意思之外，也可以用來表示「無法認同～」，這時不能用「**～とは限らない**」。

· このレベルでは、とても<u>プロとは言えない</u>。（這樣的水準，真的不能說是專業。）

（←無法認同是專業）

· この字はとても大学生が書いた<u>字とは言えない</u>。（真不敢說這個字是大學生所寫的字。）

（←字很潦草）

練習2

■ 請從 a. ～ d. 之中，選出最適合的答案。

1. 多数意見だからといって、それがいつも（　　）とは限りません。

　　a. 悪い　　　b. よくない　　　c. 正しい　　　d. 間違い

2. 両親にメールを（　　）こともないんですが、電話のほうが多いんです。

　　a. 書く　　　b. 書かない　　　c. 書かなかった　　　d. 書いた

3. 彼女を知らない（　　）が、そんなに親しくありません。

　　a. とは限りません　　　b. とは限れません　　　c. こともありません　　　d. ことがあります

4. 急げば5時の電車に間に合わない（　　）けど、あわてるのもいやだし、その次の電車に乗ります。

　　a. ことはない　　　b. こともある　　　c. ことがない　　　d. ことがなかった

5. 一生懸命勉強したからといって（　　）この大学に合格できるとは限りません。

　　a. 誰でも　　　b. いつも　　　c. 何でも　　　d. 誰も

6. 日本は安全な国だからといって（　　）とは言えない。

　　a. 危ない　　　b. 危なくない　　　c. 無事だ　　　d. 無事じゃない

7. このくらいの故障は修理すればまた直るから、新しいのを買う（　　）。

　　a. とは限らない　　　b. とは言えない　　　c. ことはない　　　d. のもない

8. 駅から家まで10分しかかからないんだから、（　　）迎えに来ることはないですよ。

   a. わざわざ　　　　b. わざと　　　　c. いつでも　　　　d. 誰でも

9. 外国人だからといって、日本語が（　　）。

   a. 話さないとは限らない　　　　b. 話せないとは限らない

   c. 話さないこともない　　　　d. 話せるとは言えない

10.A：このズボン、もう捨てようかと思ってるんだけど。

   B：まだはけるんだから、（　　）よ。はかないなら、私にゆずってくれる？

   a. 捨てるとは言えない　　　　b. 捨てるとは限らない

   c. 捨てないことはない　　　　d. 捨てることはない

✐ 造句

■ 請使用本課學習内容（否定相關句型）來完成下列各句。

1. 私は＿＿＿＿＿＿＿＿＿＿＿＿＿＿こともないんですが、外食することが多いです。

2. このまま地球温暖化が進むと、＿＿＿＿＿＿＿＿＿＿＿＿＿＿＿＿＿＿。

3. 平日の新幹線はすいているから、＿＿＿＿＿＿＿＿＿＿＿＿＿＿＿＿。

4. ＿＿＿＿＿＿＿＿＿＿＿＿＿＿＿＿＿＿＿＿、試験に合格するとは限りません。

5. 彼は立派な人ですが、＿＿＿＿＿＿＿＿＿＿＿＿＿＿＿＿＿＿＿。

6. A：仕事が忙しくて、デートもできないんじゃないですか。

   B：忙しいのは忙しいんですが、＿＿＿＿＿＿＿＿＿＿＿＿こともありません。

7. 日本での生活は a.＿＿＿＿＿＿＿＿＿が、b.＿＿＿＿＿＿＿＿＿＿こともない。

8. a.＿＿＿＿＿＿＿＿＿（だ）から、わざわざ b.＿＿＿＿＿＿＿＿＿＿＿＿＿。

9. 留学生だからといって＿＿＿＿＿＿＿＿＿＿＿＿＿＿＿＿＿＿＿＿。

10. 料理が作れないからといって、＿＿＿＿＿＿＿＿＿＿＿＿＿＿＿＿＿＿。

154

◆■改 錯

■ 在下面的句子中有錯誤的用法。請在錯誤的地方畫上＿＿＿＿＿＿，並寫出正確用法。

1. みんな大きい会社に就職したいと思っているけど、「大きい会社がいい会社」ではない。

2. A：この靴下、もう古いからはけないですね。

   B：大丈夫ですよ。まだやぶれていないから、はきますよ。

3. いい大学を出ても、いい仕事を見つけない。

4. A：今日は雨が降っているから、自転車には乗らないほうがいいんじゃない？

   B：大丈夫だよ。慣れてるから。

   A：でも、絶対転ばないんじゃないし。気をつけてね。

5. A：ピーマンだけ残していますね。食べられないんですか。

   B：食べられないじゃないですが、あまり好きじゃないんです。

找到例句了！

在這篇文章裡，使用著本課的學習內容（否定相關句型）。閱讀文章時，請試著思考其使用方式及意思。

今回は、話し言葉でよく使ってしまう表現「～ないこともない」「～ないとも限らない」といった二重否定を取り上げます。これを文章で用いると、話し言葉の場合と同様に意味が曖昧になり、誤解のもとになってしまいます。

どこが問題？

> ・その条件でその価格なら、譲歩しないこともない。
>
> ・それなら、まだ刷り直しできないこともない。
>
> ・メンバーに彼が入るなら、課長も参加しないこともない。

ここが問題！二重否定を使っているので文意が曖昧になる

否定を否定することによって、「消極的な肯定」の意味になります。はっきりした言い方がしにくい場合に、このような表現を用いてしまいます。曖昧な表現を好む、日本の文化特性が原因にあると考えられます。

これで解決！二重否定は肯定表現に変える

「～ないこともない」などの二重否定表現は、「～だろう」「～かもしれない」などの肯定表現に変えましょう。

安田正「ITPro 悪文と良文から学ぶロジカル・ライティング 二重否定を避ける」より
http://itpro.nikkeibp.co.jp/article/COLUMN/20110414/359422/（2011.4.21）

雙重否定 → ? p.249

取り上げる：提出，採納
用いる：使用

口語 → ? p.246

同様に：同様的
曖昧：曖昧，含糊
誤解：誤解
もと：來源，根源
譲歩する：譲歩
刷り直す：重新印刷
文意：句子的意思
消極的な：消極的
特性：特性，特點

結束・對話

私は今年の４月に日本に来たばかりだ。まだ日本人の友だちがいないので、先生に相談した。先生に「なかなか日本人の友だちができないんですけど」と私の悩みを話した。先生はあまり心配することはないとおっしゃった。それから、サークルに参加したら友だちができるかもしれないとアドバイスしてくださった。今度、大学のサークルに参加してみることにした。早く日本人の友だちができたらいいなあ。

串聯句子和句子的詞彙②
《追加》《比較》

接下來要介紹的串聯句子和句子的詞彙，是將後面的內容追加到前面的內容的詞彙，以及比較前者和後者的詞彙。

《追加》

①「それから」「そして」用來串聯時間上連續發生的事情。
②「それに」「しかも」「さらに」「なお」「また」用來表示追加或補充說明。

〈例〉・今日は先にお風呂に入りました。それから、晩ご飯を作って食べました。
（今天先洗了澡。接著，煮了晚餐來吃。）

・図書館へ行って、借りていた本を返しました。そして、別の小説を借りました。
（去圖書館，把借來的書還了。然後，借了別本小説。）

・彼は仕事もよくできる。それに、性格もよくて、みんなに人気がある。
（他在工作上表現出色，再加上個性也很好，所以很受大家歡迎。）

・この本はおもしろい。しかも、絵が多くて、とても読みやすい。
（這本書很有趣。而且，圖片多，非常容易閱讀。）

《比較》

「それに対して」「一方」「他方」「その反面」用來表示將前者和後者做比較，並描述各自的特徵。

〈例〉・初めて会ったとき、日本人はおじぎをする。それに対して、欧米人は握手をする。
（第一次見面時，日本人會敬禮。相對而言，歐美人則是握手。）

・2月、沖縄では桜の花が咲く。一方、北海道ではまだ雪が降る。
（2月沖繩會開滿櫻花。然而，北海道則還在下雪。）

■ 請從①〜③選出適當的詞彙，填入（　　）中。

①しかも　　②一方　　③そして

ある企業が日米の学生に学習時間に関する面接調査を行った。その結果、日本人学生が大学の授業に出ている時間は1日平均4.4時間、(a.　　　)、自分で勉強する時間は1日わずか2時間ぐらいである、ということがわかった。(b.　　　)、まったく勉強しない学生も3人に1人はいるそうだ。(c.　　　)で、アメリカの学生は1日平均7.7時間授業に出ており、1日に平均5時間以上勉強する学生が4割以上もいるという。すなわち、平均すると日本人学生はアメリカ人学生の半分程度の時間しか勉強していないということになる。

企業：企業　　面接調査：面對面調査　　平均：平均　　わずか：僅,才　　足らず：不足　　以上：以上

17 假定條件句型

開始・對話

在以下情境中,兩人之間會出現什麼樣的對話呢?請在＿＿填入適當的詞彙來完成對話。

① 田中さん、来週締め切りの国際関係論のレポート、どんな本を a.＿＿＿＿いいかな。何かいい本が b.＿＿＿＿紹介してもらえないかな。

② あ、国際関係論に関する本 c.＿＿＿＿、これがいいよ。読んでみて。ぼくも使うから、d.＿＿＿＿、すぐ返してね。

③ 本当に助かるよ。じゃ、e.＿＿＿＿すぐに返すね。ありがとう。

這一課的句型詞彙

假定條件句型 「X ば Y」「X たら Y」「X と Y」「X なら Y」

確認

【何謂假定條件句型】

- 用來表示兩件事之間的因果關係,或是表示**前件(X)**為**後件(Y)**成立的條件。
- 可分為預測事情的發生[**假定**]（「と」「ば」「たら」「なら」）及實際發生的事情[**事實**]（「と」「たら」）。

前件 ➡ ❓ p.247

後件 ➡ ❓ p.246

158

（1）X ば Y

動詞／イ形容詞 ナ形容詞／名詞	ば（バ形）	表示說話者判斷的內容居多
X		Y

バ形 ➡凡例

意思是「如果 X 成立，那麼 Y 就會發生。如果 X 不成立，那麼 Y 就不會發生」。Y 的內容多為說話者所下的判斷。

・走れば、9時のバスに間に合う。（用跑的話，可以趕上9點的公車。）

（＝走らなければ、9時のバスに間に合わない。）（＝不跑的話，就趕不上9點的公車。）

・一生懸命、練習すれば、上手になりますよ。（努力練習就會進步喔！）

（＝一生懸命、練習しなければ、上手にならない。）（＝不努力練習的話就不會進步。）

〔假定〕

如果以 X 作為假定的條件（X 是否會成立並未確定），Y 則表示預測得到的結果（目標、期待的結果）。

X 假定的條件（〜ば）	Y 予測的結果（目標、期待的結果）
お母さんに正直に話せば（如果跟媽媽坦承的話）	許してくれるかもしれません。（或許媽媽會原諒。）
毎日、勉強すれば（如果每天用功讀書的話）	日本語が上手になりますよ。（日文會進步喔！）
3時すぎに来れば（如果3點過後來的話）	先生に会えると思います。（我想應該可以見到老師。）
値段が安ければ（如果價錢便宜的話）	買いたいです。（我想買。）

X 以「疑問詞＋〜ば」的形式，來詢問 Y 成立的條件。

疑問詞 ➡ p.250

X 假定（疑問詞＋〜ば）	Y 成立的事情
どうすれば（該怎麼做）	日本語が上手になるでしょうか。（日文才會變好呢？）
誰に頼めば（要拜託誰）	この仕事を手伝ってもらえるでしょうか。（這項工作才能得到協助呢？）
どんなプレゼントを買えば（要買怎樣的禮物）	彼女が喜ぶでしょうか。（她才會開心呢？）
何時に来れば（幾點過來）	先生に会えるでしょうか。（才能見到老師呢？）

（2）X たら Y

動詞／イ形容詞 ナ形容詞／名詞	的夕形＋ら
X	Y

表示「做完 X 之後，做 Y（得到結果 Y）」。

・宿題が終わったらおやつにしましょう。（作業完成後來吃點心吧！）

・彼から連絡が来たら、すぐ知らせてください。（如果有他的消息，請立刻通知我。）

159

〔假定〕

當 X 表示條件時，Y 為可能發生的必然結果（好的結果、壞的結果）。如果 X 為早已發生的事，或者是以事情的發生作為前提，會以 Y 來表示在其後所得到的結果。

X 假定（～たら）	Y 有可能發生的（好的／壞的）結果
痛み止めを飲んだら（吃下止痛藥的話）	頭痛が治ると思います。（我覺得可以舒緩頭痛。）
テストの結果が悪かったら（如果考試成績不理想的話）	単位がもらえないかもしれません。（可能會拿不到學分。）
そんなに甘いものばかり食べていたら（如果那樣一直吃甜食的話）	太りますよ。（會發胖喔！）
明日、都合がよかったら（明天如果時間方便的話）	パーティーに参加してください。（請來參加宴會。）

X 以「疑問詞＋～たら」的形式來詢問 Y 的成立條件或是狀況。

X 假定（疑問詞＋～たら）	Y 成立的事情
どうしたら（要怎麼做）	もっと日本語が上手になるでしょうか。（日文才會變得更好呢？）
どこに行ったら（要去哪裡）	田中さんに会えるでしょうか。（才能見到田中小姐呢？）
いつになったら（要到什麼時後）	桜の花が咲きますか。（櫻花才會開呢？）

不只 X，Y 也可以用疑問詞來表示。可以在 Y 用疑問詞來詢問 X 之後會發生什麼事情，或是該怎麼做。

X 假定（～たら）	Y （關於 X 的結果的問題）
宝くじに当たったら（如果中頭彩的話）	何をしますか。（你要做什麼呢？）
もし地震が起きたら（如果發生地震的話）	どこへ避難したらいいでしょうか。（該去哪裡避難呢？）
もし試験に合格したら（如果通過考試的話）	誰に一番先に報告しますか。（你會最先跟誰報喜呢？）

〔事實〕

如果 Y 的意思是存在、過去所發生的事實或是發現，「X たら Y」用來說明事實。可以改成「X と」的句型，但不能用「X ば」「X なら」。

X （～たら）	Y 存在、過去的事實、發現
その角を曲がったら（在那個路口轉彎後） ＝曲がると	信号がありますよ。〈存在〉（會有一個紅綠燈喔！）
先生にメールを書いたら（寫電子郵件給老師後） ＝書くと	すぐ返事が来て嬉しかった。〈過去的事實〉 （立刻收到了回信，真開心。）
図書館に行ったら（去圖書館後） ＝行くと	田中君も来ていたので一緒に勉強した。〈發現〉 （發現田中也來了，所以就一起讀書。）

（３）X と Y

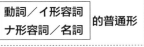

※ X 不用過去式。
※ 有時候會用禮貌形。

[假定]

　　X 和 Y 表示一般都會成立的因果關係。當 X 為條件時，Y 表示必然發生的結果（自然的原理、社會的規範）。此外，Y 也能用來表示個人的特徵或順序的說明等。

X 假定（～と）	Y 成立的事情
水を冷やしていくと（如果把水冰起來的話）	0℃で凍り始める。〈自然的原理〉（一達到 0 度就開始結冰。）
日本では 20 歳にならないと（在日本未滿 20 歲）	お酒が飲めません。〈社會的規範〉（不能喝酒。）
このボタンを押しますと（只要按下這個按鈕）	ドアが閉まります。〈順序的說明〉（門就會關上。）
雨だと（只要是雨天）	洗濯物が乾きにくい。〈必然的結果〉（洗好的衣物就會很難乾。）
私はお酒を飲むと（我只要一喝酒）	すぐ顔が赤くなります。〈個人的特徵〉（臉就會變紅）

[事實]

　　當 Y 表示現實狀況的說明、過去的事實或發現，「X と Y」用來說明事實。可以替換為「X たら」，但不能改為「X ば」「X なら」。

X （～と）	Y 狀況的說明、過去的事實、發現
あの角を曲がりますと（在那個路口轉彎後） ＝曲がりましたら	郵便局があります。〈狀況的說明〉（會有一間郵局。）
先生の研究室に行くと（去了老師的研究室後） ＝行ったら	田中先輩が私を待っていた。〈過去的事實〉（發現田中學長已經在那裏等我。）
玄関を開けると（一打開玄關的門） ＝開けたら	セールスマンが立っていた。〈發現〉（發現銷售員已經站在那裡了。）

17 假定條件句型

(4) X なら Y

※想要強調假定的意思時用「のなら」。

〔假定〕

以 Y 來表示實現 X 的前提條件。Y 多為表示義務、請託、建議等句型。動作的順序為 Y → X。

X 假定（～なら）	Y 為了實現 X 的前提（義務、請託、建議）
新幹線に乗るなら（如果是要搭新幹線的話）	乗車券と特急券を買わなければなりません。〈義務〉（一定要買乘車券和特急列車券。）
このコースを受けたいのなら（如果想上這個課程的話）	まず授業を担当する先生と相談してください。〈請託〉（首先請和任課老師商量。）
英語の翻訳なら（如果是英文翻譯的話）	リサさんに頼んだらやってくれると思いますよ。〈建議〉（我覺得拜託麗莎小姐的話，她會幫忙喔！）

在對話當中聽了對方所說的話之後，依據其內容來描述自己的想法。Y 多為表示義務、請託、建議的句型。

X （～なら）	Y 義務、請託、建議
A：彼には本当に申し訳ないと思っているんです。（我真的覺得對他很抱歉。） B：申し訳ないと思っている（の）なら、（如果真的覺得對不起他的話，）	ちゃんと謝るべきです。〈義務〉（就該好好道歉。）
A：たばこをやめたいと思っているんですが、なかなかやめられないんです。（我一直想要戒菸，可是都戒不掉。） B：本気でたばこをやめたい（の）なら、（如果真的有心想要戒菸的話，）	病院で相談してみてください。〈請託〉（可以去醫院諮商看看。）
A：ケーキがおいしいお店、知らない？明日、彼女の誕生日なんだ。（你知道哪裡有好吃的蛋糕店嗎？因為明天是我女朋友的生日。） B：おいしいケーキのお店なら、（如果是好吃的蛋糕店的話，）	駅前の「レモン」がいいんじゃない。〈建議〉（可以去車站前的「Lemon」喔！）

【假定表現用法上的限制】

(1) X ば Y

「X ば Y」… 多用來表示說話者期望的好結果。

→ 如果要表示不是說話者所期望的結果用「X たら Y」。

→ 想要表達逆接的意思時用「～なければ、～ない」。

逆接 ➡ ❓ p.245

162

- ［○］薬を飲めば、治りますよ。（如果吃藥的話就會好喔！）

 ［○］薬を飲まなければ、頭痛は治らないと思いますよ。（如果不吃藥的話，我想頭痛是不會好的喔！）

 ［×］薬を飲めば、眠くなることがあるのでご注意ください。

 →［○］薬を飲んだら、眠くなることがあるのでご注意ください。（吃了藥之後有可能會想睡覺，請小心。）

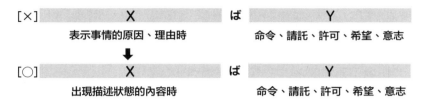

當「Ｘ ば」表示事情的原因、理由時，通常 Y 不能用表示命令、請託、許可、希望、意志的句型。只有「Ｘ ば」出現描述狀態的內容（ある／できる／イ形容詞／ナ形容詞／名詞＋である）時才能使用。

- ［×］ご飯を食べれば、お皿を洗いなさい。

- ［×］宿題が終われば、遊びに行きたいです。

- ［○］これに反対意見があれば、どうぞ言ってください。〈請託〉（如果有人對此持反對意見的話，請踴躍發言。）

- ［○］このワンピース、値段が安ければ買いたい。〈意志〉（如果這件連身裙價格便宜的話，我會想買。）

（2）Ｘ たら Ｙ

	聆聽者的動作		說話者的判斷、希望、建議
［○］	Ｘ〈先做的動作〉	たら	Ｙ〈之後發生的事〉
［×］	Ｘ〈同時發生的事〉	たら	Ｙ〈同時・先做的動作〉
［○］	Ｘ〈同時發生的事〉	なら	Ｙ〈同時・先做的動作〉

主語 ➜ p.248

如果「ＸたらＹ」的主語Ｘ是聆聽者，而Ｙ是表示說話者的判斷、希望、建議等句型時，必須先發生Ｘ之後再發生Ｙ。如果Ｘ和Ｙ同時發生，或是Ｙ為先發生的事，就不能用「ＸたらＹ」，這時要用「Ｘ なら Ｙ」來表達。

- ［○］（あなたが）中国語を勉強したら、一緒に中国に行きたいです。〈希望〉
 （如果你學中文的話，我想和你一起去中國。）

 ［×］（あなたが）中国語を勉強したら、この本がいいですよ。

 →［○］（あなたが）中国語を勉強するなら、この本がいいですよ。〈建議〉（如果你要學中文的話，這本書比較好喔！）

- ［○］（あなたが）ケーキを作ったら、私も食べてみたいです。〈希望〉（如果你做了蛋糕，我也想嚐嚐看。）

 ［×］（あなたが）ケーキを作ったら、お手伝いしたいです。

 →［○］（あなたが）ケーキを作るなら、お手伝いしたいです。〈判斷〉（如果你要做蛋糕的話，我想幫忙。）

(3) X と Y

表示事情的原因、理由		表示希望、意志等句型
[×] X	と	Y
[○] X	たら	Y

如果「X と」表示事情的原因、理由，Y 就不能用表示說話者的希望、意志等句型，這時必須用「X たら」。

- [×] 夏になると、一緒に泳ぎに行きましょう。

  [○] 夏になったら、一緒に泳ぎに行きましょう。（到了夏天我們一起去游泳吧！）

- [×] 台風が来ると、部活を休もう。

  [○] 台風が来たら、部活を休もう。（如果颱風來襲，就不要去參加社團活動了吧！）

(4) X なら Y

過去事情的假定		針對現在的狀況所下的判斷
[×] X	なら	Y
[○] X	タ形＋なら	Y

如果「X なら」是假設過去所發生的事為事實，或描述與現實相反的狀況，說話者在 Y 用「～と思う」「～かもしれない」表示依據現在的狀況所下的判斷時，會用「タ形＋なら」來表示。

- [×] 7時に家を出るなら、もうすぐ到着すると思います。

  [○] 7時に家を出たなら、もうすぐ到着すると思います。（如果是 7 點出門的話，我想應該就快要到了。）

- [×] もっと早く気がついているなら、この事故は防げたかもしれない。

  [○] もっと早く気がついていたなら、この事故は防げたかもしれない。

（如果當時能及早發現的話，或許就能防止這場意外的發生了。）

練習1

■ 請從 a. 和 b. 之間選出適當的用法。

1. A：日本の教育制度について調べたいんですが、何かいい資料はないでしょうか。

   B：この資料を（　　　）、いろいろなことが分かると思いますよ。

   a. 調べば　　　　b. 調べれば

2. 電車は3時に出発しますから、今すぐ（　　　）、間に合いますよ。

   a. 出かければ　　　　b. 出かけなければ

164

3. 値段が（　　）、その店で買うかもしれません。
   a. 安ければ　　　　b. 安いと

4. やり方が分からないときは、誰に（　　）、教えてもらえるんでしょうか。
   a. 聞くなら　　　　b. 聞けば

5. 日曜日にスーパーへ買い物に（　　）、先生に会った。
   a. 行けば　　　　　b. 行ったら

6. 信号が青に（　　）、左右をよく確認して、横断歩道を渡ってください。
   a. 変われば　　　　b. 変わったら

7. A：あのう、すみません。この辺にお手洗い、ありますか。
   B：この道を100メートルぐらいまっすぐ（　　）、右側に小さい公園があります。お手洗いはその公園の中にありますよ。
   a. 行くなら　　　　b. 行くと

8. 私は朝6時に（　　）、いつも自然に目が覚めます。朝、早く起きていますから、朝ご飯もしっかり食べて大学に来ます。
   a. なると　　　　　b. なれば

9. 毎週水曜日はレディースデーですから、女性（　　）誰でも1000円で映画を見ることができます。
   a. であると　　　　b. なら

10. 午後3時から授業があるので教室に行った。しかし、ドアを（　　）、誰もいなかった。掲示板を見ると休講の知らせがはってあった。
    a. 開ければ　　　　b. 開けたら

提升程度

① 不能使用「もし」的情況

如果明確知道假定的內容 X 是會實現的話，假定條件句型就不能和「もし」一起使用。

・［○］もし彼から電話がかかってきたら、今度こそ告白しようと思う。（如果他打電話來的話，這次我一定要跟他告白。）

　［×］もし3時になったら、おやつにしましょう。

② 事實條件

有時候「Xたら Y」「Xと Y」並非表示假定的意思，而是實際發生的事，這時會在 Y 描述實際上所發生的事情。

事實條件 ➡️ ❓ p.249

・ 部屋の中にいるときは気がつかなかったが、外に出たら、雨が降っていた。

（在房間裡都沒有察覺到，結果一出門才發現原來下雨了。）

・ 誕生日の大きなプレゼントの箱を開けると、大きな人形が入っていた。

（一打開生日收到的大禮物盒，發現裡面是好大的娃娃。）

③ 反事實條件

反事實條件 ➡️ ❓ p.244

有時候「Xば Y」「Xたら Y」會表示對於實際沒發生的事的假定，這時 Y 常用「～ところだった」。如果是用來表示說話者後悔懊惱的事，Y 則常出現「夕形＋のに」。

・ もしあの電車に乗っていたら、私も事故に巻き込まれるところだった。

（如果當時搭上那班電車的話，我應該也會被捲入那場事故。）

（→ 實際上，因為沒搭那班電車，所以並沒有捲入那場事故。）

・ もっとお金があれば、友だちと一緒にスキーに行けたのに。〈後悔〉（如果有更多的錢，就可以和朋友一起去滑雪了。）

（→ 實際上，因為沒錢，所以無法去滑雪。）

④ 說話者的建議

在 Y 使用「～たらどうですか」，來表示說話者給對方的建議或是忠告。

・ A：昨日彼女に渡したプレゼント、気に入ってくれたかな。（昨天送給女朋友的禮物，不知道她喜不喜歡。）
　 B：じゃ、彼女に聞いてみたらどう。〈建議〉（那，你可以問問看她呀？）

・ A：顔色が悪いですね。早く帰って休んだらどうですか。〈建議〉（你臉色不太好耶！要不要早點回家休息呢？）
　 B：ありがとうございます。じゃ、そうさせていただきます。（謝謝您。那麼請容我早退。）

⑤ 最低限度條件

表示 Y 成立所需要的最起碼的條件時，會在「Xば Y」前面加上「～さえ」，以「～さえ Xば Y」的形式來表達。

・ あなたさえよければ、彼もパーティーに招待したいんですが、いいですか。

（只要你覺得可以的話，我也想邀請他來參加宴會，可以嗎？）

（→ 只要你一個人贊成的話，我就邀請他來參加宴會。）

・ この間違いさえなければ今回のテストは満点だったのに、悔しい。

（要是沒寫錯這題的話，這次考試就可以拿到滿分了，真不甘心。）

（→ 就只因為這一個錯誤，而沒能得到滿分。）

166

練習2

■ 請從 a.～ d. 之中，選出最適合的答案。

1. 今から少し休みます。1時に（　　）起こしてもらえますか。
   a. なると　　　　b. なれば　　　　c. なったら　　　　d. なるなら

2. チャイムがなって玄関を（　　）、彼が花束を持って立っていたので、びっくりした。
   a. 開いたら　　　b. 開けると　　　c. 開けるなら　　　d. 開ければ

3. あのとき、彼に好きだと告白（　　）、今も一緒にいるかもしれないのに。
   a. すれば　　　　b. すると　　　　c. していたら　　　　d. するなら

4. 休暇が取れたので、お金さえ（　　）旅行できるのに、どこへも行けない。
   a. あると　　　　b. なければ　　　c. あれば　　　　d. あるなら

5. A：どんな本を（　　）、日本語がもっと上手になるのでしょうか。
   B：この本を読んでみたらどうですか。
   a. 読んだら　　　b. 読むなら　　　c. 読むと　　　　d. 読めれば

6. A：北海道を旅行したいんですが、いつがいいでしょうか。
   B：北海道へ（　　）、2月がいいですよ。雪まつりがありますから。
   a. 行けば　　　　b. 行ったら　　　c. 行くと　　　　d. 行くなら

7. 先生：田中さんとなかなか連絡がとれませんね。もし田中さんと（　　）、私の研究室に来るように
   　　　伝えてください。
   中村：はい、分かりました。そう伝えます。
   a. 連絡がとれば　　　b. 連絡がとれたら　　　c. 連絡をとると　　　d. 連絡をとるなら

8. 書道を（　　）、駅前の教室がいいですよ。先生がとても親切ですから。
   a. 習えば　　　　b. 習ったら　　　c. 習うなら　　　d. 習うと

9. 私はいつも好きな人の前に（　　）、緊張して何も話せなくなってしまいます。
   a. 立てれば　　　b. 立てたら　　　c. 立つと　　　　d. 立つなら

10. A：日本人の友だちがほしいんですが、どうしたらいいでしょうか。
    B：部活をやって（　　）どうですか。
    a. みれれば　　　b. みたら　　　c. みると　　　　d. みるなら

✏️ 造句

■ 請使用本課學習內容（假定條件句型）來完成下列各句。

1. この機械を＿＿＿＿＿＿＿＿＿、もっと早く作業が終わるだろうと思います。

2. そんなに甘いものばかり＿＿＿＿＿＿＿＿＿＿、すぐに太ってしまいますよ。

3. バランスのとれた食事を＿＿＿＿＿＿＿＿＿＿、病気になってしまいますよ。

4. この仕事にそんなに文句が a.＿＿＿＿＿、b.＿＿＿＿＿ほうがいいと思います。

5. このボタンを押すと、＿＿＿＿＿＿＿＿＿＿、気をつけてくださいね。

6. ＿＿＿＿＿＿＿＿＿＿＿＿＿たら、ハワイに行きたいと思っています。

7. 明日、a.＿＿＿＿＿＿＿たら、b.＿＿＿＿＿＿＿＿てください。

8. もしあのとき、あの人に出会っていなかったら、＿＿＿＿＿＿＿＿＿＿＿。

9. 私は a.＿＿＿＿＿＿と、必ず b.＿＿＿＿＿＿＿＿＿。

10. a.＿＿＿＿ さえ b.＿＿＿＿＿＿ば、c.＿＿＿＿＿＿＿＿＿＿＿。

■ 改錯

■ 在下面的句子中有錯誤的用法。請在錯誤的地方畫上＿＿＿＿＿，並寫出正確用法。

1. もし3月になったら、国へ家族に会いに帰りたいと思っています。

2. A：新しいパソコンを買いたいと思っているんだけど、いい店、知ってる？

　　B：パソコンを買えば、秋葉原がいいんじゃない？

3. もっと早く間違いに気がついていると、こんな失敗はしなかったのに。

168

4. 梅雨が明ければ、暑くなるよね。いやだなぁ。

5. 授業が終わって外に出たなら、雪が降っていた。

找到例句了！

在這篇文章裡，使用著本課的學習內容（假定條件句型）。閱讀文章時，請試著思考其使用方式及意思。

また大きな地震が起きたら、どうしますか？

東日本大震災では、言語の壁が外国人にとって問題でした。漢字が読めないため、何がどのくらい危険な状態なのか多くの外国人はわかりませんでした。ニュースでむずかしい専門用語が使われ、不安をあおりました。

株式会社ウェザーニューズが震災後に行った調査によると、多くの人がテレビや携帯サイトから災害情報を得ていました。しかし、揺れが大きくなるにつれて、より多くの人が停電のためラジオから災害情報を得るようになりました。震度6（気象庁震度階級）以上の地域ではテレビを越えました。

震災時のための最も大切な準備は何かと言う問いには、多くの人が「防災グッズ」「非常食」という回答でした。次いで「家族との連絡手段」「避難所の確認」でした。災害時のために、ラジオと懐中電灯、水などを備えておくべきです。「備えあれば憂いなし」。

Hir@gana Times 2012.2（pp.20-21）

言語の壁：語言的隔閡
危険：危險
専門用語：專業術語
不安：不安
あおる：激發，煽動
災害情報：災害資訊
揺れ：搖晃
停電：停電
気象庁：氣象廳
階級：等級，級別
越える：超越，超過
防災グッズ：防災用品
非常食：應急食品
避難所：避難所
懐中電灯：手電筒
備える：準備
憂い：擔憂，憂慮

17

假定條件句型

結束・對話

来週までに国際関係論のレポートを提出しなければならない。図書館で資料を探してもなかなかいいものが見つからなかった。国際関係論が得意な田中さんならいい資料を持っているのではないかと思って、彼に相談したら、本を1冊貸してくれた。彼もすぐ使うと言っていたので、読み終わったらすぐに返そうと思う。いい資料が見つかってよかった。レポート、がんばろう！

18 複合動詞

開始・對話

在以下情境中，兩人之間會出現什麼樣的對話呢？請在____填入適當的詞彙來完成對話。

①ねえ、日本文化の授業の感想文、もう書きa._____の？

②ううん、まだ。おとといから書きb._____んだけど、夕方までには書きc._____と思うわ。

③ぼくはずっと考えているんだけど、なかなかいいアイデアが浮かばなくて…。

④明日の朝が締め切りだから、今日中に書かないとね。がんばって！

這一課的句型詞彙

開始・持續・結束「～始める」「～続ける」「～終わる」
程度「～切る」「～込む」「～ぬく」
方向「～かける」「～入れる」「～出す」
失敗「～忘れる」「～のがす」「～間違える」

確　認

【何謂複合動詞】

在動詞的マス形後面接上別的動詞，即可組合成複合動詞。複合動詞的後半動詞功能是追加前半動詞開始・持續・結束、程度大小、動作方向、事情之成立・不成立・失敗等意思。

〈例〉　読み**ます**　＋　始める　→　読み始める
　　　　動詞的マス形　　　　　　　　複合動詞

前半動詞所表示的動作　→　追加開始・持續・結束、程度、方向、事情之成立・不成立・失敗等意思

（1）~始める、~続ける、~終わる：表示開始・持續・結束

- 接在動作動詞的後面，表示開始、持續、結束的意思。
- 可以接在被動及使役的マス形後面。

動作動詞 ➡ ? p.245

被動 ➡ 第21課

使役 ➡ 第22課

本を読む

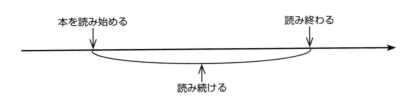

①動詞的マス形+始める

マス形 ➡ 凡例

意思 表示有目的或是有意識的開始做動作，並持續下去

- 昨日から、夏目漱石の『こころ』を読み始めた。（昨天開始閱讀夏目漱石的『心』。）
- 日本で携帯電話が広く使われ始めたのは、2000年代になってからだ。（手機在日本開始被廣泛使用是起於2000年。）
- 子どもが5歳のとき、ピアノを習わせ始めた。（我讓小孩在五歲時開始學鋼琴。）

②動詞的マス形+続ける

意思 表示動作持續進行一段時間

- 2時間も歩き続けたから、足が棒になった。（因為連續走了2個小時，腳疲痛到走不動了。）
- 5年前に買ったパソコンを今も使い続けている。（5年前買的電腦，現在也還持續使用中。）

③動詞的マス形+終わる

意思 表示持續一段時間的動作結束

- やっと、明日提出のレポートが書き終わった。（終於把明天要交的報告寫完了。）
- パソコンを使い終わったら、コンセントを抜いてくださいね。（電腦使用完畢後，請記得拔插頭喔！）

（2）~切る、~込む：表示程度

①動詞的マス形+切る

意思1 表示動作從頭進行到最後，徹底完成
（用來表示動作的徹底完成）

- 今持っている物を使い切ってから、新しい物を買ってください。（請把現在持有的東西全部用完之後，再買新的。）
  （← 將現在持有的東西完全徹底使用之後，再買新的。）
  今持っている物を使って、新しい物を買ってください。（請使用現在持有的東西，然後買新的。）
  （← 先使用現在持有的東西，之後買新的東西。）
- 病院からもらった薬を飲み切りました。（從醫院拿回來的藥全部吃完了。）（← 從醫院拿回來的藥全都吃了。）
  病院からもらった薬を飲みました。（吃了從醫院拿回來的藥。）
  （← 與數量、次數等無關，純粹表示吃了醫院拿回來的藥。）

171

→ 以可能句型的ナイ形(「～切れない」「～切ることができない」)來表達時，意思會變成該動作「無法完全～」。

・私の国では、夜、数え切れないほどの星を見ることができる。（在我的家鄉，晚上可以看見數不清的星星。）

・面接では緊張しすぎて持っている力を出し切れなかった。（面試時太緊張了，沒能將我的實力全部表現出來。）

意思 2 表示某種狀態達到極限，幾乎沒有比該狀態更嚴重的了

→ 用來表示動作完成後，所得到的結果狀態程度之強烈。因為是表示狀態，所以不能和表示意志的「～よう」「～たい」、請託的「～てください」一起使用。

・寒いところに長時間いたので、体がすっかり冷え切ってしまった。（因為在寒冷的地方待太久，身體完全凍僵了。）

・30 度を超える暑さの中、90 分のサッカーゲームを戦った選手たちは疲れ切っていた。

（在超過 30 度的大熱天裡，激戰 90 分鐘的足球選手們疲憊不堪。）

・[×]風邪をひかないように、体を十分に温まり切ってください。

→[○]風邪をひかないように、体を十分に温めてください。（為了預防感冒，請做好保暖措施。）

② 動詞的マス形＋込む

意思 1 表示某狀態持續維持一段時間，與動作主體的意志無關

・久しぶりに友だちから電話がかかってきて、つい2時間も話し込んでしまった。

（久違的朋友打了電話過來，結果一講就不小心講了 2 個小時。）

・簡単な問題なのに答えが思い出せなくて、30 分も考え込んでしまった。

（明明是很簡單的問題卻一直想不出答案，沉思了將近 30 分鐘。）

意思 2 有目的的下意識採取行動

◯◯ 常和「徹底的に」「十分に」「よく」「じっくり」等一起使用。

・この会社では新入社員にあいさつのしかたを徹底的に教え込んでいる。

（這間公司對新進人員徹底教育招呼方式。）

・煮物を作るなら、1 時間ぐらい、よく煮込んだほうがいい。（如果是要作燉煮料理的話，細火慢燉約 1 個小時會比較好。）

意思 3 表示動作的結果，導致動作的主體進入了對象的空間裡

・子どもがプールに飛び込んだ。（孩子們跳進了游泳池。）

・そんなに荷物を詰め込んだら、ふたが閉まらなくなるよ。（你塞那麼多東西進去的話，蓋子會蓋不起來喔！）

・犯人は、人質を連れて、民家に逃げ込んだ。（犯人夾持著人質逃進了民宅。）

（３）～かける、～入れる、～出す：表示方向

① 動詞的マス形＋かける

意思 表示朝向對方或其他人（物）所做的動作

・A：あの人、かわいいなぁ。（那個人，好可愛喔！）
　B：話しかけてみたら。（你主動去跟他搭訕看看啊！）
・父母会は学校側に対して子どもたちの安全を守るよう働きかけた。（家長會呼籲校方要保護孩子們的安全）

② 動詞的マス形＋入れる

意思 表示對象的人或物由外朝內移動

→ 接在「～入れる」前面的動詞，經常同時表示目的或方法。

・この病院はいつでも患者を温かく受け入れている。（這家醫院無論何時都溫馨的接收病患。）
・この新製品は新しい技術をたくさん取り入れて開発したものである。（這項新產品採用了許多最先進的技術開發而成。）

③ 動詞的マス形＋出す

意思 表示對象的人或物由內向外移動

・彼はかばんの中から書類を取り出した。（他從皮包裡拿出了資料。）
・大事にしていた鳥がカゴから逃げ出してしまった。（一直疼愛有加的小鳥竟然從籠子裡飛走了。）

（４）～忘れる、～のがす、～間違える：表示失敗

① 動詞的マス形＋忘れる

意思 表示忘記一直惦記在心中所必須做的事情

・先生からの伝言を彼に伝え忘れてしまった。（忘記將老師交代的事情轉達給他了。）
・先生にレポートの締め切りを聞き忘れた。（忘記問老師報告的繳交期限了。）

② 動詞的マス形＋のがす

意思 表示原本打算做該動作，結果卻沒有做到

・会議で、大事なところを聞きのがしてしまった。（在會議上竟然漏聽了重要訊息。）
・毎週見ていたドラマの最終回を見のがしてしまって、結末が分からない。

（竟然漏看了每週按時收看的連續劇的最後一集，不知道結局究竟如何。）

③ 動詞的マス形＋間違える

意思 表示錯誤理解或是誤會了某件事

・彼との約束の時間を聞き間違えて、１時間も約束に遅れてしまった。

（我聽錯了跟他約定的時間，結果竟然遲到了１個小時。）

・最近、漢字を書き間違えることが多い。もっと書く練習をしなきゃ。（最近經常寫錯漢字，要多練習寫才行。）

（5）慣用用法

下列各句中的「落ち込む」「落ちつく」「張り切る」等無法分解成兩個動詞，要當作一個動詞來使用。

・彼女はテストの結果が悪かったので、落ち込んでいる。（她因為考試結果不理想，非常沮喪。）

・やっぱり自分の部屋が一番落ちつくなぁ。（還是自己的房間最能放鬆了。）

慣用用法 ➡ ❓p.246

・彼は来週の試合で必ず優勝すると張り切っている。（他充滿幹勁的說，下週的比賽他一定要奪冠。）

・来年も日本語のコースを取りたい人は、明日までに申し込んでください。

（明年也想上日文課的人，請在明天之前完成報名。）

・毎月、電気料金を銀行口座に振り込まなければならない。（每個月都必須將電費匯入銀行的帳戶裡。）

・すっかり忘れていたことを、急に思い出して、ハッとすることがある。（有時候會突然想起忘得一乾二淨的事。）

練習1

■ 請從 a. 和 b. 之間選出適當的用法。

1. そろそろケーキを作り（　　）ないと誕生日パーティーに間に合わないよ。

   a. 始め　　　　b. 始まら

2. 私たちのチームは今回のトーナメントで負けることなくずっと勝ち（　　）た。

   a. 続け　　　　b. 始め

3. A：食べ（　　）ら、そのお皿とフォーク、洗ってね。

   B：うん、分かった。

   a. 切った　　　b. 終わった

4. 彼はにんじんが苦手だが、彼女が作ったにんじんケーキは残さず全部食べ（　　）。

   a. 切った　　　b. 込んだ

5. 彼は彼女にプロポーズするためにフランスまで追い（　　）行った。

   a. 込んで　　　b. かけて

6. 田中さんは歌手になりたいという夢をあきらめ（　　）ないでいる。

   a. 終わら　　　b. 切れ

7. 電話をかけ（　　）ように気をつけてください。

   a. 間違えない　　b. のがさない

8. 昨日買った本は、長編の小説だったが、おもしろかったので一晩で読み（　　）。

   a. 切った　　　b. 込んだ

9. この商品は消費者の意見を取り（　　）作りました。
   a. かけて　　　b. 入れて

10. 彼は自分の悩みについて1時間もずっと話し（　　）。
    a. 続けた　　　b. かけた

① 動詞的マス形 + 出す（表示意料之外的動作開始發生）

意思　表示說話者意料之外的動作開始發生

→ 如果「～出す」連接感情動詞（泣く、笑う、怒る等），則用來表示說話者驚訝的感受。

🔗 經常和「急に」「突然」一起使用。

・16歳の娘が、突然「彼と結婚する」と言い出して、両親は困っている。
（父母因為16歲的女兒突然說「我要跟他結婚」而感到困擾不已。）

・さっきまでニコニコしていた赤ちゃんが、急に泣き出したので驚いた。
（剛剛還一直笑嘻嘻的寶寶突然大哭起來，害我嚇了一跳。）

② 動詞的マス形 + ぬく

意思　表示動作主體以堅強的意志力，刻苦耐勞的持續該動作一段時間，並堅持到最後

・父は7時間かけて、フルマラソンを走りぬいた。（爸爸花了7個小時，跑完了馬拉松全程。）

・一度やると決めたら、最後まであきらめずにやりぬくべきだ。（一旦決定要做的話，就應該堅持到最後將它做完。）

練習2

■ 請從 a.～d. 之中，選出最適合的答案。

1. 4月に入って暖かくなったので、どの公園でも桜の花が（　　）。
   a. 咲き始めた　　b. 咲き切った　　c. 咲き続けた　　d. 咲きかけた

2. 角から急に子どもが（　　）きて、びっくりした。
   a. 飛び始めて　　b. 飛び出して　　c. 飛びぬいて　　d. 飛び続けて

3. この歌は今年１年間、ずっと（　　）ている。

　　a. 売れ始め　　　　b. 売れ出し　　　　c. 売れ続け　　　　d. 売れ終わっ

4. 明日提出のレポート、やっと（　　）よ。これで寝られる。

　　a. 書き始めた　　　b. 書き出した　　　c. 書き続けた　　　d. 書き終わった

5. 一度引き受けたことは、時間がかかっても、最後まで（　　）のが社会人としての責任だ。

　　a. やり続ける　　　b. やり始める　　　c. やりぬく　　　　d. やり込む

6. アメリカに留学していた彼女が１年ぶりに帰ってくるので、（　　）ない。

　　a. 待ちぬけ　　　　b. 待ち切れ　　　　c. 待ち込め　　　　d. 待ち終わら

7. 電車でとなりに座っていた人がゲームをしながら急に（　　）びっくりした。

　　a. 笑い続けて　　　b. 笑いかけて　　　c. 笑い出して　　　d. 笑い込んで

8. テストになると、知っている漢字でも、いつも（　　）なくなってしまう。

　　a. 思い出せ　　　　b. 思い込ま　　　　c. 思いぬけ　　　　d. 思いかけ

9. 生徒の父母たちが必死に学校に（　　）くれたおかげで、スクールバスが運行されることになった。

　　a. 働き続けて　　　b. 働き切って　　　c. 働きかけて　　　d. 働き込んで

10. 友だちの教科書には、授業で先生が話していたことがぎっしり（　　）いた。

　　a. 書き入れて　　　b. 書き込んで　　　c. 書き込まれて　　　d. 書き切って

練習3

■ 請從[　　]各選出一個動詞，並改成適當的形態填入 a.〜 e. 中。

| 例) 出す　　　始める　　　切る　　　込む　　　かける　　　入れる |

例) 箱からプレゼントを取り　__出した__　。

1. 彼女に話し a._____ みたいけど、なかなか勇気が出ない。

2. 私と彼は付き合い b._____ ばかりなので、このことを知っている人は少ない。

3. 今回のプロジェクトには私の意見がたくさん取り c._____ ている。

4. 旅行は大好きだが、今日は7時間も歩いたので、もう疲れ d.＿＿＿＿＿＿＿てしまった。

5. 彼女は自分が正しいと思い e.＿＿＿＿＿いて、なかなか人の意見を聞こうとしない。

✎ 造句

■ 請使用本課學習內容（複合動詞）來完成下列各句。第1題、第2題請用＿＿＿＿中的動詞來組合成複合動詞。

1. 電車を 乗＿＿＿＿＿＿＿＿＿＿＿＿、目的地と反対方向に行ってしまった。

2. 多くの人にパソコンが 使＿＿＿＿＿＿＿＿＿のは、90年代に入ってからだ。

3. 親しい友人であっても、個人の生活に深く＿＿＿＿＿＿＿すぎないように、注意しなければならない。

4. 事故にあっても、あわてないで、＿＿＿＿＿＿＿＿＿＿＿行動してください。

5. 道の曲がり角から、急に＿＿＿＿＿＿＿＿＿＿＿＿＿＿＿＿＿＿。

6. 忘れ物をしたのを＿＿＿＿＿＿＿＿＿＿＿＿＿、家に戻ってきた。

7. 海開きのセレモニーが終わると、子どもたちがみんな海へ＿＿＿＿＿＿＿＿＿＿。

8. スポーツジムに＿＿＿＿＿＿＿＿＿＿＿＿＿から、体の調子がとてもいい。

9. 彼は彼女に100回以上もプロポーズを＿＿＿＿＿＿＿＿＿＿＿のにあきらめない。

10. この映画を見て、感動のあまり、涙が＿＿＿＿＿＿＿＿＿＿止まらなかった。

■ 改錯

■ 在下面的句子中有錯誤的用法。請在錯誤的地方畫上＿＿＿＿＿＿，並寫出正確用法。

1. コンビニにあるATMで、お金を振り入れることができます。

18

複合動詞

177

2. スマートフォンを使い出したばかりなので、まだ慣れていない。

3. こんなにたくさんの料理、一人では食べ終われません。

4. 彼は苦しい状況から抜け込むために、必死でがんばっている。

5. 親は子どもをしかる前に、何が問題なのか、子どもに問い出すことが大事だ。

找到例句了！

在這篇文章裡，使用著本課的學習內容（複合動詞）。閱讀文章時，請試著思考其使用方式及意思。

誰でも人間というものは、何か新しいことに取り組むときには心機一転して張り切ったり、いろんな決意をしたりするものだと思う。小学生や中学生の頃、「来年は１年間日記をつけるぞ」と決意して新しい日記帳を買ってきたり、新しいノートを使い始める度に「このノートは最後まできれいな字で丁寧に書き続けるぞ」と決意してみたりなんていうのは、誰にでも心当たりのあることではないだろうか。

（「総務省の情報通信政策に関するポータルサイト　若手行政官コラム」）
http://www.soumu.go.jp/main_sosiki/joho_tsusin/wakate/0408_01.html
2004.8.1

取り組む：專心致力
心機一転：身心煥然一新
張り切る：幹勁十足
決意：下定決心
日記帳：日記本
度に：每次
心当たり：想像得到

結束・對話

日本文化の授業で読んだ本の感想文の締め切りは明日の朝なのに、健二君はいいアイデアが浮かばないと言って、今日もずっと考え込んでいた。夕方になって、やっと書き始めて、晩ご飯も食べないで書き続けていた。私はおとといから書き始めたので夕方には書き終わって、ほっとしている。

178

「ない」所表示的「ない」，究竟是「ない」到什麼程度呢？

　　即使只是簡短的一句「～ない」，究竟是一點點的「ない」，還是100%的「ない」，會依使用的情況而有所不同。讓我們來看看這些表示差異(程度上的差異)的詞彙「さっぱり」「全然」「ちっとも」「なかなか」「めったに」吧！

　　以下情境為客人跟賣啤酒的大叔搭話。請閱讀下面的對話，思考看看是否有什麼不同。

　　A：おじさん、ビール、売れてる？（大叔，啤酒生意好嗎？）
　　B：①さっぱり売れないよ。
　　　　②全然売れないよ。
　　　　③ちっとも売れないよ。
　　　　④なかなか売れないよ。
　　　　⑤めったに売れないよ。

　　在這種情況下，無論是用哪個詞彙都是表達「売れない(賣得不好)」，但會因為一起使用的詞彙不同 賣得不好的程度(生意有多麼不好)也有所改變。各詞彙所表示的意思是：

「さっぱり売れない」是「期待啤酒大賣，但卻不如預期」、
「全然売れない」是「若要說賣的有多不好，可說幾乎接近零銷售」、
「ちっとも売れない」是「全然売れない」較不正式的說法、
「なかなか売れない」是「希望會大賣，但依目前的情況來看，很難賣出去」、
「めったに売れない」是「來買的人大概才1個人2個人，非常少」、
有以上的差別。

■ 請在(　　)中填入適當的詞彙。

1. A：最近手紙を書くことある？
   B：昔は書いたけど、最近はメールが多いから手紙は(　　)書かないな。年に2、3回ぐらいかな。
2. A：田中さんから返信来た？
   B：ううん、昨日から5通もメールを送っているけど、(　　)返信くれないの。
3. A：ねえ、コンサートのチケットがあるんだけど、一緒に行かない？
   B：行く！行く！この歌手、今すごい人気ですぐに買いに行かないと、チケットは(　　)手に入らないんだよ！

179

19 自動詞和他動詞

開始・對話

在以下情境中，兩人之間會出現什麼樣的對話呢？請在＿＿＿填入適當的動詞來完成對話。

這一課的句型詞彙

「する」和「なる」，自動詞和他動詞

確　認

(1)「する」和「なる」

　　① する

する・なる ➡第8課

```
（人）が（名詞）＋を＋名詞／ナ形容詞（な）＋にする
　　　　（名詞）＋を＋イ形容詞（い）＋くする
```

　　　意思　表示人依自己的意志力，或是有某種目的對對象（名詞）施予作用力，使之產生變化。

　　→ 變化的對象（名詞）多以「**を**」來表示。

　　→ 關注的焦點在做動作的人（動作主體）。

　　・先生は電気をつけて部屋を明るくしました。（老師打開電燈，讓房間變亮了。）

　　・（私は）ひとつのケーキを半分にして、妹と食べます。（（我）把蛋糕平分成兩塊，和妹妹一起吃。）

　　・午後から友だちが来るので、（私は）部屋をきれいにしました。（因為下午朋友要來，所以（我）把房間整理乾淨了。）

180

② なる

> （名詞）＋ が ＋ 名詞／ナ形容詞（な）＋ になる
> （名詞）＋ が ＋ イ形容詞（い）＋ くなる

意思　表示對象（名詞）因人或是大自然的力量而產生變化。

→ 變化的對象（名詞）多以「が」來表示。

→ 即使是人讓對象產生變化，關注的焦點並不在動作主體，而是在產生變化的事物上。

・停電で、部屋が真っ暗になった。（由於停電的關係，房間變成一片漆黑。）
　　　　　　關注焦點
・先生が出張に行ったので、授業が休講になった。（因為老師出差不在，所以停課。）
　　　　　　　　　　　　　　　關注焦點
・電気をつけたら、部屋が明るくなった。（打開燈之後，房間變亮了。）
　　　　　　　　　　關注焦點

（２）他動詞和自動詞

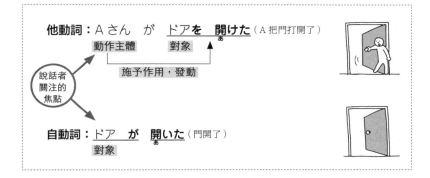

施予作用，發動 ➡ p.250

成雙成對的他動詞和自動詞一覽表

他動詞（人 が 對象（名詞）を ～）	自動詞（對象（名詞）が ～）
教室のドア を 閉める（把教室的門關上）	教室のドア が 閉まる（教室的門關上）
会議 を 始める（開始會議）	会議 が 始まる（會議開始）
切手 を 集める（收集郵票）	切手 が 集まる（郵票匯集）
日本で仕事 を 見つける（在日本找工作）	日本で仕事 が 見つかる（在日本找到工作）
職場に電話 を かける（打電話去公司）	職場に電話 が かかる（有電話打來公司）
子ども を 育てる（扶養小孩）	子ども が 育つ（孩子成長）
部屋の電気 を つける（打開房間的電燈）	部屋の電気 が つく（房間的電燈點亮）
時計 を 壊す（弄壞時鐘）	時計 が 壊れる（時鐘損壞）
ろうそくの火 を 消す（熄滅燭火）	ろうそくの火 が 消える（燭火熄滅）
コップ を 割る（打破杯子）	コップ が 割れる（杯子破損）

① 他動詞

→ **用來表示對於對象施予作用力的動作。**

→ 接受作用力的對象多以「**を**」來表示。

→ 動作主體以意志力來作動作。說話者關注的焦點在動作主體。

・テストが始まる前に、携帯電話の電源を切ってください。（考試開始前，請關閉手機電源。）

・これから、落ち葉を集めて、芋を焼きます。（接下來要收集落葉，來烤番薯。）

② 自動詞

→ **用來表示對對象無作用力的動作。** 即使有作用力，關注的焦點也不會放在動作主體身上，而是在對象所產生的變化。

→ 對象（人・物）多以「**が**」來表示。

→ 表示因大自然的力量而發生的事，或是人所無法掌控的事。

・エレベーターが急に止まった。（電梯突然停住了。）

・薬を飲んで一晩ゆっくり休んだら、すっかり風邪が治った。（吃了藥，好好休息一晚之後，感冒完全痊癒了。）

→ 用來表示即使是人所作的動作，說話者關注的焦點在於東西或是事情（接受動作的對象）。

・田中さんが修理してくれたので、ブレーキが直って、乗れるようになった。

　　　　　　　　　　　　　　　關注焦點

（因為田中先生幫我修理，所以剎車修好了，車子可以開了。）

→ 當說話者將關注的焦點放在動作的結果或是變化時，即使是自己所做的動作，意思會變成並不是因為自己的力量而造成這樣的結果。

・蛇口をひねっても水が出ない。壊れているかもしれないな。（轉開水龍頭都沒有流半滴水出來。可能壞了吧！）

　　　　　　　關注焦點

→ 表示動作結果的持續時，用「**自動詞＋ている**」。

・風でドアが開いた。（今も）ドアが開いている。（門因為風吹而打開了。門（現在也還）開著。）

・ろうそくの火が消えた。（今も）ろうそくの火が消えている。（燭火熄滅了。燭火（現在也）是熄滅的狀態。）

練習1

■ 請寫出成雙成對的他動詞、自動詞。

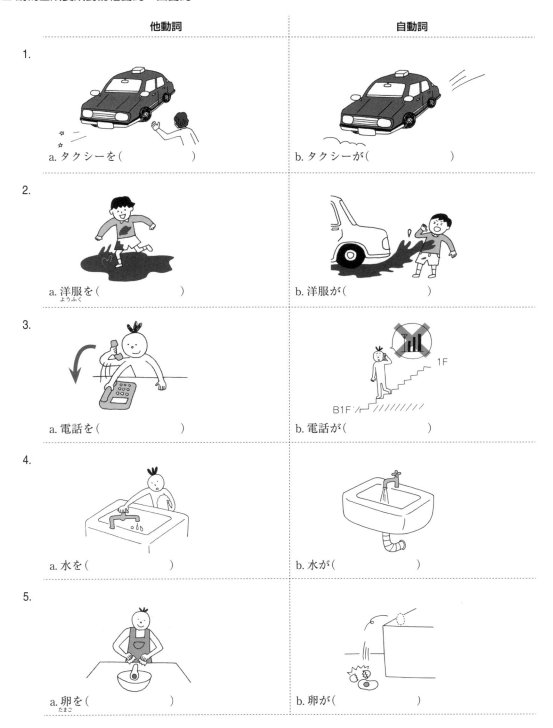

	他動詞	自動詞
1.	a. タクシーを(　　　)	b. タクシーが(　　　)
2.	a. 洋服を(　　　)	b. 洋服が(　　　)
3.	a. 電話を(　　　)	b. 電話が(　　　)
4.	a. 水を(　　　)	b. 水が(　　　)
5.	a. 卵を(　　　)	b. 卵が(　　　)

練習2

■ 請從 a. 和 b. 之間選出適當的用法。

1. ろうそくの火が（　　）ました。

   a. 消し   b. 消え

2. あ〜、どこにあるんだろう。かぎが（　　）ない。

   a. 見つから   b. 見つけ

3. 次回の会議の日程を（　　）ましょう。

   a. 決め   b. 決まり

4. 信号が、青に（　　）、渡りましょう。

   a. 変わったら   b. 変えたら

5. 4月になって、（　　）なってきました。

   a. 暖かい   b. 暖かく

6. この部屋は暗いですね。電気を（　　）ましょう。

   a. つけ   b. あけ

7. 最近、物の値段が（　　）ね。いやだなぁ。

   a. 上げた   b. 上がった

8. 先生：授業を（　　）ますよ。早く席についてください。

   a. 始め   b. 始まり

9. ずっと髪を（　　）いたが、急に切りたくなって美容院へ行った。

   a. のばして   b. のびて

10. このお肉、もう少し安く（　　）もらえませんか。

   a. なって   b. して

① 說話者關注的焦點不同

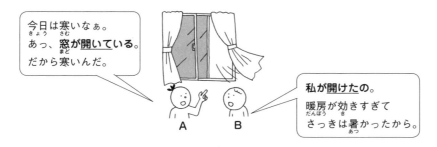

A 的關注焦點＝窗戶的狀態（「窓が開いている」）（自動詞）

不考慮動作主體，純粹只表示現在眼前的東西的狀態。

B 的關注焦點＝動作主體（「窓を開けた」）（他動詞）

因某人的動作而造成的，表示「某人因為某個目的而為」。

② 和他動詞一起使用的句型

　經常和「～たい」「～よう(と思う)」「～てください」「～ましょう」「～ておく」「～てある」等和意志有關的句型一起使用。

・この机、もう少し右に動かしてください。（這張桌子，請再稍微往右移動一些。）

・旅行の日程を早く決めましょう。（我們快點決定旅遊行程吧！）

③ 和自動詞一起使用的句型

自動詞基本上不能和意志有關的句型（「～たい」「～よう(と思う)」「～てください」「～ましょう」等）一起使用，但以下的自動詞例外。

　「出る」「入る」「走る」「行く」「飛ぶ」「歩く」「渡る」「通る」「出発する」等（移動動詞）

・来年こそは東京マラソンに出たい。（明年一定要參加東京馬拉松大賽。）

移動動詞 ➡ p.250

・今度の夏休みに、北海道へ行こうと思っている。（我打算這次暑假去北海道一趟。）

・健康のために、これから毎日 10km 歩こうと思っている。（為了健康，接下來我打算每天走 10 公里。）

・学校を 10 時に出発しましょう。（10 點從學校出發吧！）

◯◯「集まる」「止まる」「並ぶ」等（動作動詞）   動作動詞 ➜ ❓p.245

・10 時に正門に集まってください。（10 點請在正門集合。）

・この白線のところで止まってください。（請勿超越白線。）

・こっちの列の方がすいていますから、こっちに並びましょう。（這一排人比較少，我們排這邊吧！）

◯◯「起きる」「寝る」等（動作動詞）

・明日の集合は朝 8 時ですから、7 時に起きましょう。（明天的集合時間是早上 8 點，所以我們 7 點起床吧！）

・明日は朝早いから、今日は 10 時までに寝ようと思う。（因為明天要很早起，所以我打算今天 10 點前就寢。）

④ 和自動詞一起使用的助詞

自動詞通常和助詞「**が**」一起使用，不過「**出る**」「**走る**」「**飛ぶ**」「**歩く**」「**通る**」等移動動詞要用「**を**」。

・子どもたちが学校の校庭を走る。（孩子們在學校校園裡奔跑。）   助詞「を」➜ 第 2 課

・公園を通って学校に行く。（穿越公園去學校。）

→ 在這裡所使用的「を」，是表示動作的場所或是起點的助詞，並非動作的對象。

⑤ 使用他動詞的注意事項

如果用他動詞來表示自己期望對方做的動作，有時會顯得失禮。

〈學生想知道期末考的成績〉

・学生：あのー、期末試験の結果はいつ出しますか。（×）

　　　　　　　　　　→ 出ますか。（○）（學生：請問期末考的成績什麼時候會公布呢？）

此外，在訊問有關對方的動作時，因動作的責任在於聆聽者，需要特別小心。在這樣的情況下，不要把人作為主語，而是用東西或結果為主語的自動詞來表達會較為恰當。

・学生：先生、ゼミの発表の順番、どうして変えたんですか。（×）   主語 ➜ ❓p.248

　　　　　　　　　　→ 変わったんでしょうか。（○）

（學生：老師，課堂上的發表順序，怎麼變了呢？）

練習 3

■ 請從 a. ～ d. 之中，選出最適合的答案。

1. まもなく演奏が（　　）ますので、お静かにお願いします。

　　a. 始め　　　　b. 始まり　　　c. 始まって　　　d. 始めて

186

2. 宝くじが（　　）ので、海外旅行に行くことにしました。

    a. 当てられた　　　b. 当たられた　　　c. 当てた　　　d. 当たった

3. このケーキ、あとで食べるから、（　　）おいてね。

    a. 残されて　　b. 残られて　　c. 残して　　　d. 残って

4. すみません、今いらっしゃった方はこちらの列に（　　）ください。

    a. 並び　　　b. 並んで　　　c. 並べて　　　d. 並べられて

5. 仕事を手伝ってくれてありがとう。本当に（　　）よ。

    a. 助けて　　　b. 助かって　　c. 助けた　　　d. 助かった

6. はぁ。やっとひっこしの荷物が（　　）。これで明日から普通に生活できるよ。

    a. 片付けた　　b. 片付いた　　c. 片付ける　　d. 片付く

7. 昨日友だちと海へ行った。日焼け止めをたくさんぬったのに（　　）しまった。

    a. 焼かれて　　b. 焼いて　　　c. 焼けられて　　d. 焼けて

8. 私は記念切手を（　　）のが趣味なんです。

    a. 集める　　　b. 集まる　　　c. 集められる　　d. 集まれる

9. この橋を（　　）ください。

    a. 渡して　　　b. 渡って　　　c. 渡し　　　d. 渡り

   そして、右に（　　）ください。

    a. 曲がり　　　b. 曲げ　　　c. 曲がって　　d. 曲げて

10. 田中さんに、明日のクラブは休みだと（　　）くれませんか。

    a. 伝って　　　b. 伝わって　　c. 伝えられて　　d. 伝えて

練習4

■ 請在下列各句中選擇適當的動詞（他動詞・自動詞）。

1. A：あれ、コップが（ 割って ／ 割れて ）いるよ。

   B：本当だ。誰が（ 割った ／ 割れた ）んだろう。早く片づけないと危ないね。

2. A：あっ、かぎが（ かけて ／ かかって ）いますね。

   B：誰が（ かけた ／ かかった ）んだろうね。これじゃ中に入れないよ。

3. A：この机、もう少し右に（ 動かし ／ 動い ）てもらえないかな。

   B：いいよ。

4. 〈早晨的對話〉

   母：お姉ちゃんは、もう（ 起こした ／ 起きた ）かな？

   妹：ううん。まだみたいだよ。

   母：じゃあ、ちょっと（ 起こして ／ 起きて ）きてくれる？

   妹：はーい。…お姉ちゃーん！！

5. A：今日はカレーか。私辛いのが好きだから辛く（ して ／ なって ）ね。

   B：うん。

6. A：昨日のパーティーの料理、どうだった？

   B：おいしい料理がたくさん（ 出した ／ 出た ）よ。

   A：そうなんだ。よかったね。人はたくさん（ 集め ／ 集まっ ）た？

7. A：昔の恋人からもらった手紙、今も持ってる？

   B：持ってないよ。全部、（ 破って ／ 破れて ）捨てちゃった。

8. A：昨日の台風、すごかったですね。

   B：そうですね。葉っぱがたくさん（ 落として ／ 落ちて ）いますね。

   　あそこは木の枝が（ 折って ／ 折れて ）いますよ。

   A：あ、向こうはもっと大変。木が（ 倒して ／ 倒れて ）いますよ。

9. A：肉が（ 焼いた ／ 焼けた ）ら、それを２つに（ 切って ／ 切れて ）ください。

   B：はい、わかりました。この野菜はどうしたらいいですか。

   A：野菜は、沸騰したお湯の中に（ 入れて ／ 入って ）、30秒ぐらい茹でてください。

   B：はい、わかりました。じゃあ、お湯を（ 沸かし ／ 沸き ）ますね。

10. 風邪を引いちゃった。友だちに風邪が（ うつさ ／ うつら ）ないようにマスクをして出かけなきゃ。

✏ 造句

■ 請使用本課學習内容（自動詞・他動詞）來完成下列各句。第8題請使用＿＿中的動詞。

1. 母親：テレビを見ながら勉強できないでしょ。

   　　　勉強するときは、＿＿＿＿＿＿＿＿＿＿＿＿＿＿＿＿＿＿＿＿なさい。

2. 母親 : ケーキが＿＿＿＿＿＿＿＿＿＿ましたよ。

   子ども：やったー！

3. A：やっと来月、ひっこしするんだ。

   B：そうなの？ いい部屋＿＿＿＿＿＿＿＿＿＿＿＿、よかったね。

4. 明日はゼミがあって授業に出られませんので、スピーチの日にちを＿＿＿＿＿＿＿＿＿く

   ださいませんか。

5. A：この荷物、鈴木さんに＿＿＿＿＿＿＿＿ください。

   B：分かりました。

6. あ、シャツのボタンが＿＿＿＿＿＿＿＿＿＿。お母さんにつけてもらおう。

7. あっ。ジュースが＿＿＿＿＿＿＿＿そうだよ。気をつけて！

8. 私の国では、熱を a.出＿＿＿＿＿＿ときは、b.＿＿＿＿＿＿＿＿習慣があります。

9. A：「七転び八起き」という言葉を知っていますか？

   B：いいえ。どういう意味ですか？

   A：＿＿＿＿＿＿＿＿＿＿＿＿＿＿、つまりあきらめないという意味です。

10. おかしいな。何度携帯に電話を a.＿＿＿＿＿ても b.＿＿＿＿＿＿＿＿。

    鈴木さん、何かあったのかな。

■ 改錯

■ 在下面的句子中有錯誤的用法。請在錯誤的地方畫上＿＿＿＿，並寫出正確用法。

1. 24 時間で地球を 1 回まわします。

2. なべに野菜を入ってください。それから 5 分ぐらい炒めてください。

3. 部長、会議の時間ですが、どうして変えたんですか。

4. ここに自転車を止まらないでください。

5. このビンのふた<ruby>固<rt>かた</rt></ruby>くて、なかなか開けない。

找到例句了！

在這篇文章裡，使用著本課的學習內容（自動詞・他動詞）。閱讀文章時，請試著思考其使用方式及意思。

日本では、夫が妻に全ての収入を渡し、逆に月々の小遣いをもらう慣習があります。先の6月に発表された「2010年サラリーマンの小遣い調査」によると、日本人サラリーマンの1ヵ月の平均小遣いは40,600円です。今年の結果は昨年と比べると5,000円減り、この20年では、1ヶ月あたり35,000円近く減ったことをあらわしています。

　小遣いが減った理由の1つは、景気が悪いため収入が増えない一方で、支出を節約して預金を増やそうとしているからです。しかし、妻の小遣いは、一般的に生活費をやりくりする中で補われます。

　景気がよかった頃は、「へそくり」という言葉がよく使われました。「へそくり」とは妻が生活費から内緒で貯めるお金のことです。この秘密のお金は、妻の小遣いになったり、いざというときに使われたりします。しかし、今は、へそくりをする余裕のある家庭はほとんどありません。

「サラリーマンの小遣いは月4万円」より
Hir@gana Times（2010.8）p.20

収入：收入

小遣い：零用錢

減る：減少

景気：景氣

支出：支出,開銷

節約：節省,節約

やりくりする：調整安排

補う：填補

内緒：秘密

貯める：儲存

余裕：充裕,富裕

結束・對話

　今日、日本語の授業のあとで研究室に行ったら、コップが割れていました。そのコップは田中さんがとても大事にしていたコップでした。それを見つけた田中さんは「誰が割ったの？」ととても怒って、犯人探しを始めました。ところが、犯人はなんとネコでした。田中さんは、ネコが割ったならしかたがないとあきらめたようでした。

假定・推測的句型 —尋找另一半

　　在這裡介紹和表示假定的「～たら」「～ても」，以及表示推測的「～かもしれない」一起使用的詞彙－「万一」「たとえ」「もしかすると」。如果一起使用的話，想傳達的內容將會更清楚明確，請大家一定要記起來。
　　A 和正在為旅行做準備的三位朋友聊天，接下來的對話各有什麼含意呢？

A：旅行するの？（要去旅行嗎？）

　　B：うん。海外旅行。万一事故にあったら大変だと思って、保険にも入ったよ。
　　　　　　　　　　　　　（嗯。要出國旅行。因為擔心萬一發生意外就糟了，所以保險也買好了喔！）

　　C：うん。冬山登山の予定。危ないから家族は反対しているけど、でも、たとえ家族に反対されても山に挑戦したいんだ。（嗯。計畫要冬天去登山。因為很危險所以家人們極力反對，不過即使被家人反對，我還是想去挑戰登山。）

　　D：うん。1人でね。行き先は決めてないけど、旅行しながら将来のことを考えたいんだ。もしかすると、1カ月ぐらい帰らないかもしれないよ。（嗯。我自己1個人去。還沒決定要去哪，不過我想要一邊旅行一邊思考未來。說不定一個多月都不會回來喔！）

　　大家有看出哪個句型和哪個詞彙一起使用了嗎？
「万一～たら」是一組，「万一」這個詞彙讓人聯想到攸關性命安危的大事件。
「たとえ～ても」是一組，「たとえ」的意思是「即使」，若和「ても」一起使用的話，後面會出現和前一句意思相反的內容。
「もしかすると～かもしれない」是一組，說話者用「もしかすると」來表示推測事情發生的可能性低。

■ 請在(　　)中填入適當的詞彙。

1. 飛行機は予定通り到着すると思うけど、(　　　　　)遅れるかもしれない。
2. (　　　　)事故が起こったらすぐ連絡してください。
3. (　　　　)どんな困難があっても、必ず君に会いに行くから待ってて。

20 結果・狀態

> 開始・對話

在以下情境中，兩人之間會出現什麼樣的對話呢？請在＿＿＿填入適當的詞彙來完成對話。

① ビールは冷たいほうがいいと思うんだけど、
もう a.＿＿＿＿＿いるかな？

② うん、b.＿＿＿＿＿あるよ。
昨日から冷蔵庫に入れて c.＿＿＿＿＿から、もうきんきんに d.＿＿＿＿＿いると思うよ。
それに、白ワインも e.＿＿＿＿＿あるんだよ。

> 這一課的句型詞彙
>
> 結果・狀態　「自動詞 ＋ ている（〜てる）」「他動詞 ＋ てある」
> 　　　　　　「他動詞 ＋ ておく（〜とく）」「他動詞／自動詞 ＋ てしまう（〜ちゃう）」

 確　認

（1）自動詞 ＋ ている（〜てる） ［→自動詞的テ形 ＋ いる］

意思　表示因人的動作所引起的變化結果，或是自然發生的事所留下的結果狀態。

→ 說話者將關注的焦點放在東西上，用來表示動作對象的結果、狀態。

・そのパソコンは壊れていて使えません。そのとなりのパソコンを使ってください。
　　　　　　　　　　　　　　　　　　　　　　　　　（那台電腦壞了無法使用。請用旁邊那一台。）
　　　　關注焦點　　　　狀態

→ 口語用「〜てる」。

口語 ➔ p.246

・家の前に宅配便のトラックが止まってる。荷物が届いたのかな。
　　　　　　　　　　　　　　　　　　　　　　（家門口停了一台宅配的貨車。是不是包裹寄到了呢？）

・あれ？　ドアの鍵が開いてます。変ですね…。（咦？門竟然沒有上鎖，真奇怪…。）

192

（2）他動詞 ＋ てある　［→他動詞的テ形 ＋ ある］

意思　表示動作主體因某個目的採取的行動，所造成的結果或變化的狀態持續（用意志動詞）。

→ 說話者關注的焦點在動作主體或是其行為。　　　　　　　　　　　意志動詞 ➔ p.250

→ 有時候是描述眼前的景象，有時是用來說明狀況。

【眼前的景象】

・A：電気がついていますね。（電燈亮著耶！）
　B：つけてあるんです。（是開好著的。）
　A：どうしてですか。（為什麼呢？）　関注焦點
　B：すぐ授業が始まりますから。（因為馬上就要開始上課了。）

【說明狀況】

・A：鈴木さんに明日のこと、連絡した？（已經跟鈴木小姐聯絡明天的事了嗎？）
　B：うん、もう連絡してあるよ。（嗯，已連絡好了喔！）
　　　　　　関注焦點

（3）他動詞 ＋ ておく（〜とく）［→他動詞的テ形 ＋ おく］

意思1　為了之後（有可能）發生的事，現在做動作來作為準備。

→ 用在有明確的動作目的時。

→ 因為是用來表示說話者的動作・行為，所以用意志動詞。

・自然災害はいつ起こるか分からないから、水や乾パンを買っておこう。
（因為不知道天然災害什麼時候會發生，先把水和乾糧買好以防萬一吧！）

・〈醫院裡〉
順番になったらお呼びしますから、待っている間に熱を測っておいてください。
（輪到時會叫號碼，所以請在等候時先量好體溫。）

→ 口語用「〜とく」。

・失敗したコピー用紙は、その箱に入れといてね。紙の裏面を使うから。
（列印失敗的紙張請放入這個箱子裡，因為要用背面。）

意思2　表示為了某個目的而保持目前的狀態。

・A：お皿もう片付けましょうか。（差不多可以收拾碗盤了吧！）
　B：いいえ、みんなが帰るまでそのままにしておきましょう。（還沒，大家還沒回家之前先這樣擺著吧！）

・A：ここにかばんを置いておいてもいいですか。ちょっと飲み物を買ってきます。
（可以先把包包放在這裡嗎？我去買個飲料馬上回來。）
　B：ええ、いいですよ。（嗯，可以喔！）

（４）他動詞／自動詞 ＋ てしまう（～ちゃう）

① **他動詞 ＋ てしまう**［→他動詞的テ形 ＋ しまう］

意思 用來表示不久的將來（或是已決定的時間）要徹底完成動作。「～てしまった」的意思為該動作已完全結束。

→ 口語「～てしまう」會變成「～ちゃう」、「～でしまう」則變成「～じゃう」。

・ 仕事を始める前に、食事をすませてしまいましょう。（開始工作之前，先填飽肚子吧！）

・ A：それ、最新刊？（那是最新一期的刊物嗎？）
　 B：うん、そうだよ。貸そうか？（嗯，對呀！要不要借你看？）
　 A：いいの？（可以嗎？）
　 B：うん、私はもう読んじゃったから、いいよ。（嗯，我已經全看完了，可以喔！）

② **自動詞 ＋ てしまう**［→自動詞的テ形 ＋ しまう］

意思 用來表示說話者（或聆聽者）不希望發生的事不幸發生了，或發生了與預期不同的事。

→ 表示說話者覺得如果對方做了該動作（或是不做）的話，將來應該會很麻煩。用來提醒對方注意。

・ 早く論文を書き始めないと、締切に間に合わなくなってしまいますよ。

（不早點開始寫論文的話，會趕不上繳交期限喔！）

・ 忘れてしまうかもしれないから、約束の時間をメモしとこう。（因為有可能會忘記，所以先把約好的時間寫下來吧！）

③ **他動詞／自動詞 ＋ てしまった**

意思 表示說話者「遺憾」「失敗」「苦惱」「抱歉」等感受。

・ とても大切にしていた時計が壊れてしまった。〈遺憾〉（一直很愛惜的時鐘竟然壞了。）

・ 今日、朝寝坊して、授業に遅刻してしまいました。〈失敗〉（今天早上睡過頭，結果上課遲到了。）

・ パスポートを落としてしまったんです。どうしたらいいですか。〈苦惱〉（我把護照弄丟了。該怎麼辦才好呢？）

・ あのう、先日、お借りしていた本、少し汚してしまいました。〈抱歉〉（我不小心把前幾天跟您借的書弄髒了。）

→ 當自己的行為給對方帶來困擾時，用「他動詞＋てしまう」來表達歉意，表示一切都是自己的責任。

・［×］先生、プリンターを壊しました。すみません。
　→［○］先生、プリンターを壊してしまいました。すみません。〈責任〉（老師，我不小心把印表機弄壞了。對不起。）

・［×］待ち合わせの時間に遅れました。すみません。
　→［○］待ち合わせの時間に遅れてしまいました。すみません。〈道歉〉（遲到而沒能趕上約好的時間，真的很抱歉。）

練習1

■ 請從 a. 和 b. 之間選出適當的用法。

1. 田中さんの家の電気が（　　）。旅行から帰ってきたのかな。

　a. つけてる　　　　　　b. ついてる

2. 机の上にスケジュール表が置いて（　　）から、1枚ずつ取ってください。

　a. います　　　　　　b. あります

3. 〈在車站〉

　A：どうしよう。9時の電車に乗れるかな。あと10分しかない。

　B：急がないと、もう（　　）よ。

　a. 行っちゃう　　　　b. 行っとく

4. 部屋の電気が（　　）から、田中さんは留守のようですね。

　a. 消えています　　　b. 消しています

5. パソコンが（　　）から、仕事ができません。

　a. 壊してある　　　　b. 壊れている

6. いすが（　　）ね。これから何かあるんでしょうか。

　a. 並んであります　　b. 並べてあります

7. 冷蔵庫にビールが（　　）から、どうぞ飲んでくださいね。

　a. 冷やしてあります　b. 冷えてあります

8. ヒーターをつけたばかりですから、部屋がまだ（　　）いません。

　a. 暖まって　　　　　b. 暖めて

9. 来週泊まるホテルは私が昨日（　　）ました。

　a. 予約してあり　　　b. 予約しておき

10. 居酒屋の看板には、「商い中」と（　　）。

　a. 書いてある　　　　b. 書いている

① 「～てある」和「～ている」的不同

窓が<u>開けてある</u>　　　　　窓が<u>開いている</u>

「窓が<u>開けてある</u>」＝表示「是誰把窗戶打開的呢？」或是「為了什麼原因打開窗戶的呢？」。

「窓が<u>開いている</u>」＝不考慮開窗戶的人是誰，純粹表示窗戶的狀態。

② 「～てある」和「～ておいた」關注的焦點不同

「～てある」用來表示動作或準備結束時，和「～ておいた」的意思相似，但關注的焦點有所不同。

「名詞＋が＋動詞＋てある」
　→「～てある」的焦點在於動作或是所準備的結果狀態。

「名詞＋を＋動詞＋ておいた」
　→「～ておいた」的焦點在於為了某個目的所做的準備已經完成。

・A：お風呂は？（洗澡的水呢？）
　B：もう沸かし<u>てある</u>よ。（已經熱好了喔！）【說話者關注的焦點＝**洗澡的水的狀態**】
　　もう沸かし<u>ておいた</u>よ。（已經先熱好了喔！）【說話者關注的焦點＝**我的動作已經完成**】

・今夜パーティーがあるので、たくさん料理｛が準備し<u>てあります</u>。（因為今晚有聚會，所以已經準備好許多菜餚。）
　　　　　　　　　　　　　　　　　　　　　　　　　　　　　　　　　　【說話者關注的焦點＝**菜餚**】
　　　　　　　　　　　　　　　　　　　　　を準備し<u>ておきました</u>。（因為今晚有聚會，所以先準備好許多菜餚。）
　　　　　　　　　　　　　　　　　　　　　　　　　　　　　　　　　　【說話者關注的焦點＝**準備菜餚這件事**】

③「～ておく」的時態與動作結束

「**～ておく**」＝表示接下來要做的準備動作。〈未來〉

「**～ておいた**」＝表示準備動作已經結束。〈過去〉

・先生がすぐに授業が始められるように、パソコンをつけておきましょう。

（為了方便老師可以馬上開始上課，先開好電腦吧！）

（＝現在要打開電源來啟動電腦）〈未來〉

・A：あっ！どうしよう。田中さんに電話するのを忘れちゃった。（啊！怎麼辦？我忘記打電話給田中小姐了。）

B：大丈夫だよ。さっき私がしておいたから。（沒關係，我剛才已經打好了。）

（＝剛才打電話給田中小姐了）〈過去〉

練習2

■ 請從 a. ～ d. 之中，選出最適合的答案。

1. 〈廚房裡〉

ボウルに卵が（　　）あった。今日の夕飯はオムライスかな。

a. 割れて　　　　b. 割って　　　　c. 割られて　　　　d. 割らせて

2. 教室の壁には、ずっと昔から、ひらがな表とカタカナ表が（　　）。

a. はっています　　　b. はってあります　　　c. はられます　　　d. はります

3. 学生：先生、この宿題を見ていただきたいんですが。

先生：分かりました。今はちょっと忙しいので、机の上に（　　）ください。

a. 置いていて　　　b. 置いてみて　　　c. 置いておいて　　　d. 置いてしまって

4. 昨日カレーを作りすぎてしまって、まだたくさん（　　）んだけど、今日の夕飯もカレーでいい？

a. 残っている　　　b. 残ってある　　　c. 残している　　　d. 残してある

5. あっ、かばんの口が（　　）よ。

a. 開いてある　　　b. 開けてある　　　c. 開けておく　　　d. 開いている

6. 先生：今日の講義内容について、来週の授業でディスカッションします。資料をよく読んで、
（　　）ください。

a. 考えてあって　　　b. 考えていて　　　c. 考えておいて　　　d. 考えてしまって

7. A：先生、宿題を家に（　　）ました。すみません。

a. 忘れてあり　　　b. 忘れてい　　　c. 忘れておき　　　d. 忘れてしまい

197

8. 後輩 A：あ～あ。先輩のマグカップ、（　　）ね。

　　後輩 B：どうしよう。先輩が大切にしているカップだったのに…。

　　a. 割ってた　　　b. 割っちゃった　　　c. 割ってあった　　　d. 割っといた

9. 忙しいときは一週間分のご飯を炊いて、冷凍庫に（　　）。食べるときは、電子レンジで温めるだけなので、時間が節約できるんです。

　　a. 入ってあります　　　b. 入れています　　　c. 入っています　　　d. 入れておきます

10. 妹：リビングにきれいな花が（　　）ね。何かあるの？

　　姉：今日、大事なお客さんが来るからね。

　　a. 飾ってある　　　b. 飾っている　　　c. 飾っといた　　　d. 飾っちゃった

✏️ 造句

■ 請使用本課學習内容（結果・狀態）來完成下列各句。

1. 掲示板に a.＿＿＿＿＿＿＿＿＿が b.＿＿＿＿＿＿＿てありますから、確認してください。

2. a.＿＿＿＿＿＿＿＿＿に行く前に、b.＿＿＿＿＿＿＿＿＿＿たほうがいいですよ。

3. 〈電話中〉

　　A：起きたら時計が＿＿＿＿＿＿＿＿＿の！今から出かけても間に合わないかも。

　　B：時計が壊れていたんだね。先生には私から＿＿＿＿＿＿＿＿＿から、心配しないで。

4. A：どうしよう！＿＿＿＿＿＿＿＿＿＿＿＿＿＿＿＿＿ちゃった（じゃった）。

　　B：それは大変だ！

5. A：あれ、スープに虫が＿＿＿＿＿＿＿＿＿＿ますよ。

　　B：ギャー！

6. A：あっ、あそこに財布が＿＿＿＿＿＿＿＿＿＿ますよ。

　　B：本当だ。警察に届けましょう。

7. お客さんが来る前に、＿＿＿＿＿＿＿＿＿＿＿＿＿＿＿てしまおうかと思います。

8. あれ？おかしいな。さっき閉めたはずなのに、＿＿＿＿＿＿＿＿＿＿＿＿＿＿＿＿＿。

198

9. A：この忘れ物、誰のでしょうか。

B：あっ、ここに名前が＿＿＿＿＿＿＿＿＿＿＿＿＿＿＿よ。

10. しばらく休憩時間がないので、今、＿＿＿＿＿＿＿＿＿＿＿＿＿＿てください。

◾️改 錯

■ 在下面的句子中有錯誤的用法。請在錯誤的地方畫上＿＿＿＿＿，並寫出正確用法。

1. 冷蔵庫に入ってある食べ物はなんでも食べていいよ。

2. 私、韓国語が読めないんだけど、これ、何て書いているの？

3. あ、もう授業が始めていますよ。教室に戻りましょう。

4. 各テーブルには、名前が書いてあるプレートが置いていますから、自分の名前のところに座ってください。

5. 先生、お借りした本を汚しました。本当に申し訳ありません。

在這篇文章裡，使用著本課的學習內容（結果・狀態）。閱讀文章時，請試著思考其使用方式及意思。

楽器：樂器
肯く：點頭
かさねる：重疊，堆放
眺める：凝視
ならう：效仿
寝室：臥室
管理人：管理員
通じる：通往
電灯：電燈
沿う：沿著

「我々は楽器を探しに来たんです」と僕は言った。「あなたのところにうかがえば楽器がどこにあるかわかると教えられたんです」
　彼は何度か肯いて、皿の上にかさねるようにして置かれたフォークとナイフをしばらく見つめていた。
「たしかに楽器ならここにいくつかあります。古いものなので使えるかどうかはわかりませんが、もし使えるものがあればお持ちになって下さい。どうせ僕には何も弾けません。並べて眺めているだけです。ごらんになりますか？」
「そうさせていただければ」と僕は言った。
　彼は椅子を引いて立ちあがり、僕もそれにならった。
「どうぞこちらです。寝室に飾ってあるんです」と彼は言った。
「私はここにいて食器を片づけてコーヒーでもいれておくわ」と彼女は言った。
　管理人は寝室に通じるドアを開けて電灯をつけ、僕を中に入れた。
「ここです」と彼は言った。
　寝室の壁に沿って様々な種類の楽器が並んでいた。

『世界の終りとハードボイルド・ワンダーランド』（村上春樹）より

結束・對話

　今日はゼミの打ち上げパーティーです。私が幹事をすることになりました。田中さんにビールが冷えているか聞いたところ、昨日から冷蔵庫に入れてあるそうです。もう、きんきんに冷えているでしょう。あとは、注文しておいた料理が届けば準備はオッケーです。先生には、もう連絡してあるので、もうすぐいらっしゃると思います。先生がいらっしゃったら、パーティーを始めましょう。

「ぜひ」和「きっと」有何不同？

　　同樣是表示希望或願望的「ぜひ」和「きっと」雖然相似，實際上還是有所不同。大家知道究竟是哪裡不一樣嗎？請看看以下對話，思考使用在對話中的「ぜひ」「きっと」的意思。

1. A：この仕事を引き受けてくれる人はいませんか。（有人要接下這份工作嗎？）
   B：はい。ぜひ、私にやらせてください。（×きっと）（我。請務必讓我來做這份工作。）
2. A：今度の試験、できるかどうか心配だなあ。（不知道這次的考試會不會過關，好擔心喔…）
   B：大丈夫。あんなに頑張ったんだからきっと大丈夫だよ。（×ぜひ）

   （沒問題的。你那麼努力準備，一定沒問題的！）

　　「ぜひ」有「一定」的意思，用來表示自己想做的事，希望對方做的事，以及給對方的建議。因此，會和表示希望的「～たい、～てほしい、～(さ)せてほしい」、請託表現、給對方建議的「～てください」一起使用，但不會和否定句型一起出現。

　　「きっと」和「ぜひ」一樣有「一定」的意思，而和「ぜひ」不同的是，「きっと」可用來判斷將來最可能得到的結果，因此常和表示可能性高的「～だろう、～でしょう、～に違いない」一起使用。如果用來描述自己的事，會用「きっと～する」或「きっと～してみせる」來表達實現該動作堅強的意志，若是對方的行為，則以「きっと～てください」來表示強烈的要求或期待，這時也不會和否定句型一起出現。

■ 請在(　　)中填入「ぜひ」或「きっと」。

1. A：今回は残念な結果になったけど、(　　　　　)またいいことがあるよ。
   B：うん、そうだね。
2. このお菓子、本当においしいんですよ。(　　　　　)1つ食べてみてください。
3. とてもいいレストランだったので(　　　　　)また利用したい。

201

21 被動

> 開始・對話

在以下情境中，兩人之間會出現什麼樣的對話呢？請在＿＿填入適當的詞彙來完成對話。

①元気ないね、どうしたの？

②今日は大変だったんだよ。
朝、電車の中で、
a.＿＿＿＿＿＿＿＿＿＿＿＿＿＿し、
学校では、宿題を忘れて
b.＿＿＿＿＿＿＿＿＿＿＿＿＿＿し、
いいことなかったからね。

這一課的句型詞彙

被動 「～れる、～られる」

【何謂被動】

用日文敘述我和其他人（物）之間所發生的事時，以「我」為中心來描述會較為自然。如果是表示「我」所作的動作會用「普通句」，如果是「我」接受動作的話，會用「被動句」來表達。被動句的意思可分為「接受動作行為」「受害」「一般事實」。

【被動句的三種句型】

◆他動詞的被動句 ①

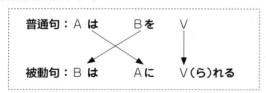

普通句：先生は　　私を　　　ほめました。（老師誇獎我。）
被動句：私は　　　先生に　　ほめられました。（我被老師誇獎了。）

202

◆他動詞的被動句 ②

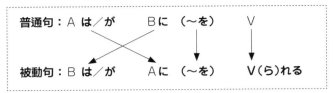

普通句：社長は　　田中さんに　仕事を　頼みました。(老闆把工作委託給田中小姐。)
被動句：田中さんは　社長に　　　仕事を　頼まれました。(田中小姐被老闆委託工作。)

◆自動詞的被動句

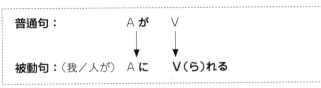

普通句：雨が　　　　降った。(下雨了。)
被動句：(私は)雨に　降られた。((我)被雨淋了。)

	動詞	被動		動詞	被動
第1類動詞	書く	→ 書かれる	第3類動詞	する	→ される
第2類動詞	食べる	→ 食べられる		来る	→ 来られる

第1類動詞 ➡ 凡例
第2類動詞 ➡ 凡例
第3類動詞 ➡ 凡例

21
被動

(1) 接受行為

［主語＝人］

主語 ➡ p.248

① 以人為主語，表示主語接受其他人或東西的動作行為及影響。其行為及影響可以是開心的，麻煩的，也可以是中立的。

・私は、先生にほめられました。(我被老師誇獎了。)

・私は、母親にしかられました。(我被媽媽責罵了。)

・田中さんは、社長に仕事を頼まれました。(田中小姐被老闆委託工作。)

・(私は)かわいがっていたペットに死なれて、悲しい。(一直疼愛有加的寵物死了，我好難過。)

② 表示狀態・可能・存在的動詞沒有被動的形式。

・(媽媽的感受)

［×］娘に、私の悪いところばかり似られて嫌な気分だ。

［○］娘は、私の悪いところばかり似るので嫌な気分だ。〈狀態〉(我女兒都遺傳到我不好的地方，心情好糟。)

・［×］お姉ちゃんに、上手に字が書けられて、私が下手なのが目立ってしまう。

［○］お姉ちゃんは、上手に字が書けるので、私が下手なのが目立ってしまう。〈可能〉

(因為姊姊寫了一手好字，相形之下我寫的字就顯得很糟。)

・お母さんが、私とお姉ちゃんを比べるから、小さいころは （因為媽媽總是拿我和姊姊做比較，所以小時候）

［×］お姉ちゃんに いられて嫌だった。

［○］お姉ちゃんが いて嫌だった。〈存在〉（我很討厭有姊姊。）

（2）受害的意思

［主語＝人］

以人為主語，來描述因其他人或事而受害，或是感到困擾的事實。如果對象是身體的一部分或是自己的東西，不能用「私の＋足（名詞）＋が／は」把我（主語）和東西總括在一起。

・［○］私は、女性に足を踏まれました。（我被一位女性踩到腳了。）

［×］私の足は、女性に踏まれました。

（3）一般事實

［主語＝東西、事情］

以東西或事情為主語，不表達情感的部分，只純粹做一般事實的描述。

・日本は海に囲まれている。（日本四面環海。）

・オリンピックは4年おきに行われます。（奧林匹克運動大會每隔四年舉辦一次。）

・電話はベルによって発明された。（電話是由貝爾所發明的。）

練習1

■ 請從 a. 和 b. 之間選出適當的用法。

1. ジムさんは、宿題をきちんとやってきたので、先生に（　　　　）。
   a. ほめられた　　　　b. ほめた

2. A：ねえ、田中さん、嬉しそうだけど、何かあったのかな？
   B：ああ、山田さんに映画に（　　　　）らしいよ。
   a. 誘った　　　　　b. 誘われた

3. サリーさんは道に迷って、近くの交番で郵便局の場所を（　　　　）。
   a. 聞いた　　　　　b. 聞かれた

4. 小林さんは両親に、自分の彼女を（　　　　）。
   a. 紹介された　　　b. 紹介した

5. お父さんは子どもに携帯電話を（　　　）て、とても困っている。

　　a. 壊し　　　　　b. 壊され

6. ずっと逃げていた犯人が、昨夜警察に（　　　）。

　　a. 逮捕された　　　b. 逮捕した

7. 町を歩いていたら、突然大声で名前を（　　　）嫌だった。

　　a. 呼んで　　　　　b. 呼ばれて

8. あとで食べようと思っていたケーキを、妹に（　　　）しまった。

　　a. 食べて　　　　　b. 食べられて

9. 家を出ようと思ったときに電話が（　　　）きて、授業に遅刻してしまった。

　　a. かかって　　　　b. かかられて

10. A：Bさん、山田さんをデートに誘ったの？どうなった？

　　B：うーん、それが…、「忙しい」って（　　　）よ。

　　a. 断れた　　　　　b. 断られた

① 被動句的動詞

□**他動詞**：事件中通常會有做動作的人（事），和接受其動作行為的人，被動句是從接受動作行為的人的立場來描述的句型，較常用他動詞。

・田中さんは社長に仕事を頼まれました。（田中小姐被老闆委託工作。）

他動詞 ➔ 第19課

□**自動詞**：因自動詞並非用來表示對人施予動作行為，所以很少用在被動句，但如果受到傷害或是困擾的人，想描述該事實時，就會用自動詞，這時主語一定是受到動作影響的「人」。

自動詞 ➔ 第19課

・（私は）スーパーで子どもに泣かれた。（在超市小孩哭鬧不已，我感到非常困擾。）

・（私は）友だちに勝手に部屋に入られた。（我朋友擅自闖入我的房間，我很困擾。）

・警察は犯人に逃げられた。（警察被犯人給逃走了。）

・（私は）急に友だちに家に来られた。（朋友突然來訪，我很困擾。）

205

② 使用被動句的理由

以我或是某人為主語來描述時，讓句中主語統一成同一個人會較為自然，這時為了讓主語一致，就會用被動句。如果我和其他人都和事情有關連，在描述事情時會以「我」為主語。

・（私は）机の上に日記を置いておいたら、$\begin{cases}（私は）日記を 母に読まれた。（○）\\ 日記を 母が読んだ。（△）\end{cases}$

（（我）把日記放在桌上，結果日記竟然被媽媽偷看了。）

・（私は）昨日買ったばかりの本を、$\begin{cases}（私は）友だちに汚された。（○）\\ 友だちが汚した。（△）\end{cases}$ （（我）昨天才剛買的書，被朋友弄髒了。）

③ 普通句和被動句意思上的不同

普通句 ＝ 純粹只描述事實，而不表達自己的情感。

被動句 ＝ 表示主語接受動作，受其影響而產生情緒上的變化（感到困擾、開心的事）。

・普通句　公園で子どもが泣いていた。〈事實〉（小孩在公園裡哭著。）

　被動句　新幹線の中で隣に座った赤ちゃんにずっと泣かれた。〈困擾〉

（搭新幹線時鄰座的小嬰兒一直哭，真傷腦筋）

・普通句　となりの家にどろぼうが入ったみたい。（隔壁鄰居好像有小偷闖空門。）

　被動句　どろぼうに入られて、買ったばかりのパソコンを盗まれた。〈困擾〉

（被小偷闖了空門，剛買的電腦被偷走了。）

・普通句　先生が私の作文をほめた。（老師誇獎了我寫的作文。）

　被動句　私は先生に作文をほめられた。〈開心的事〉（我被老師誇獎了作文。）

④ 被動句和「～てもらう」的不同

被動句 ＝ 多用來表示受害或感到困擾的心境。

「～てもらう」 ＝ 表示開心的心情或是感謝。

・友だちがうちに来た。〈事實〉（朋友來我家。）

・試験前、勉強したいのに、友だちにうちに来られた。〈困擾〉（考試前想要用功讀書，朋友卻突然來訪，真傷腦筋。）

・パソコンが動かなくなったので、機械に詳しい友だちに来てもらった。〈感謝〉

（因為電腦突然沒反應了，所以請對電器產品精通的朋友來幫我看看。）

⑤ 被動的整理

他動詞＋（ら）れる	心情（開心的事）	私は、木村さんに食事に誘われた。（我被木村先生邀請一起用餐。）
	心情 （不開心也不悲傷的事）	私は、木村さんに仕事を頼まれた。（我被木村先生委託了工作。）
	一般事實	8月に夏祭りが行われる。（將在8月舉辦夏日祭典。）
	困擾	私は、木村さんに日記を見られた。（我的日記被木村小姐偷看了。）
		私は、木村さんに本を汚された。（我的書被木村小姐弄髒了。）
自動詞＋（ら）れる	困擾	私は、木村さんに勝手に部屋に入られた。 （我被木村小姐擅自進入房間。）
		私は、木村さんに笑われた。（我被木村小姐嘲笑了。）

練習 2

■ 請從 a. ～ d. 之中，選出最適合的答案。

1. 先生に翻訳の仕事を（　　　）。
    a. 頼んだ　　　　b. 頼まされた　　　　c. 頼まれた　　　　d. 頼めた

2. 忙しいときに友だちに部屋に（　　　）困った。
    a. 来られた　　　b. 来られて　　　　c. 来た　　　　　d. 来て

3. 姉に彼からの手紙を（　　　）、本当に嫌だった。
    a. 読んでもらって　　　b. 読んでくれて　　　c. 読んで　　　d. 読まれて

4. 小説の『白雪姫』は、世界中の子どもたちに（　　　）いる。
    a. 読んでもらって　　　b. 読んでくれて　　　c. 読んで　　　d. 読まれて

5. A：この建物は古そうですね。
    B：ええ、明治時代に（　　　）貴重な建物ですよ。
    a. 建てた　　　　b. 建てられた　　　c. 建ててもらった　　　d. 建ててくれた

6. 彼とどうしても結婚したいが、両親に（　　　）困っている。
    a. 反対されて　　　b. 反対して　　　c. 反対してもらって　　　d. 反対してくれて

7. 私の声と妹の声は似ているので、電話に出るといつも妹に（　　　）。
    a. 間違える　　　b. 間違えられる　　　c. 間違ってもらう　　　d. 間違ってくれる

8. 彼に突然プロポーズ（　　　）、どうしようか迷っている。
    a. してくれて　　　b. してもらって　　　c. されて　　　d. して

9. 電気をつけないで自転車に乗っていたら、警察官に（　　　）。
    a. 注意した　　　b. 注意された　　　c. 注意してもらった　　　d. 注意させた

10. 気象庁によって、桜の開花宣言が（　　　）。
    a. 出た　　　　b. 出られた　　　c. 出した　　　d. 出された

✏️ 造 句

■ 請使用本課學習內容（被動）來完成下列各句。1～3 請看圖造句。

1. → _____

2. → _____

3. → _____

4. 一晩中子どもに＿＿＿＿＿＿＿＿＿＿＿＿＿、寝られなかった。

5. ビートルズの曲は、今でも世界中で＿＿＿＿＿＿＿＿＿＿＿＿＿＿。

6. 各国の代表が集まって、環境問題についての会議が＿＿＿＿＿＿＿＿＿＿＿＿。

7. 〈向警察説明〉

  留守中に空き巣に＿＿＿＿＿＿＿＿＿＿みたいで、旅行から帰ってきたら、家の中がメチャメ

  チャだったんです。

8. 私は幼いころ、両親ではなく、祖母に＿＿＿＿＿＿＿＿＿＿＿＿＿＿。

9. 子どもに、大切にしていた本を＿＿＿＿＿＿＿＿＿＿＿＿＿＿、困ってしまった。

10.最近、詐欺による被害が増えています。みなさんも＿＿＿＿＿＿＿＿＿＿ようにくれぐれ

  も気をつけてください。

■ 改 錯

■ 在下面的句子中有錯誤的用法。請在錯誤的地方畫上＿＿＿＿＿＿，並寫出正確用法。

1. けがをしながらも、最後まで戦う彼女の姿に感動された。

2. 財布を忘れてしまった。でも、友だちにお金を貸されて助かった。

3. 大学に来る途中、知らない人が私に道を聞いた。

4. 私は日本に来る前、国でも日本人の先生に日本語を教えられました。

5. 私の自転車はどろぼうに盗まれた。

找到例句了！

在這篇文章裡，使用著本課的學習內容（被動）。閱讀文章時，請試著思考其使用方式及意思。

まんがとアニメは、世界的に注目されている日本の現代文化です。手塚治虫は、その基礎を築き、「まんがの神様」と評されています。単に面白いだけでなく、子どもにも大人にも感動を与える、さまざまなジャンルの名作を生涯をかけて創作しました。作品に共通するテーマは「命の尊さ」でした。（中略）

手塚はまんが家としての才能を発揮し、間もなくして一流作家になりました。しかし、当時PTAなどの悪書追放運動が始まりました。そして、まんがはでたらめなことを伝え、子どもに嘘を教えていると思われて標的にされました。

手塚は苦しい立場に追い込まれますが、まんがをもとにしたテレビアニメ「鉄腕アトム」を製作しました。主人公のアトムはさまざまな力を持つロボットですが、人間の感情も持っています。アトムはすぐに子どもたちのヒーローとなり、その人気が高まると共に、悪書追放運動は消えていきました。

手塚のまんが家としての名声は高まりました。しかし1968年に、よりリアルな描写の劇画が登場すると、手塚の人気は下がり始めました。手塚ははやりの劇画の手法を試みますが、読者には受けませんでした。そしてさらに悪いことに、これまでのファンも離れていきました。

「命の大切さを描いた「まんがの神様」」より
Hir@gana Times (2011.5) pp.26-29

築く：構築	
評する：評論，評價	
単に：僅，只	
ジャンル：類型，類別	
生涯：一輩子，一生	
創作する：創作	
尊い：寶貴	
才能：才能	
発揮する：發揮	
悪書：不良書刊	
追放：驅逐	
でたらめ：荒謬，胡說八道	
標的：目標	
追い込む：逼進，使~陷入	
名声：名聲	
リアルな：真實的	
描写：描寫	
劇画：故事漫畫	
はやり：流行	
受ける：受歡迎	
離れる：遠離	

21
被動

結束・對話

今日は散々な1日でした。朝、学校へ行く途中、電車の中で女性に足を踏まれました。とても痛かったです。そして、宿題を忘れて先生にしかられました。今日は早く寝て、今日起こった嫌なことを全て忘れたいです。明日はいい日になりますように。

209

22 使役・使役被動

> **開始・對話**

在以下情境中,兩人之間會出現什麼樣的對話呢?請在____填入適當的詞彙來完成對話。

①料理を手伝って。
お風呂掃除もね。
終わったら、勉強もやるのよ。

②お母さんは、いつも何でも
ぼくに a.____けど、
b.____ぼくは
大変だよ…。あー疲れた。

這一課的句型詞彙
- 使役　　　「〜せる／させる」
- 使役被動　「〜される／させられる」

 確認

【何謂使役】

因為自分的言行舉止,結果導致由對方來做動作時,用「〜せる／させる」來表達,這樣的句型稱為使役。使役的意思可分為「強迫」「允許」「誘發」「責任」。

◆使役句的形態

主語 ➡ ❓ p.248

A（主語）が／は　B（對方）を（〜に）　動詞（自動詞）（さ）せる

A（主語）が／は　B（對方）に　〜を　動詞（他動詞）（さ）せる

自動詞 ➡ 第 19 課

他動詞 ➡ 第 19 課

	動詞	使役		動詞	使役
第1類動詞	書く	書かせる	第3類動詞	する	させる
第2類動詞	食べる	食べさせる		来る	来させる

第1類動詞 ➡ 凡例

第2類動詞 ➡ 凡例

第3類動詞 ➡ 凡例

・ 母親（A）は子ども（B）に野菜を食べさせた。〈強迫〉（媽媽叫小孩吃蔬菜。）

・ 子どもがピアノを習いたいと言ったので、私（A）は子ども（B）にピアノを習わせることにした。〈允許〉

（因為小孩說想學鋼琴，所以我決定讓他學鋼琴。）

・ 妹（A）は大学の入学試験に合格して、両親（B）を喜ばせた。〈誘發〉

（妹妹通過了大學的入學考試，令爸媽感到非常開心。）

・ 私（A）が休んだせいで、田中さん（B）に私の仕事をさせてしまった。〈責任〉

（因為我請假的關係，害田中先生必須做我的工作。）

（1）使役的 4 種意思

①強迫

意思 主語命令或指使對方做某件事。

→ 和對方想不想做這件事無關。

・ 先生は、宿題を忘れた私を廊下に立たせた。（老師叫忘了帶作業的我在走廊罰站。）

②允許

意思 主語允許（或不允許）對方做對方想做的事。

・ 父親は、心配のあまり、娘を海外旅行に行かせなかった。（爸爸因為太擔心了，所以不讓女兒出國旅行。）

○○ 有禮貌的請對方允許自己做想做的事時，會用授受動詞的請託用法來表達。

授受動詞 ➡ 第 13 課

□ **使役形＋～てください**

請託用法 ➡ ？ p.247

・ 先生、この資料を 1 枚コピーさせてください。（老師，這個資料請讓我複印一張。）

・ 私にも、何か協力させてください。（請讓我幫點忙。）

□ **使役形＋{～ていただきます／～ていただきたいんですが／～ていただけませんか}**

・ あなたの結婚式なら、喜んで出席させていただきます。（如果是你的婚禮的話，我很樂意出席參加。）

・ すみません。このコピー機を使わせていただきたいんですが。（不好意思，我想借用一下這台影印機。）

・ これから病院へ行きたいので、授業を休ませていただけませんか。

（因為現在想去一趟醫院，這堂課可以讓我請假嗎？）

③誘發（心情的變化）

意思 主語的動作改變對方的心情。

○○ 後面的句子常出現表示心情的動詞（喜ぶ、悲しむ、驚く、泣く、怒る、楽しむ、がっかりする、びっくりする等）。

・ 私が友だちに急に声をかけて、友だちをびっくりさせた。（我突然叫了朋友一聲，害朋友嚇了一跳。）

→ 普通句只是純粹描述事實，如果用使役句表達的話，會強調「B的心情產生變化的原因是A的動作」。

普通句：俳優Aが、急に結婚を発表したので、みんなは驚いた。
（因為演員A突然公佈結婚的消息，大家都非常驚訝。）

使役句：俳優Aは、急に結婚を発表して、みんなを驚かせた。（演員A突然公佈結婚的消息，讓大家嚇了一跳。）

④責任

意思 因為自分的行為，導致對方必須做某件事，而感到有責任。

🔗 經常和「〜てしまった」一起使用。

・電車が遅れて20分も待たせてしまいました。本当にすみません。
（電車誤點，讓您等了20分鐘之久，真的非常抱歉。）

【何謂使役被動】

將使役句的主語A和做動作的B對調在句中的位置，以B作為主語的被動句稱為使役被動。使役被動的意思可分為「強迫」「誘發」兩種。

◆使役被動句的形態(or 變化方式)

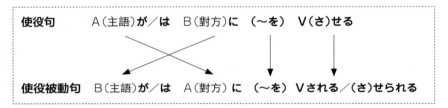

	動詞	使役	使役被動
第1類動詞	書く	書かせる	書かされる(書かせられる)
第2類動詞	食べる	食べさせる	食べさせられる
第3類動詞	する	させる	させられる
	来る	来させる	来させられる

・使役句　　：母(A)は　子ども(B)に　本を　読ませた。（媽媽叫小孩看書。）

使役被動句：子ども(B)は　母(A)に　本を　読まされた。（読ませられた）（小孩被媽媽強迫看書。）

・使役句　　：あの映画(A)は　私(B)を　　感動させた。（那部電影讓我深受感動。）

使役被動句：私(B)は　　　あの映画(A)に　感動させられた。（我因為那部電影而深受感動。）

→ 第1類動詞有長形式(書かせられる)及短形式(書かされる)兩種，但如果是像「話す」「直す」等以「－す」結尾的動詞，就不能用短形式。

・小学生のとき、方言を標準語に { 直させられた。（○）（我小學時，講方言都被糾正成標準語。）
　　　　　　　　　　　　　　　　直さされた。（×）

（2）使役被動的兩種意思

①強迫

意思 因為被對方命令，主語只好去做不想做的事情。

使役句 ： 母親は子どもに野菜を<u>食べさせた</u>。（媽媽強迫小孩吃青菜。）

使役被動句： 子どもは母親に野菜を<u>食べさせられた</u>。（小孩被媽媽強迫吃青菜。）

〈小孩明明不想吃青菜，但因為媽媽說「吃下去！」，所以沒辦法只好吃了。〉

・ この病院はとても込んでいるので、いつも３時間以上<u>待たされる</u>（<u>待たせられる</u>）。

（因為這間醫院一直都很多人，總是要等３個小時以上。）〈雖然很討厭長時間的等候，但除了等也沒其他辦法，所以只好等了。〉

②誘發（變化）

意思 主語因為所見所聞，自然而然產生了心情上的變化。

普通句 ： 私はあのすばらしい映画に心を<u>動かした</u>。（我為那部很棒的電影感到心動。）

使役被動句： 私はあのすばらしい映画に心を<u>動かされた</u>（<u>動かせられた</u>）。（我因為那部很棒的電影而深受感動。）

練習1

■ 請從 a. 和 b. 當中選出適合的答案。

1. 休日なのに、先生は学生を研究室に（　　　）。

　　a. 来ました　　　　　b. 来させました

2. お母さんは私に嫌いな食べものを（　　　）ので、とても嫌です。

　　a. 食べさせられる　　b. 食べさせる

3. 先生は学生に、昨日休んだ理由を説明（　　　）。

　　a. させた　　　　　　b. させられた

4. クラスの中村君はとてもおもしろくて、いつもみんなを（　　　）いる。

　　a. 笑わせて　　　　　b. 笑って

5. 妻と買い物に行くと、いつも重い荷物を（　　　）。

　　a. 持たされる　　　　b. 持つ

6. あなたの意見を(　　)。

　a. 聞かせてください　　b. 聞かされてください

7. あの子は小さいのに、とても上手に歌を歌うので、大人みんなが(　　)。

　a. 感心させた　　b. 感心させられた

8. 日本では、大学に入学するとき、たくさんの書類を(　　)。

　a. 書いてもらう　　b. 書かされる

9. 環境問題に関するドキュメンタリー番組を見て、地球の未来について(　　)。

　a. 考えられた　　b. 考えさせられた

10. その大統領は、国民の期待を裏切り、みんなを失望(　　)。

　a. させた　　b. した

提升程度

① 使役(強迫和允許)的主語

由於強迫和允許的意思為「強迫對方去做～」及「允許(不允許)對方去做他想做的事」，所以「**處境較強勢的人**」作為主語，以「〈處境較弱勢的人〉に～(さ)せる」的方式來表達。

・　　親が　　　　子どもに　　野菜を　食べさせる。(父母強迫小孩吃青菜。)
　　地位居上・強勢　地位居下・弱勢　　　　　　使役

② 和使役(允許)一起使用的詞彙

　◯◯ 表示允許對方去做想做的事時，常和「自由に」等詞彙一起出現。

・子どもに自由におかしを選ばせる。(讓孩子自由挑選零食。)

③ 使役被動形(誘發)常用的動詞

思考動詞 ➜ p.250

　◯◯ 用使役被動形來表示誘發(心情的變化)時，常用思考動詞・描述心情的動詞(感動する、感心する、驚く)。

・戦争についての本を読んで、いろいろ考えさせられた。(讀了關於戰爭的書後，不禁思考了許多事情。)

・彼の心温まるスピーチに感動させられた。(聽了他那暖人肺腑的演講，深受感動。)

・幼い彼女が、大人のような発言をしたことに、みんなが驚かされた。
(年幼的她，竟然表達如大人般的意見，大家都驚嘆連連。)

・彼女はいつもボランティアをしていて、感心させられる。(她一直在投入志工活動，讓我深感欽佩。)

④ 使役「放任」的意味

表示不去阻止對方的所作所為，有擱置不理的意思。

🔗 常和「そのまま」一起使用。

・子どもがおもちゃで遊んでいるので、そのまま遊ばせておく。（因為小孩子在玩玩具，所以不管他就讓他一直玩下去。）

⑤ 包含使役形的有禮貌的請託用法

當有禮貌的拜託對方時，除了「**使役形＋～ていただく／くださる**」之外，也可以用「**使役形＋～てもらう／くれる**」，不過禮貌的程度較低。

・このパソコンを使わせていただけませんか。（請問可以請您讓我使用這台電腦嗎？）

　このパソコン、使わせてもらいたいんだけどいい？（我想請你讓我使用這台電腦，可以嗎？）

　このパソコン、使わせてもらえないかな？（可以請你讓我使用這台電腦嗎？）

　このパソコン、使わせてもらってもいい？（請讓我用這台電腦可以嗎？）

　このパソコン、使わせてもらえる？（可以讓我用這台電腦嗎？）

　このパソコン、使わせてくれない？（可以讓我用這台電腦嗎？）

　このパソコン、使わせてくれる？（可以讓我用這台電腦嗎？）

⑥ 被動句和使役句意思上的不同

被動句＝ 被動句是表示主語（說話者）受到對方動作的影響，當關注的焦點在接受動作的人（被動句的主語、說話者）時，會用被動句來表達。

使役句＝ 使役句是表示對方（或是聆聽者）的行為或心情的變化，當關注的焦點在做動作的人（使役句的動作主體、聆聽者）時，會用使役句來表達。

→ 被動形的「怒られた」，是表示小孩接受到老師「怒る」的行為，而使役形的「怒らせた」則表示因為小孩調皮搗蛋而導致老師產生了「怒る」的情緒變化。

被動句：子どもがいたずらをして学校の先生に怒られた。（小孩惡作劇，被學校老師罵了一頓。）
〈老師對小孩生氣〉

使役句：子どもがいたずらをして学校の先生を怒らせた。（小孩惡作劇，把學校老師惹生氣了。）
〈老師情緒上產生了變化〉

練習 2

■ 請從 a.～d. 之中，選出最適合的答案。

1. この会社の社長は、いつも部下を遅くまで(　　　)。
   a. 働いてもらう　　b. 働かれる　　c. 働かせる　　d. 働かされる

2. この会社の社員は、いつも社長に残業(　　　)ている。
   a. され　　b. させ　　c. させてもらっ　　d. させられ

3. 忙しいのに、友だちのひっこしを(　　　)。
   a. 手伝ってもらった　　b. 手伝われた　　c. 手伝わせた　　d. 手伝わされた

4. こんなに小さな子どもを(　　　)なんて、大人気ないよ。
   a. 泣いてもらう　　b. 泣かれる　　c. 泣かせる　　d. 泣かされる

5. 子どもたちは、いつもいたずらをして、学校の先生を(　　　)。
   a. 怒ってもらう　　b. 怒られる　　c. 怒らせる　　d. 怒らされる

6. 大切にしていたまんがを、母親に(　　　)。
   a. 捨ててもらった　　b. 捨てられた　　c. 捨てさせた　　d. 捨てられさせた

7. 交番で道を(　　　)ので、すぐに分かりましたよ。
   a. 教えてもらった　　b. 教えてくれた　　c. 教えさせた　　d. 教えさせられた

8. 出かけると言ってからもう1時間…。妻の支度の遅さには、いつもイライラ(　　　)。
   a. させる　　b. させている　　c. される　　d. させられる

9. 聞こえないので、もっと大きい声で(　　　)ください。
   a. 話させて　　b. 話して　　c. 話させられて　　d. 話されて

10. 母親：今日は天気がよかったので、1日中、子どもを外で(　　　)。
    a. 遊びました　　b. 遊ばれました　　c. 遊んでもらいました　　d. 遊ばせました

216

✏️ 造句

■ 請使用本課學習內容（使役・使役被動）來完成下列各句。第 9 題請從（　　）中選擇①或②並將句子完成。

1. すみません。熱があるので、＿＿＿＿＿＿＿＿＿＿＿＿＿＿＿＿＿ください。

2. 彼女はいつも彼氏に＿＿＿＿＿＿＿＿＿＿＿＿＿＿＿いるんだって。

3. 昨日は社長に遅くまで＿＿＿＿＿＿＿＿＿＿＿＿＿から疲れちゃったよ。

4. 彼女とデートをすると、いつも＿＿＿＿＿＿＿＿＿＿＿＿＿＿＿＿＿。

5. 子どものころ、よく両親に＿＿＿＿＿＿＿＿＿＿＿＿＿＿＿＿＿＿＿。

6. ちょっとした一言で、友人を＿＿＿＿＿＿＿＿しまった。それ以降、口をきいてくれない。

7. ごめん！ちょっとそのパソコンを＿＿＿＿＿＿＿＿＿＿＿くれない？

　急いでメールをチェックしたいんだ。

8. 私が試験に落ちたせいで、家庭教師の先生を＿＿＿＿＿＿＿＿＿＿＿。

9. 私の両親はとても厳しいので、私（①に・②を）自由に＿＿＿＿＿＿＿＿＿＿＿＿＿＿

＿＿＿＿＿＿＿＿＿＿くれない。

10. 司会：そろそろ会議を始める時間ですが、電車の事故でまだお越しでない方がいらっしゃるので、

　本日のこれからのスケジュールを＿＿＿＿＿＿＿＿＿＿＿＿＿＿＿。

◼️ 改錯

■ 在下面的句子中有錯誤的用法。請在錯誤的地方畫上＿＿＿＿＿，並寫出正確用法。

1. 部長、私は、仕事を担当させてください。

2. 私はあがり症なのに、みんなの前で話さされた。

3. 母：これ以上お母さんを心配させられないでよ。あなたはもう20歳でしょ。

　娘：はーい。

4. すみません。もう30分も待たせているんですけど、料理はまだですか。

5. 父は昔、女性に人気があったそうだが、同じ話を何度も聞かせてうんざりだ。

找到例句了！

在這篇文章裡，使用著本課的學習內容（使役・使役被動）。閱讀文章時，請試著思考其使用方式及意思。

日本の職場で働けば当然電話を取ることになる。しかし、日本語が上手な外国人でも電話となると失礼な話し方になりがちだ。電話を取るときには、「はい、A会社です」とまず会社名を名乗る。相手に「Bさんをお願いします」と言われ、Bがいない場合にどう答えるべきだろうか。

電話の応対に慣れていない外国人は「Bさんは、出かけています」と答えてしまうかもしれない。職場ではBさんと呼んでいても、社外の人に対しては、「Bは、出かけています」のように「さん」をつけない。「さん」は敬称なので、たとえ、社長でも呼び捨てにするのが慣わしだ。

Bがいない場合には、「また、電話してください」ではなく、「戻ったら電話させましょうか」などと応対する。そして相手の名前、会社名、電話番号を聞く。このようなエチケットは、ビジネスにも差しさわりがでるので、入社したらすぐに学ぶべきである。

「電話での話し方にもルールがある」より
Hir@gana Times（2008.5）p.16

名乗る：自稱
社外：公司外
敬称：敬稱
呼び捨て：直呼其名
慣わし：習慣
応対：應對
差しさわり：不妥當，阻礙
ビジネス：商務
入社：進公司

結束・對話

ぼくの母はとてもきびしいです。いつもいろいろなことをさせられます。今日は、学校から帰ってすぐに料理を手伝わされました。お風呂掃除もさせられました。それだけではなく、もちろん毎日、勉強もさせられています。母は何でもぼくにさせるけど、させられるぼくは大変です。

23 推測・傳聞

> 開始・對話

在以下情境中，兩人之間會出現什麼樣的對話呢？請在＿＿＿填入適當的詞彙來完成對話。

① 今入ってきた人、見て。
　外は a.＿＿＿＿＿＿＿だよ。
　どうしよう。
　私、かさ持って来てない。

② そうだ。朝、駅で誰かが
　話しているのを聞いたん
　だけど、夜もずっと
　b.＿＿＿＿＿＿＿よ。

③ ホント？
　じゃ、かさ、買わなきゃ。

這一課的句型詞彙

　推測　「～ようだ」「～みたいだ」「～そうだ」「～らしい」
　傳聞　「～そうだ」「～らしい」「～とのことだ」

【何謂推測・傳聞】

　所謂的「推測」，是指依據所見所聞，來推測東西的狀態或是人的感受，但不知道實際上是不是真的如此。「傳聞」是指將聽來的內容傳達給別人。

【推測】

（1）～ようだ

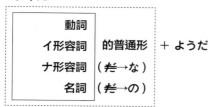

動詞
イ形容詞　　的普通形
ナ形容詞　（だ→な）　＋ ようだ
名詞　　　（だ→の）

	動　詞	イ形容詞	ナ形容詞	名　詞
肯定	行くようだ	おもしろいようだ	便利~~だ~~ようだ →便利なようだ	事故~~だ~~ようだ →事故のようだ
否定	行かないようだ	おもしろくないようだ	便利じゃないようだ	事故じゃないようだ

※「～ようだ」的詞尾變化和ナ形容詞相同。

～ようだ	～ように	～ような	～ようで

意思 依據當場的狀況（實際上看到的聽到的或接觸到的）憑感覺、直覺來判斷，用來表示雖無法斷定，不過我認為是這樣。

書面語 →❓p.249

→「～ようだ」常使用在書面語或是口語對話中，口語通常正式場合居多。

口語 →❓p.246

・車の到着が遅れております。高速道路で事故があったようです。
　　（車子的抵達時間會有點延宕。因為高速公路上好像有事故發生。）

正式場合 →❓p.248

・立秋が過ぎても夏のような暑さが続いておりますが、いかがお過ごしでしょうか。
　　（即使過了立秋，像夏天般的酷暑仍然持續著，不知道您近來過得如何呢？）

・この場所から見ると、ビルが傾いているように見える。（從這裡看的話，大樓看起來有點傾斜。）

（2）～みたいだ

動詞 イ形容詞 名詞／ナ形容詞	的普通形 （~~だ~~）	＋ みたいだ

23

推測・傳聞

	動　詞	イ形容詞	ナ形容詞	名　詞
肯定	行くみたいだ	おもしろいみたいだ	便利~~だ~~みたいだ →便利みたいだ	事故~~だ~~みたいだ →事故みたいだ
否定	行かないみたいだ	おもしろくないみたいだ	便利{じゃ／では} ないみたいだ	事故{じゃ／では} ないみたいだ

※「～みたいだ」的詞尾變化和ナ形容詞相同。

～みたいだ	～みたいな	～みたいに	～みたいで

意思 和「～ようだ」一樣，表示依據當場的狀況（實際上看到的聽到的或是接觸到的）憑感覺、直覺來做判斷。

→「～みたいだ」多使用在口語對話中。

・車が動かないね。事故みたいだね。（路上車子都動彈不得了，好像有事故發生。）

・ねえ、疲れてるみたいに見えるんだけど、大丈夫？（喂，你看起來好像很累，還好嗎？）

221

（3）～そうだ

```
┌─────────────────┐
│ 動詞   的マス形（ま̶す̶）│
│ イ形容詞  的基本形（い̶）  │ ＋ そうだ
│ ナ形容詞        （だ̶）  │
└─────────────────┘
```

「いい」→「よさそうだ」　　「ない」→「なさそうだ」

沒有「名詞＋そうだ」這樣的用法，不過可以用「名詞＋じゃなさそうだ」。

	動詞	イ形容詞	ナ形容詞
肯定	倒れま̶す̶そうだ →倒れそうだ	おもしろそうだ	便利だ̶そうだ →便利そうだ
否定	倒れなさそうだ	おもしろくなさそうだ	便利じゃなさそうだ

※「～そうだ」的詞尾變化和ナ形容詞相同。

～そうだ	～そうな	～そうに	～そうで

意思1 用來描述現在眼前可以確認的模樣或狀態。

🔗 常連接在形容詞或表示狀態的「～ている」後面。

→ 使用在依據外觀來想像，但不知道想像的內容是真是假時。如果清楚知道實際的狀況，就不能用「そうだ」。

・［○］おいしそうな料理がたくさんある。（有好多看起來好好吃的料理。）

・［×］あの人は背が高そうだ。→［○］高い。

・あの人は体格がいいから、何かスポーツをやって(い)そうだ。（那個人的體格很好，看起來應該有在做什麼運動。）

◆ 否定形＝「～なさそうだ」

・この料理はおいしくなさそうだ。（這道菜看起來不太好吃。）

・あの人は、服装や態度からするとまじめじゃ／ではなさそうだ。
（從那個人的穿著和態度來看的話，感覺上不太正經。）

・あの人のまっすぐな目から考えると、うそはついて(い)なさそうだ。
（從那個人坦率無懼的眼神來看的話，不像在說謊。）

意思2 確認眼前的狀態，描述人的動作或是東西即將發生變化的樣子。

```
┌──────────┐
│ 動詞 ＋ そうだ │   ※ 只能和動詞連接
└──────────┘
```

・ボールが落ちそうだ。（球看起來快要掉下來了。）

・木が倒れそうだ。（樹看起來快倒了。）

・川があふれそうだ。（河川看起來快決堤了。）

◆ 否定形＝「～ないだろう」（但是，如果「～しない」是現在的狀態的話，也可以用「～なさそう」。）

・今日のこのくらいの台風なら、この木は倒れないだろう。
（如果是像今天這種不怎麼強的颱風的話，這棵樹應該不會倒吧！）

倒れなさそうだ。（看起來不會倒。）

意味3 依據眼睛可以確認的事，來描述東西或天氣等的狀態變化。或是對於人（自己）接下來要做的事是否能成功，事前所作的預測。描述的都是不久之後會發生的事。

動詞 + そうだ　※ 只能和動詞連接

→ 如果是人的動作，接在前面的動詞要用動詞的可能形，或是表示可能的自動詞。

・雨が弱くなってきた。もうすぐやみそうだ。（雨勢變小了。看起來應該快要停了。）

・このくらいの問題なら、5分で解けそうだ。（這丁點難度的問題，應該5分鐘內就能解開。）

・この記事なら、そんなに難しくないから私にも読めそうだ。（如果是這篇報導的話並不難，我應該看得懂。）

◆ 否定形＝「そうにない」

・雨が激しく降っている。当分やみそうにない。（雨勢激烈地下著。看來暫時是不會停的。）

・この問題は難しいから、5分では解けそうにない。（因為這問題很難，不太可能5分鐘內得到解答。）

・この記事は専門的な内容が多いから、私には読めそうにない。（這篇報導有許多專業性的內容，我不可能看得懂。）

（4）～らしい

	動詞	イ形容詞	ナ形容詞	名詞
肯定	行くらしい	おもしろいらしい	便利だらしい →便利らしい	事故だらしい →事故らしい
否定	行かないらしい	おもしろくないらしい	便利{じゃ／では}ないらしい	事故{じゃ／では}ないらしい

※「～らしい」的活用和イ形容詞相同。

| ～らしい | ～らしく | ～らしくて |

客觀的 ➡ p.246

意思 單純傳達客觀的依據各種狀況所做的判斷，說話者對於內容並不確定。此外，也可以用來表示對內容覺得沒有責任。

・彼はさっきから机の中を見たり、かばんの中を見たりしている。何かを探しているらしい。
（他從剛才就一直在看桌子的抽屜、包包裡，好像在找什麼東西。）

・あの人は誰かを待っているらしく、何度も時計を見ている。（那個人好像在等人，看了好幾次時鐘。）

■表示推測的「～ようだ」「～みたいだ」「～そうだ」「～らしい」總整理

<table>
<tr><th colspan="2">意　思</th><th>例　句</th></tr>
<tr>
<td>ようだ</td>
<td>依據所看到的，所聽到的，以及所感受到的來做直覺的判斷。使用在正式場合的口語對話或是書面語。</td>
<td>車が動きませんね。事故のようですね。
（路上車子都動彈不得，好像發生了事故。）</td>
</tr>
<tr>
<td>みたいだ</td>
<td>依據所看到的，所聽到的，以及所感受到的事情來做直覺的判斷。使用在非正式場合的口語對話。</td>
<td>車が動かないね。事故みたいだね。
（路上車子都動彈不得，好像發生了事故。）</td>
</tr>
<tr>
<td rowspan="6">そうだ</td>
<td rowspan="2">意思1
說話者的感受。用來描述在當下依據所看到的而做的想像，但並不知道實際上是否如此。

現在</td>
<td>肯定 ・このケーキはおいしそうだ。（這個蛋糕看起來好好吃。）
・あの人、まじめそうな人だね。
（那個人看起來好像是個肇認真的人。）
・スポーツをやっていそうだ。（看起來好像有在運動。）</td>
</tr>
<tr>
<td>否定 ・あの人、まじめじゃなさそうだね。
（那個人看起來好像不太認真的樣子。）
・うそはついていなさそうだ。（看起來不像在說謊。）</td>
</tr>
<tr>
<td rowspan="2">意思2
描述即將發生的變化。

現在　變化</td>
<td>肯定 ・ボールが落ちそうだ。（球看起來快要掉下來了。）
・木が倒れそうだ。（樹看起來快倒了。）</td>
</tr>
<tr>
<td>否定 ・このボールは落ちないだろう。
　　　　落ちなさそうだ。
（這顆球應該不會掉下來吧！看起來不太像會掉下來。）
・この木は倒れないだろう。
　　　　倒れなさそうだ。
（這棵樹應該不會倒吧！看起來不像會倒的樣子。）</td>
</tr>
<tr>
<td rowspan="2">意思3
在嘗試之前預測是否能夠做到。

現在　變化</td>
<td>肯定 ・このくらいの問題なら、5分で解けそうだ。
（這丁點難度的問題，應該5分鐘內就能解開。）
・この量なら、一人で食べられそうだ。
（這樣的份量，應該一個人可以吃得完。）</td>
</tr>
<tr>
<td>否定 ・この問題は、5分では解けそうにない。
（這個問題不太可能5分鐘內得到解答。）
・この量は、一人では食べられそうにない。
（這樣的份量的話，一個人應該沒辦法吃完。）</td>
</tr>
<tr>
<td>らしい</td>
<td>根據客觀的依據來考量，但不知道所想的內容是否正確。</td>
<td>彼はさっきから机の中を見たり、かばんの中を見たりしている。何かを探しているらしい。
（他從剛剛就一直在看桌子的抽屜、包包裡，似乎是在找什麼東西。）</td>
</tr>
</table>

【傳聞】

（5）～そうだ

> 動詞／イ形容詞／ナ形容詞／名詞 的普通形 + そうだ

	動詞	イ形容詞	ナ形容詞	名詞
肯定	行くそうだ	おもしろいそうだ	便利だそうだ	事故だそうだ
否定	行かないそうだ	おもしろくないそうだ	便利じゃないそうだ	事故じゃないそうだ

意思 把聽到的消息或明確的根據傳達給其他人。

→「～そうだ」本身不會產生變化，由接在前面的動詞（行く）來做變化。

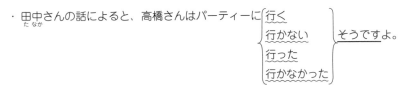

・田中さんの話によると、高橋さんはパーティーに｛行く・行かない・行った・行かなかった｝そうですよ。

（依據田中先生所言，高橋小姐好像｛要去・不去・有去・沒去｝參加宴會喔！）

（6）～って、～んだって

> 動詞／イ形容詞／ナ形容詞／名詞 的普通形 + って

> 動詞／イ形容詞／名詞／ナ形容詞 的普通形 + んだって（だ→な）

	動詞	イ形容詞	ナ形容詞	名詞
～って	行くって	おもしろいって	便利だって	事故だって
～んだって	行くんだって	おもしろいんだって	便利なんだって	事故なんだって

意思 將口語對話中所聽到的內容傳達給其他人。

→「～って」是「～と聞いた」「～という話だ」簡短的形式。
例如「～らしいって」，可以和「～らしい」一起使用。

→ 可以在後面連接動詞或名詞，例如「～って聞いた」「～って話だ」。

・田中さんの奥さん、料理が上手なんだって。（聽說田中先生的太太，會煮一手好菜。）

・田中さん、来月結婚するって聞いたけど、本当かな。（聽說田中小姐下個月要結婚，不知道是不是真的。）

（7）～らしい

> 動詞／イ形容詞／名詞／ナ形容詞 的普通形 + らしい（だ）

意思 用來表示傳達所聽到的消息，但傳達的人對於根據並不是很確定。

・うわさによると、田中さんは来月結婚するらしいですよ。（據謠言指出，田中小姐好像下個月要結婚了喔！）

（8）~とのことだ

	動　詞	イ形容詞	ナ形容詞	名　詞
肯定	行くとのことだ	おもしろいとのことだ	便利だとのことだ	事故だとのことだ

動詞／イ形容詞／ナ形容詞／名詞　的普通形 ＋ とのことだ

意思　把說話者所說的內容原原本本的傳達給對方，多用在報告或連絡時。因為是傳達原本所聽到的內容，
所以會和推測及命令形、禮貌形一起使用。

・大雨による影響で、電車に遅れが出ているとのことだ。（據說因大雨的影響，而導致電車誤點。）

・［○］詳しいことについては、また相談しましょうとのことです。（他說關於細節之後再討論吧！）

　［×］詳しいことについては、また相談しましょうそうです。

　［×］詳しいことについては、また相談しましょうらしいです。

→ 當「～とのことだ」的前面接名詞、ナ形容詞時，會用普通形來連接，不過如果話題是現在的事，有時候
不會加「だ」。

　・山で遭難していた２人が救助されました。２人とも無事とのことです。

（登山遇難的那兩個人被救出來了。聽說兩人都平安無事。）

練習1

■ 請從 a. 和 b. 之間選出適當的用法。

1. 雨も風もひどくなった。台風が（　　　）ようだ。

　a. 近づいて　　　　　b. 近づいている

2. 〈從書店外向店內望去〉

　A：探してる雑誌、ここにはあるかな？
　B：んー、ちょっと見た感じ、ここは専門書ばかりだから雑誌は（　　　）そうだね。

　a. ない　　　　b. なさ

3. この本はあまり難しくないから、２日あれば（　　　）そうだ。

　a. 読む　　　　b. 読め

4. 今朝のニュースによると、週末は（　　　）そうだよ。

　a. 晴れ　　　　b. 晴れる

5. A：涙が止まらない。

   B：私は花粉症じゃないからわからないんですけど、花粉症の人はこの時期、マスクをしたり、めがねをかけたり、病院に行ったり…（　　）ようですね。

   a. 大変の　　　b. 大変な

6. 最近、田中さんは暗い顔をしている。どうやら何か悩んでいる（　　　）。

   a. らしい　　　b. そうだ

7. A：頭痛、大丈夫？

   B：うん。少し休んだらよくなってきた（　　　）。

   a. らしい　　　b. みたい

8. 田中さんが一番好きな食べ物は、カレーライスだ（　　　）。

   a. そうだ　　　b. らしい

9. 〈筆記〉山田さんへ。5時ごろ、リンさんから電話がありました。

   帰ったら電話ください（　　　）。

   a. そうです　　　b. とのことです

10. A：ねえ、聞いた？あの会社、倒産する（　　　）ってうわさだよ。

    B：え、ホント？

    a. らしい　　　b. とのことだ

提升程度

【一起使用的句型詞彙】

① 和表示推測的「～そうだ」「～らしい」一起使用的詞彙

　　常和「今にも」「どうやら」等副詞一起出現。

→ 「今にも」是表示接下來馬上要發生的變化，和「動詞的マス形＋そうだ」一起使用。

　「どうやら」是表示不是很清楚明白，所以會和所有表示推測的「～ようだ」「～みたいだ」「～そうだ」「～らしい」一起使用。

・あの女の子は今にも泣き出しそうです。（那個小女孩看起來快要哭出來了。）

・どうやら犯人はここから逃げたらしい。（犯人大概是從這裡逃出去的。）

② 和表示傳聞的「～そうだ」「～とのことだ」一起使用的詞彙

⚭ 常和「～によると」「～の話では」等表示資訊來源或依據的句型一起使用。

・田中さんによると、奥さんは料理が上手だそうだ。（聽田中先生説，他的妻子手藝很好。）

・田中さんの話では、10 時には到着するだろうとのことだ。（聽田中小姐説，應該 10 點會抵達。）

③ 和表示傳聞的「～らしい」一起使用的句型詞彙

⚭ 常和「うわさだけど」「はっきり分からないんだけど」等，表示不確定的句型詞彙一起使用。

・うわさだけど、山下さんが家を買ったらしい。（有傳言説山下先生好像買了房子。）

・はっきり分からないんだけど、うちのアパート、来年から家賃が上がるらしいんだ。

（還不是很確定，不過聽説明年起我家那棟公寓的房租好像會漲價。）

【 不能用推測句型的情況 】

④ 不能用「～らしい」

「～らしい」不能用在和自己本身有關的事（身體的狀況等）。

・［×］私、最近疲れてるらしい。

　［○］疲れてるみたい。（好像累了。）

【 連接形態的注意事項 】

連接 ➡ ❓ p.245

⑤ 接在「～そうだ」前面的動詞

用來表示依自己的意志所做的動作時，因為不能用動作動詞，所以必須改成可能形。如果是描述其他人的動作，可以用動作動詞的辭書形來連接。

動作動詞 ➡ ❓ p.245

・［×］今お腹がいっぱいだけど、甘いものなら 食べそうだ。

　［○］今お腹がいっぱいだけど、甘いものなら ⎰食べられそうだ。〈推測自己的可能性〉

（雖然現在肚子很飽，不過如果是甜食的話應該還吃得下。）

　　　　　　　　　　　　　　　　　　　　　　食べられる。〈可能形〉

（雖然現在肚子很飽，不過如果是甜食的話我吃的下。）

　［○］佐藤さんは、若いし体も大きいからたくさん 食べそうだ。〈推測他人的可能性〉

（佐藤先生既年輕塊頭又大，食量應該很大。）

・［×］このぐらいの薄さの本なら、一晩で読みそうだ。

　［○］このぐらいの薄さの本なら、一晩で ⎰読めそうだ。〈推測自己的可能性〉

（如果是這麼薄的書的話，一個晚上應該就能看完。）

　　　　　　　　　　　　　　　　　　　　読める。〈可能形〉（如果是這麼薄的書的話，一個晚上就能看完。）

　［○］佐藤さんは、本を読むのが速いから、この本なら一晩で読みそうだ。〈推測他人的可能性〉

（佐藤小姐看書的速度很快，如果是這本書的話，她應該一個晚上就能讀完。）

【其他用法】

⑥「～ようだ」「～みたいだ」的其他用法

「～ようだ」「～みたいだ」也可以用來把東西比喻成其他東西時。

∞ 常和副詞「まるで」一起使用。

・これが寮ですか。広いし、きれいだし、まるでホテルの<u>よう</u>ですね。

　　　　　　　　　　　　　　　　　（這就是宿舍嗎？不僅寬敞，又乾淨漂亮，簡直和大飯店一樣嘛！）

・今日、女の子<u>みたいな</u>男の子を見たよ。（今天我看到一個很像小女生的小男孩喔！）

⑦「～らしい」的其他用法

「～らしい」也可以用來表示描述的對象充分表現出其所具有的典型特徵。

・最近、桜も咲いて春<u>らしく</u>なってきた。（最近，櫻花也綻放了，越來越有春天的感覺了。）

・あの人は男<u>らしい</u>人だ。（那個人是個很有男子氣概的人。）

練習2

■ 請從 a.～ d. 之中，選出最適合的答案。

1. 山本さんはいつも（　　　　）そうなかばんを持っていますね。

　　a. 重い　　　　b. 重いの　　　　c. 重　　　　d. 重く

2. 田中さんは最近元気がないって聞いてたけど、会ってみたら、思ったより（　　　　）そうだったから安心した。

　　a. 元気　　　　b. 元気だ　　　　c. 元気な　　　　d. 元気の

3. あのレストランは（　　　　）だそうですよ。テレビで紹介されたから、この街の人はみんな知っているんですって。

　　a. 有名じゃない　　　　b. 有名じゃなさ　　　　c. 有名　　　　d. 有名な

4. 大変！昨日からの大雨で、今にも川が（　　　　）そうだ。

　　a. あふれる　　　　b. あふれた　　　　c. あふれ　　　　d. あふれなさ

5. A：山田さん、社長から伝言で、3時に社長室に（　　　　）とのことです。

　　B：あ、すぐ行きます。ありがとう。

　　a. 来る　　　　b. 来た　　　　c. 来い　　　　d. 来よう

6. 親戚の子は、この人形が好き（　　　　）、取り上げると泣くんです。

　　a. だそうで　　　　b. ようで　　　　c. だみたいで　　　　d. らしくて

229

7. 昨日から体調が悪かったんですが、熱が出てきた（　　　）なんです。今日はこれで早退してもよろしいでしょうか。

a. そう 　　　　b. みたい 　　　　c. らしい 　　　　d. とのこと

8. A：あ、大変。靴のひもが（　　　）よ。

B：本当だ。早く直さなきゃ。ちょっと待ってて。

a. ほどけるらしい 　　　　b. ほどけるそうだ 　　　　c. ほどけるようだ 　　　　d. ほどけそうだ

9. A：この島のどこかに宝物が埋まっている（　　　）よ。

B：え！本当？

A：誰も見つけた人はいないんだけどね。

a. そうだ 　　　　b. らしい 　　　　c. とのことだ 　　　　d. ようだ

10. 台風は、明日の午後には、日本列島を離れるだろう（　　　）。

a. そうです 　　　　b. らしいです 　　　　c. とのことです 　　　　d. みたいです

✏ 造句

■ 請使用本課學習内容（推測・傳聞）來完成下列各句。

1. A：田中さん、今、部屋にいるかなあ。

B：音がしない…。＿＿＿＿＿＿＿＿＿＿＿＿＿＿＿みたいだね。

2. 今日は風が強いね。あそこ見て。

干してある洗濯物が＿＿＿＿＿＿＿＿＿＿そうだけど、大丈夫かな。

3. A：どうしたの？その犬。

B：わかんないけど、ついて来るんだ。首輪もないし、どうやら＿＿＿＿＿＿＿＿＿＿らしい。

4. 親：どうしてお化粧するの！高校生なんだから、＿＿＿＿＿＿＿＿＿＿しなさい！

5.〈正在搭車〉

今日は車が少ないから、このまま行けばあと20分で＿＿＿＿＿＿＿＿＿そうだ。

6. a.＿＿＿＿＿＿＿＿はまるで b.＿＿＿＿＿＿＿＿＿＿＿＿＿＿＿＿。

7. ニュースによると、＿＿＿＿＿＿＿＿＿＿＿＿＿＿＿＿＿＿＿＿＿。

8. まだ分からないんだけど、＿＿＿＿＿＿＿＿＿＿＿＿＿＿＿＿＿＿＿＿。

9. a.＿＿＿＿＿から連絡が入りました。b.＿＿＿＿＿＿＿＿＿＿＿＿＿とのことです。

10.〈請教班上同學關於他的國家的事情，並寫下來。〉

   a.＿＿＿＿さんの話によると、b.＿＿＿＿＿では c.＿＿＿＿＿＿＿＿＿＿＿そうです。

◼️改 錯

■ 在下面的句子中有錯誤的用法。請在錯誤的地方畫上＿＿＿＿，並寫出正確用法。

1. A：この袋の中身は何でしょうか？

   B：うーん、この大きさと手触りから考えると、ハンカチらしいですね。

2. この仕事量ならたいしたことないから、私一人でできるようです。

3. 山下さんに聞いたんですが、スミスさんは日本語が上手そうですよ。

4. 木村さんによると、駅前のお店はおいしいそうではないよ。

5. 昨日の夜から何も食べていなくて、お腹がすいて死ぬようだ。

在這篇文章裡，使用著本課的學習內容（推測・傳聞）。閱讀文章時，請試著思考其使用方式及意思。

昔から、くしゃみをしたらうわさされている、とよく言われている。これは、迷信の一種であろうが、全国的に広がっている事から、かなり信ぴょう性の高い迷信ではないだろうか。

くしゃみをした数で、どんなうわさかも分かるらしい。よく信じられている説は
1回だと、ほめられている（良いうわさ話をされている）。
2回だと、そしられている（悪口を言われている）。
3回だと、ホレられている（誰かに好かれている）。
4回以上は、ホントの風邪である。

「くしゃみの不思議」より
http://www.niji.or.jp/home/spectrum/FU/fushigi02.html 2010.3.21

くしゃみ：	噴嚏
迷信：	迷信
一種：	一種
全国的：	全國性的
信ぴょう性：	可信度,可靠性
説：	說法
そしる：	毀謗
悪口：	壞話
ほれる：	鍾情,迷戀

結束・對話

ぬれたかさを持った人がお店に入ってきた。外が見えないから分からないけど、雨が降っているようだ。その人は、肩までぬれているし髪もぼさぼさだから、風も強そうだ。友だちの話によると、今夜は台風が来るそうだから、今日は早く帰ろう。

24 判斷・義務

開始・對話

在以下情境中，兩人之間會出現什麼樣的對話呢？請在＿＿＿填入適當的詞彙來完成對話。

① あ、財布が落ちてる。

② ホントだ。結構大きい財布だね。中身がたくさんありそう…。

③ 落とした人は、きっと
a.＿＿＿＿＿＿＿＿＿＿ね。

④ そうだね。こういう場合、やっぱりこの財布、交番に
b.＿＿＿＿＿＿＿＿＿＿だよね。

這一課的句型詞彙

判斷　「～かもしれない」「～だろう／でしょう」「～にちがいない」「～はずだ」
義務　「～べきだ」「～なければならない」

確認

【判斷】

（1）～かもしれない

```
  動詞
  イ形容詞   的普通形   ＋ かもしれない
  名詞／ナ形容詞  （だ）
```

動詞	イ形容詞	ナ形容詞	名詞
行くかもしれない	おもしろいかもしれない	便利かもしれない	事故かもしれない

　意思「是不是～不太清楚」「有可能是～／有可能會變成～」。

 常和「もしかしたら／もしかすると」「ひょっとすると」一起使用。

・あれ、テレビがつかない。もしかしたら故障かもしれないな。（咦？電視按了電源卻完全沒反應，説不定是故障了。）

234

（2）～だろう／でしょう

動　詞	イ形容詞	ナ形容詞	名　詞
行くだろう	おもしろいだろう	便利だろう	事故だろう

意思　「我想可能是這樣」「～／變成～的可能性很高」。

→ 用普通形的「～だろう」或是禮貌形的「～でしょう」來表示。

∞ 常和「たぶん」「おそらく」「きっと」一起使用。

・この試合は、Ａチームが勝つだろう。（這場比賽，大概Ａ隊會獲勝吧！）

・〈醫院裡〉
医者：随分回復しましたね。おそらくあと２、３日で退院できるでしょう。
（醫生：好很多了喔！大概再２、３天左右就可以出院吧！）

（3）～にちがいない

動　詞	イ形容詞	ナ形容詞	名　詞
行くにちがいない	おもしろいにちがいない	便利にちがいない	事故にちがいない

書面語 → p.249

口語 → p.246

主觀的 → p.248

意思　「強烈的認為是～」，用來表示說話者當下主觀的判斷。因為是表示強烈的主觀意識，所以可以使用的情境與對象很有限。通常會出現在評論等書面語當中，不過有時也會用在口語對話中，表達主觀的意見。

∞ 常和表示強調的「きっと」「絶対」等一起使用。

・あの２人はいつも一緒に行動している！　２人はきっと付き合っているにちがいない。
（那兩個人總是一起行動！我看他們肯定在交往。）

→ 也可以用「～からにちがいない」來推測理由。

・彼女が仕事をやめたのは、結婚が決まったからにちがいない。（她之所以會辭職，一定是因為要結婚的關係。）

（4）～はずだ

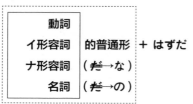

	動詞	イ形容詞	ナ形容詞	名詞
肯定	行くはずだ	おもしろいはずだ	便利なはずだ	事故のはずだ
否定	行かないはずだ	おもしろくないはずだ	便利じゃないはずだ	事故じゃないはずだ

意思1 表示經過理性邏輯思考後所得到的結論，或是認為會得到那樣的結論是理所當然的。

→ 用來表示其想法有客觀的理由・原因、或是根據。　　　　　　　　　　　　　　　客觀的 ➡ p.246

・A：田中さんは、車の運転できるかな。（田中小姐她會開車嗎？）
　B：ああ、普段、車に乗っているって言ってたから、できるはずだよ。（啊，她平常都會提到開車，所以應該會喔！）

意思2 從自己的行動來判斷，認為當然會變成那樣，會是那樣的狀態，但實際上並非如此而感到「奇怪」。

・さっき、ポケットに切符を入れたから、入っているはずなんだけど…。
　　　　　　　　　　　　　　　　　（我剛剛把票放進口袋了，所以應該在口袋裡才對啊！）

【根據・確定的強度】

弱　　　　　　　　　　　　　　　　　　　　　　　強
　　かもしれない　＜　だろう　＜　にちがいない／はずだ

【義務】

（5）～べきだ

動詞的辭書形 ＋ べきだ

※第3類動詞的「する」→「すべきだ／するべきだ」

意思1 「一般來說做～是理所當然的」「做～是正確的」「必須做～」「做～會比較好」。

・目的達成のために、みんなで協力するべきだ。（為了達成目標，大家應當同心協力。）
・この本はぜひ読んでおくべきだ。（這本書應該要先讀好。）

意思2 用來表示「因為已經變成這種狀態了，既然是這樣的話就必須～」。如果不是個人的想法，而是一般見解或以常識來判斷時，用「～べきだ」。

⊂⊃ 常和「～からには」「～以上は」「当然」一起使用。

・やると言ったからにはやるべきだ。（既然都已經說要做了，就應該去做。）

・引き受けた以上は、最後まで責任を持つべきだ。（既然承諾了，就應該負責到底。）

・借りた物は当然返すべきだ。（借來的東西當然要歸還。）

◆ 否定形＝「～べきではない」

意思 「做～是不好的」。

・人の悪口を言うべきではない。（不應該說別人的壞話。）

（6）～なければならない

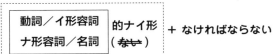

動　詞	イ形容詞
行かなければならない	赤くなければならない

ナ形容詞	名　詞
便利{で／じゃ}なければならない	事故{で／じゃ}なければならない

意思 用來表示說話者本身或其他人的行為是理當必要的，也可以用來表示社會的道德規範。

・大人は子どもを守らなければならない。（大人一定要保護小孩。）

→ 表示相同意思的句型有「～なくてはならない／～なくてはいけない」。

⊂⊃ 常和「必ず」「～(時間)まで(に)」一起使用。

・今日の5時までに宿題を出さなければならない。（今天必須要在5點之前提交作業。）

→ 在口語對話中有時候會省略「～ならない／いけない」，「～なければ」變成「～なきゃ」。

・あ、授業に遅れそう！早く行かなきゃ。（啊，上課快遲到了！要趕快去才行。）

練習1

■ 請從 a. 和 b. 之間選出適當的用法。

1. この足跡から考えると、犯人は（　　　）ちがいない。

   a. 男に　　　　b. 男の

2. ちょっとのどが痛い。（　　　）かもしれないな。

   a. 風邪　　　　b. 風邪だ

3. このぐらいの問題なら、10分あれば（　　　）だろう。早くやってしまおう。

   a. できる　　　　b. できた

4. 子どものバス料金は、確か（　　　）はずだ。

   a. 半額な　　　　b. 半額の

5. 社員が残業をしたら、会社は残業代を（　　　）べきだ。

   a. 払い　　　　b. 払う

6. 今日はお客さんが来るので、5時までに（　　　）なければならない。

   a. 帰ら　　　　b. 帰

7. 一度決めたことは、簡単に（　　　）。

   a. 変えないべきだ　　　　b. 変えるべきではない

8. A：何で昨日無断で休んだの？休むときは上司に一言連絡する（　　　）だよ。

   B：うん、そうだよね。さっき課長にも叱られたよ。

   a. はず　　　　b. べき

9. A：今日の講演会、何時からだっけ？

   B：確か、授業が終わってから始まるって言ってたから、5時（　　　）よ。ちょっとプログラム見てみようか。

   a. にちがいない　　　　b. のはずだ

10. 明日は、9時発の新幹線に乗るので、朝6時には（　　　）。

    a. 起きるべきだ　　　　b. 起きなければならない

① 「～かもしれない」的其他意思

在交流的場合使用「～かもしれない」，會有因顧慮對方而不完全否定對方意見的含意。雖然贊成對方的一部分意見，但主要還是用來描述自己和對方不同的意見或主張。

・私は、規則は必要だと思いますが、そう思わない人もいるかもしれません。

（雖然我覺得規則是必要的，但或許有人不這麼認為。）

・Ａ：この計画はうまくいくんでしょうか。私はやめたほうがいいと思います。

（這個計畫有辦法順利進行嗎？我覺得放棄會比較好。）

Ｂ：確かにうまくいく可能性は低いかもしれません。でもやってみたいんです。

（或許順利的可能性很低，但我還是想要試試看。）

② 「～はずだ」句型的多樣化

「～はずだ」有「～ないはずだ」「～はずがない」「～ないはずがない」等多樣化句型。

■～はずだ	非常有把握～。
彼から「出席」の返事を受けたから、彼は、今日のゼミに来るはずだ。 會來		
（我收到他寄來的回信表示「出席」，所以他應該會參加今天的小組研討會。）		
■～ないはずだ	非常有把握不會～。 （認為當然不會是那樣）
彼から「欠席」の返事を受けたから、彼は、今日のゼミに来ないはずだ。 不會來		
（我收到他寄來的回信表示「缺席」，所以他應該不會參加今天的小組研討會。）		
■～はずがない	非常確定絕對不會～。 （表示經過理性思考後不可能會得到那樣的結論，或是變成那樣的結果）
彼は、先週、帰国したんだから、今日のゼミに来るはずがない。 絕對不會來		
（他上週回國了，所以不可能參加今天的小組研討會。）		
■～ないはずがない	確定絕對會～。 （意思是強烈確定「絕對是那樣」）
彼は、今日のゼミの発表者だから、来ないはずがない。 絕對會來		
（他是今天小組研討會的發表人，所以不可能不來。）		

③ 「～はずだった」的意思

「～はずだ」的過去式「～はずだった」是用來表示「原本計畫（預定）要～，但實際上卻非如此」。

・今日はパーティーに行くはずだったが、急な用事ができて行けなかった。

（今天本來應該要去參加宴會的，但臨時有事所以沒辦法去參加。）

・当初の予定では、ここに道路ができるはずだったのに、計画は中止になった。

（如果照原定計畫，這裡應該會做一條道路，可是計畫卻中斷了。）

④ **不能用「～べきだ」的情況**

「～べきだ」是用來主張一般常識，或是社會價值觀的想法，所以不能用在個人或是自己的事情上。

· [×] 私は今日病院へ行く<u>べきだ</u>。

→ 但是如果用「～べきだった」來表示後悔的話，就可以用在自己的事情上。

· [○] あのとき、もっと勉強しておく<u>べきだった</u>。(當時應該要更用功多讀點書才對。)

⑤ **～べき + 名詞**

「～べき」後面接名詞的話會變成「～べき＋名詞」，意思是「必須～」。

· 自分の やる<u>べきこと</u>をきちんとやる。[○](好好做好自己該做的事。)

やるべきなこと[×]、やるべきのこと[×]

· 彼女には、見習う<u>べきところ</u>がたくさんある。[○](在她身上有很多值得學習效法的地方。)

見習うべきなところ[×]、見習うべきのところ[×]

練習2

■ **請從 a. ～ d. 之中，選出最適合的答案。**

1. 雨が(　　　　)かもしれないから、かさを持って行ったほうがいいよ。

　　a.降った　　　　b.降って　　　　c.降り　　　d.降る

2. 私はこの商品が売れることを確信しています。これほどすばらしい商品がこんな安い値段なら、
　　(　　　　)ですよ。

　　a.売れるはずがない　　　　b.売れないはずがない

　　c.売れるべきではない　　　　d.売れないべきではない

3. 今日初めて会ったのに、ひと目見て好きになってしまった。この人はきっと私の運命の人
　　(　　　　)。

　　a.にちがいない　　　b.はずだ　　　　c.かもしれない　　　d.べきだ

4. A：食べ物を買ってきたんですが、多いですか。

　　B：多くないと思いますよ。みんなよく食べるから、このぐらいなら大丈夫(　　　　)。

　　a.なべきだ　　　　　b.のようだ　　　c.でしょう　　　　d.のはずだ

5. A：このグラスにお湯を入れても大丈夫かな。

　　B：大丈夫だと思うけど、もしかしたら割れる（　　　）から、こっちのコップに入れて。

　　a. かもしれない　　　b. にちがいない　　　c. はずだ　　　d. だろう

6. 庭に植えた花がメチャメチャになってる！きっとまたあの猫（　　　）！

　　a. かもしれない　　　b. にちがいない　　　c. はずだ　　　d. だろう

7. A：今、郵便局、開いてるかな。

　　B：えっと、今は2時半だよね。郵便局は5時までだから、開いてる（　　　）よ。

　　a. だろう　　　b. はずだ　　　c. かもしれない　　　d. みたいだ

8. 私は今日3時までに、事務室に（　　　）。

　　a. 行くべきだ　　b. 行くべきではない　　c. 行かなければならない　　d. 行ってはいけない

9. 団体行動をしているときは、一人だけ勝手な行動をとる（　　　）。

　　a. べきだ　　　b. べきではない　　　c. なければならない　　　d. はいけない

10. 問題を解決するためには、もっと広い視点から考えてみる（　　　）。

　　a. かもしれない　　b. だろう　　　c. はずだ　　　d. べきだ

✏️ 造句

■ 請使用本課學習内容（判斷・義務）來完成下列各句。

1. 医者：風邪ですね。a.＿＿＿＿＿＿＿＿＿ば、b.＿＿＿＿＿＿＿＿＿でしょう。

2. 彼は「a.＿＿＿＿＿＿＿＿＿」と言っているけど、b.＿＿＿＿＿＿＿＿＿＿＿

　　＿＿＿＿＿＿＿から、c.＿＿＿＿＿＿＿＿＿にちがいない。

3. a.＿＿＿＿＿＿＿＿＿＿＿から、b.＿＿＿＿＿＿＿＿＿＿＿はずがない。

4. このまま a.＿＿＿＿＿＿＿ば、b.＿＿＿＿＿＿＿かもしれない。

5. A：a.＿＿＿＿＿＿＿は b.＿＿＿＿＿＿＿＿＿か。

　　B：ええ、確か c.＿＿＿＿＿＿＿はずですよ。そう聞いています。

6. 地球の環境を守るために、一人ひとりが＿＿＿＿＿＿＿＿＿＿べきだ。

241

7. 台風が近づいているときには、＿＿＿＿＿＿＿＿＿＿＿＿＿＿＿＿べきではない。

8. 女性だけが家事をするなんておかしい！　男性も＿＿＿＿＿＿＿＿＿＿＿＿＿＿。

9. A：明日、映画でも見に行きませんか。

　　B：すみません、明日はちょっと…。来週までに＿＿＿＿＿＿＿＿＿＿＿＿＿なければ

　　ならないんです。

10. 試験のときは、＿＿＿＿＿＿＿＿＿＿＿＿＿＿なければならない。

■改 錯

■ 在下面的句子中有錯誤的用法。請在錯誤的地方畫上＿＿＿＿，並寫出正確用法。

1. 今日は、絶対雨が降るかもしれないから、かさを持って行こう。

2. 木村：山下さんはアルバイトしていないんですか。

　　山下：ええ。今年受験するので、一生懸命勉強するべきですから。

3. A：次のバスは何時にここに到着しますか。

　　B：渋滞などがなければ、8時には到着するべきです。

4. あれ？かさがない。今朝かばんに入れたから、あるにちがいないんだけど、どうしてないんだろう。

5. あ、そうだ、思い出した。来るときに乗ったバスで荷物を整理したから、きっとあのときに忘れた

　　はずだ。

找到例句了！ 在這篇文章裡，使用著本課的學習內容（判斷・義務）。閱讀文章時，請試著思考其使用方式及意思。

結婚しなくてもよいと思う40代から上の人の割合は減りますが、全回答者の44％が「しなくてもよい」と答えています。この理由の一つとして、多くの女性の働く意志があげられます。

一昔前は夫が働き、妻は家で家事や子育てをするのが一般的でした。しかし、調査によると、回答者の半数近くが今は夫婦で家事を分担すべきと答え、また3分の1が同じ程度の収入を稼ぐべきだとも思っています。近年のカップルは、役割分担を平等にすべきとの意識が強まっているようです。

結婚への意識が薄れる反面、97％の人が家族の絆は重要と答えています。この統計を支えているのは、結婚するまで親と住むことを今も受け入れる日本の社会です。2008年度の総務省の調査によると、20から34歳の46％、35から44歳の15％が親と同居しています。

20代、30代の8割が「家族はやすらぎを与えてくれている」と答えています。また回答者の43％の人が「友達家族」を理想の形だと思っています。26％が「それぞれが自由に過ごせばよい」と答える一方、67％が「家族はできるだけ一緒に過ごしたほうがよい」と答えています。

日本の平均結婚年齢は、2008年で男性が30.2歳、女性が28.5歳です。遅い結婚は「結婚しなくてもよい」という傾向と関係がありそうです。この調査結果は人口を増やそうとしている日本政府を悩ませそうです。

「結婚をしなくてもよい若者が増加」より
Hir@gana Times（2010.6）pp.18-19

回答者：回答者
一昔前：過去
家事：家務
一般的：一般的
分担する：分擔
同じ程度：差不多一樣
収入：收入
稼ぐ：賺錢
役割：角色
平等：平等, 公平
薄れる：變淡
絆：密不可分的關係
統計：統計
総務省：總務省
同居：住在一起
理想：理想
平均：平均
政府：政府
悩ませる：讓~感到困擾

24 判斷・義務

結束・對話

今日友だちと歩いているとき、財布が落ちているのを見つけた。落とした人はきっと困っているだろう。落とした人が取りに来るかもしれない、と思ったけど、そのままにしておくのは危ないので交番に届けた。やはり、こういう場合は交番に届けるべきだと思う。

243

文法用語解說

【凡例】

文法用語	解說	例
意志動詞 いしどうし →20課	自分の意志で「する・しない」を決められる動詞。 ⇔ 無意志動詞 能夠依自己的意志來決定「做・不做」的動詞。⇔ 無意志動詞	「開ける」「する」などの他動詞 「起きる」「遊ぶ」などの自動詞

（箭頭標註：文法用語、解說、⇔反義詞 ≒近義詞、例、出現單元、翻譯）

ㄅ

部分否定 ぶぶんひてい →16課	全部ではなく一部を否定すること。 不是否定全部，而是只否定一部分。	値段が高いものが必ずしもいいものとは言えない。
變化動詞 へんかどうし →7、8課	人や物の変化を表す動詞。 表示人・事・物變化的動詞。	増える、減る、変わる、便利になる
並列 へいれつ →9、11課	あるもの、あるいはあることが2つ以上、並ぶこと。 表示兩個以上的東西或是兩件以上的事並列在一起。	肉と野菜 食べたり飲んだり 広くて安い かばんだの、洋服だの
補助動詞 ほじょどうし →14課	2つの動詞をテ形で接続した場合、後ろに来る動詞で、元の意味がなくなっているもの。 兩個動詞以テ形來連接時，位居後面的動詞，而該動詞已失去原來的詞意。	買っておくの「おく」 食べてみるの「みる」 教えてもらうの「もらう」

ㄈ

反事實條件 はんじじつてきじょうけん →17課	事実ではない内容を仮定して表す表現。 假設的內容並非事實。	お金があれば旅行できるのに。
附帶狀況 ふたいじょうきょう →9、11課	何かをするときの状態、どんな状態で動作をしているかを表す表現。 做某件事的狀態，用來表示動作是在怎樣的狀態下進行。	横になって本を読む。 音楽を聞きながら本を読む。

244

ㄐ

動作接連發生 継起 けいき →9課	ある動作とある動作が連続すること。 指一個動作和另一個動作接連發生。	図書館へ行って勉強する。 靴を脱いで部屋に入る。 くつ ぬ

代名詞

代名詞 だいめいし →1課	具体的な名詞の代わりになる名詞。前後関係で意味がはっきり分 ぐたいてき　　　　　　　　　　　　　　ぜんごかんけい かる場合、同じ名詞の繰り返しを避けるために使う言葉。 か　　　　　　　　　く　かえ　　さ 代替具體名詞而使用的名詞。依據前後關係能夠明確了解句子意思的情 況下，為了避免同一名詞重複出現而使用的詞彙。	私は昨日新しいパソコン きのう を買った。それ(パソコ ン)はとても使いやすい。 私は昨日、またかばん を買った。気に入った の(かばん)を見るとど うしても欲しくなる。

動作性名詞

動作性名詞 どうさせいめいし →6、11課	名詞だが、机、かばんのような「物」を表すのではなく、動作を表 つくえ している名詞。3グループの動詞で「する」を取ったものが多い。 雖然是名詞，但並不是用來表示像桌子、皮包等「物品」，而是表示動 作。大部分為第3類動詞連接「する」的部分。	勉強、食事、運転

動作動詞

動作動詞 どうさどうし → 4、8、10、11、 12、18、19、23課	動き、動作を表す動詞。 うご 表示動作、行動的動詞。	食べる、読む、勉強する

ㄋ

「内」與「外」 ウチとソト →13、14、15課	自分、そして自分と同じグループ(家族・会社・親しい仲間など) した　　　　なかま に含まれる集団をウチ、それ以外をソトとする考え方。 ふく　　　　しゅうだん　　　　　　いがい 包含自己在內的群體(家人・公司・好朋友等)稱為「內」，不包含在「內」 的稱為「外」。	

逆接 ぎゃくせつ →11、17課、專欄4	前件から一般的に予想される内容と、後件の内容が異なること。 いっぱんてき　よそう　　　　　ないよう　　こと 指根據前件所預測的一般性結果，和後件的內容不同。	

ㄌ

連接 接続 せつぞく →5、8、9、11、23課	2つ以上の言葉をつなげること、またつながること。 將兩個以上的詞彙連接在一起。	雨が降るだろうから、 行かないで、 食べられそうだ

連體詞

連体詞 れんたいし →1課	いつも後ろに名詞がつくもの。形容詞とはちがって、形が変わら ない。 只能在後面連接名詞。和形容詞不同的是，連體詞在形態上不會產生變 化。	この本 そんな話

245

《

過去完成 過去完了 （かこかんりょう） → 12 課	過去のある時点で、すでに終わっていること。 表示動作或狀態在過去的某一時間點已經結束。	
感覺動詞 感覚動詞 （かんかくどうし） → 4、7 課	自分の体（五感）で感じるという意味を持つ動詞。 表示自己身體（五感）感受的動詞。	見る、聞く、嗅ぐ、触る、 感じる
慣用用法 慣用表現 （かんようひょうげん） → 7、9、11、18 課	2つ以上の言葉が一緒に使われて、その全体としてある1つの意味を表す表現。 由兩個以上的詞彙組成，用來表示特定意思的表現方式。	ついてくる・ついていく （7 課） 食事もせずに（9 課） 勝手ながら（11 課） 落ち込む・落ちつく （18 課）

丂

可能動詞 可能動詞 （かのうどうし） → 6、8、12 課	「できる」という意味を表す動詞。 表示「可以・能夠」的動詞。	できる、分かる、 見える、聞こえる、 話せる、乗れる
客觀的 客観的 （きゃっかんてき） → 5、23、24 課	自分、あるいはある特定の立場での考えから離れた一般的な物事のとらえ方・考え方。　⇔主観的 脫離自己或是特定立場，對事物抱持一般性的觀點・看法。⇔ 主觀的	
口語 話し言葉 （はなことば） → 4、6、9、10、13、14、16、20、23、24 課、專欄 1、2、4	話すときの言葉で、友だちや知り合いなど親しい人と話す場合のカジュアルな表現。　≒書き言葉 口語表達時使用的詞彙句型，通常是和朋友，認識的人，或是親密的人說話時所使用的非正式的表達方式。≒ 書面語	〜だよ どこ行くの？ とっても 忘れちゃった

厂

漢語 漢語 （かんご） → 15 課	中国から来た漢字の語彙。音読みで表される。 從中國傳到日本的漢字詞彙，以音讀來發音。	電話、出席、連絡
後件 後件 （こうけん） → 17 課	一般的な因果関係（XのでY）などの表現で、「結果（Y）」を表す部分を指す。「原因（X）」は前件である。　≒前件 在一般表示因果關係（XのでY）等的句型當中，用來表示「結果（Y）」的部分。「原因（X）」由前件來表示。≒ 前件	

和語 和語 （わご） →15課	もともと日本にあった言葉。ひらがな表記が含まれるものが多いが、漢字語でも訓読みのものは和語である。 日本固有的詞彙。大多數以平假名來標示，即使是漢字的詞彙也是以訓讀來發音。	道、苦しい、伝える

カ

敬語 敬語 （けいご） →14課	人間関係や場面に配慮して、相手に敬意を表すときに使う表現。 顧慮到和對方的關係或情境，表達對對方的敬意時所使用的詞彙句型。	
簡略形 縮約形 （しゅくやくけい） →専欄1、2	カジュアルな話し言葉で使うために、話しやすく短縮した表現。 在非正式的對話中，為了方便表達而省略或縮短的詞彙句型。	準備しとく。 レポート出さなきゃ。 忘れちゃった。
句尾用法 文末表現 （ぶんまつひょうげん） →14課	1文が終わる、最後の部分の表現。 一個句子的結尾，句子最後的用法。	〜です 〜ます 〜てください 〜ましょう

ク

請託用法 依頼表現 （いらいひょうげん） →13、22課	他の人に何かを頼むときに使う表現。 對別人有所請託、委託時所使用的句型。	〜てもらえませんか 〜ていただけませんか
前件 前件 （ぜんけん） →17課	一般的な因果関係(X ので Y)などの表現で、「原因(X)」を表す部分を指す。「結果(Y)」は後件である。　≒後件 在一般表示因果關係（X ので Y）等的句型當中，用來表示「原因（X）」的部分。「結果（Y）」由後件來表示。≒ 後件	

ケ

現在完成 現在完了 （げんざいかんりょう） →12課	現時点で、ある動作や出来事が終わっていること。 表示動作或事情目前已經結束。	
修飾 修飾する （しゅうしょく） →3、10課	ある言葉の前に付いて、その言葉の意味を詳しく説明したり特定したりすること。 加在詞彙的前面，對於該詞彙作詳細的說明或是限定。	日本人が好きな食べ物 これは日本人が好きな食べ物に関する調査です。

247

シュ

主觀的 主観的 しゅかんてき → 5、24 課、專欄 8	自分、あるいはある立場だけの物事のとらえ方・考え方。 ⇔客観的 以自己或是特定立場來表達對事物的觀點或看法。⇔ 客觀的	
主語 主語 しゅ ご → 3、4、6、10、13、 14、15、17、19、21、 22 課	「何がどうする」「何がどうである」ということを表す文の「何」にあたる部分。 相當於「什麼／誰做什麼事」「什麼／誰怎麼樣」等句子中的「什麼／誰」的部分。	<u>私</u>は学生だ。 <u>花</u>は赤い。 <u>犬</u>が走る。
主題 主題 しゅだい → 10 課	ある文で中心に取り上げられている内容、話題。 句子所描述的核心容、話題。	
狀態動詞 状態動詞 じょうたいどう し → 6、10、12 課	ものの状態を表す動詞。 表示人・事・物狀態的動詞。	似る、できる、ある に
正式場合 フォーマルな場面 ば めん → 4、8、11、14、 15、23 課、專欄 1	個人的ではなく、多くの人が関係している公式の場面。 こじんてき　　　　　　　かんけい　　　　　　こうしき 並非個人而是關係到很多人的正式場合。	仕事、会議、儀式、 講演

ㄔ

持續動詞 継続動詞 けいぞくどう し → 10 課	「～ている」をつけて、その動作が続いていることを表す動詞。 用「～ている」來表示動作持續進行的動詞。	読んでいる、食べている、 勉強している
傳達動詞 伝達動詞 でんたつどう し → 4 課	話の内容や情報などを人から人へ伝える意味を持つ動詞。 ないよう　じょうほう　　　　　　　　　　　つた 表示由一個人將談話內容或資訊傳達給另一個人的動詞。	話す、言う、伝える

248

シ

書面語 書き言葉 （か ことば） → 4、6、23、24 課、 専欄 1、4	文字で内容を伝えるときに使う言葉。本書では作文やレポート、報告書などのような正式な文書で使われる言葉のことを指す。そのため、省略や短縮などの表現は使わない。 ≒話し言葉 用文字來傳達內容時所使用的詞彙句型。在本書中指的是作文，小論文，報告書等正式的書面資料所使用的詞彙句型。因此，不會有省略或是縮短用法。≒ 口語	～だ、～である、 非常に（ひじょうに）
事實條件 事実的条件 （じ じつてきじょうけん） → 17 課	文の前半と後半が仮定の意味ではなく、事実であることを表している表現。 句子的前半和後半並非假定關係，而是用來陳述事實。	角を曲がったら信号がある。
述語 述語 （じゅつ ご） → 4、10 課	文の最後にあり、物の性質や動作を表す部分。 在句子的最後，表示東西的性質或是動作。	私は学生だ。 花は赤い。 犬が走る。
瞬間動詞 瞬間動詞 （しゅんかんどう し） → 10、11 課	ある動作をしていない状態からし終えた状態までの時間があまりかからない動詞。「～ている」をつけると、その動作が終わり、動作の結果が続いている状態であることを表す。 用來表示一個動作從開始到結束不需要太長時間就能完成的動詞。加上「～ている」則表示動作已結束，其動作結束後狀態的持續。	結婚する、座る、立つ、壊れる（こわ）
時態 （絕對・相對） テンス （絶対・相対） （ぜったい そうたい） → 12 課	動作をするときの時間との関係、現在・過去・未来を表す表現。 表示動作的時間關係，可分為現在・過去・未來。	昨日食べた。 今食べている。 明日食べる。（あした）
雙重敬語 二重敬語 （に じゅうけい ご） → 15 課	通常、敬語表現は1つの言葉に対して1つだけ使うが、2つ使っているもの。最近は丁寧に表現しようとして2つ使っている人もいるが本来は使いすぎである。 通常敬語是針對一個詞彙句型只使用一個相對表示敬意的詞彙句型來表達，雙重敬語是指使用兩個表示敬意的詞彙句型的敬語。近來有些人為了表示更有禮貌而使用雙重敬語，但其實是過度使用的現象。	[×]お読みになっていらっしゃる [○]お読みになっている [○]読んでいらっしゃる
雙重否定 二重否定 （に じゅうひ てい） → 16 課	「ない」を2つ使っていること。 使用兩個「ない」。	～ないことはない ～ないこともない

249

施予作用，發動 働きかけ はたら → 19 課	ある人からある人(物)へ動作をすること。 一個人對另一個人施展動作。	
受詞 目的語 もくてきご → 4、10 課	ある動作を受ける対象(物や人)を表す部分。 たいしょう 承受動作的對象（東西或人）。	<u>本</u>を読む。 <u>ご飯</u>を食べる。

ム		
思考動詞 思考動詞 しこうどうし → 4、8、22 課	頭の中で思ったり、心の中で感じたりしたことを表すときに使う動詞。 表示在腦中思考或是心中感受的動詞。	考える、思う

一		
意志動詞 意志動詞 いしどうし → 20 課	自分の意志で「する・しない」を決められる動詞。 き ⇔ 無意志動詞 むいしどうし 能夠依自己的意志來決定「做・不做」的動詞。⇔ 無意志動詞	「開ける」「する」などの 他動詞 たどうし 「起きる」「遊ぶ」など お　　　あそ の自動詞 じどうし
移動動詞 移動動詞 いどうどうし → 2、6、19 課	ある場所からある場所へ移動するという意味を持つ動詞。 いどう 表示從一個地方移動到另一個地方的動詞。	行く、来る、帰る、 戻る
疑問詞 疑問詞 ぎもんし → 1、17 課	質問文で、質問の焦点となっている人や物や事柄を指す言葉。 しつもんぶん　　　しょうてん　　　　　　　　　　ことがら 在疑問句中，表示成為疑問焦點的人、事或物的詞彙。	いつ、どこ、何、誰、 どんな

×		
完全否定 完全否定 かんぜんひてい → 16 課	動詞、形容詞、名詞に「ない」がついて、完全に「そうではない」という意味を表す表現。 かんぜん 在動詞、形容詞、名詞後面加上「ない」，表示「完全不是那樣」。	食べる → 食べない
無意志動詞 無意志動詞 むいしどうし → 6 課	自分の意志で「する・しない」を決められない動詞。 き ⇔意志動詞 いしどうし 不能以自己的意志來決定「做・不做」的動詞。⇔ 意志動詞	「開く」などの自動詞、 できる、分かる

250

索 引

＊是指主要句型之外的表達方式

ㄇ

| 名詞修飾　[10課] | 88, 89, 90, 92, 93 |

ㄊ

| 他動詞　[19課] | 181, 182, 185, 186 |

ㄌ

| 禮貌用法　[14課] [15課] | 133, 140 |

ㄎ

| 可能動詞　[6課] | 52 |
| 可能形　[6課] | 51 |

ㄐ

| 敬語　[14課] | 128, 129, 131, 132 |

ㄑ

| 謙讓語　[14課] | 130, 131 |
| 謙讓用法　[15課] | 139 |

ㄓ

| 指示詞　[1課] | 2, 7 |

ㄗ

尊敬語　[14課]	129, 131
尊敬用法　[15課]	138
自動詞　[19課]	181, 182, 185, 186

あ

| ア系　[1課] | 2, 3, 4, 8 |

あ (continued)

あげる　[13課]	118
（～て）あげる　[13課]	124
～あとで　[12課]	111

い

行く　[7課]	60
いただく　[13課]	119
～一方で　[11課]	99
～入れる　[18課]	173

う

| うかがう　[14課] | 131, 133 |

お

お＋名詞　[15課]	140
お～ください　[15課]	139
＊お～しましょうか　[13課]	123
＊お～します　[13課]	123
お～する／いたす　[15課]	139, 143
お～なさる　[15課]	138
お～になる　[15課]	138
～終わる　[18課]	171

か

ＸかＹか　[11課]	100
～かける　[18課]	173
＊～がっている　[6課]	56
～がてら　[11課]	103
～かどうか　[11課]	100
～かもしれない　[24課]	234, 239
から（助詞）　[2課]	14
＊～からか　[5課]	45
＊～からこそ　[5課]	45
ＸからＹ　[5課] [9課]	41, 84
＊からだ　[5課]	44

251

*〜からといって　[5課] [16課]	45, 152	
*〜からにちがいない　[24課]	235	
*〜からには　[5課]	45	
〜がる　[6課]	56	

き

〜切る　[18課]	171

く

*〜くする　[8課]	70
くださる　[13課]	119
*〜くなる　[8課]	71
来る　[7課]	60
くれる　[13課]	119

こ

ご＋名詞　[15課]	140
ご〜ください　[15課]	139
コ系　[1課]	2, 3, 4, 5
ご〜する／いたす　[15課]	139, 143
こと　[4課]	36
〜ことがある　[4課]	34
〜ことができる　[4課] [6課]	34, 52
〜ことから　[4課]	36
〜ことだ　[4課]	36
*〜ことにした　[8課]	71
〜ことにしている　[8課]	71
〜ことにする　[4課] [8課]	34, 71
*〜ことになった　[8課]	72
〜ことになっている　[8課]	72
〜ことになる　[4課] [8課]	34, 71, 74
〜ことはない　[4課]	36
〜ことはない／〜こともない　[16課]	150, 152
〜ことを　[4課]	33
ご〜なさる　[15課]	138

〜込む　[18課]	172

さ

*〜さえ X ば Y　[17課]	166
さしあげる　[13課]	118
*〜（さ）せていただきたいんですが　[22課]	211
*〜（さ）せていただきます　[22課]	211
*〜（さ）せていただく／くださる　[22課]	215
*〜（さ）せていただけませんか　[22課]	211
*〜（さ）せてください　[22課]	211
*〜（さ）せてもらう／くれる　[22課]	215
〜される　[22課]	212

し

* X し　[11課]	104
X し Y し　[11課]	100

す

X ずに Y　[9課]	82
（〜も）〜ずに　[9課]	84
する　[8課] [19課]	70, 180

せ

〜せられる／させられる　[22課]	212
〜せる／させる　[22課]	210

そ

〜そうだ（推測）　[23課]	222, 223, 224, 227
〜そうだ（傳聞）　[23課]	225, 228
*〜そうにない　[23課]	223
ソ系　[1課]	2, 3, 4, 8

た

〜た　[12課]	109, 110, 114

～たい　[6課]	53	
*～たがっている　[6課]	54	
*～(だ)からといって　[16課]	152	
～たがる　[6課]	53, 56	
X だけで(は)なく Y も　[11課]	99	
*～たことがある　[4課]	34	
～出す　[18課]	173, 175	
～たために　[6課]	55	
～たとき　[12課]	112	
～たところ　[12課]	112, 114	
X だの Y だの　[11課]	101	
*～たのに　[17課]	166	
～(た)ばかり　[12課]	112, 114	
X ために Y　[6課]	50	
X たら Y　[17課]	159, 163, 166	
*～たらどうですか　[17課]	166	
～だろう　[24課]	235	

つ

X ついでに Y　[11課]	103
～続ける　[18課]	171
～って（傳聞）　[23課]	225
～って＋名詞　[10課]	91
～っていう＋名詞　[10課]	91

て

X て Y　[5課][9課]	40, 46, 80, 83, 84
で　[2課]	12, 14, 15, 17
～てあげる　[13課]	120, 123
～てある　[20課]	193, 196
～ていかない　[7課]	64
～ていく　[7課]	61, 64
～ていた　[12課]	109, 110, 114
～ていただきたい　[6課]	54
*～ていただきたいんですが　[13課]	121

～ていただく　[13課][15課]	121, 143
*～ていただけましたか　[15課]	143
*～ていただけますか　[13課]	121
*～ていただけませんか　[13課]	121
～ていたとき　[12課]	114
～ている　[12課][20課]	109, 114, 192
～ているとき　[12課]	114
～ているところ　[12課]	112
～ておいた　[20課]	196, 197
～ておく　[20課]	193, 197
～てから　[12課]	111
～てきた　[7課][8課]	61, 62, 75
*～てきている　[7課]	62
～てください　[8課]	74
*～てくださいますか　[13課]	122
*～てくださいませんか　[13課]	122
～てくださる　[13課]	121
～てくる　[7課]	61, 62, 64
～てくれない　[13課]	124
*～てくれますか　[13課]	122
*～てくれませんか　[13課]	122
～てくれる　[13課]	121, 124
～(で)ございます　[15課]	140
～てこない　[7課]	64
～てさしあげる　[13課]	120, 123
～てしまう　[20課]	194
～てしまった　[20課]	194
～でしょう　[24課]	235
～てほしい　[6課]	54
*～ても／でも　[16課]	152
～てもらいたい　[6課]	54
*～てもらいたいんですが　[13課]	121
～てもらう　[13課][21課]	121, 124, 206
*～てもらえますか　[13課]	121
*～てもらえませんか　[13課]	121

253

〜てやる　[13課]	120

と

X と Y　[17課]	161, 164, 166
と（助詞）　[2課]	13, 16
〜という＋名詞　[10課]	90, 93
X とか Y とか　[11課]	101
〜とき　[12課]	111
ド系　[1課]	2
〜ところ　[12課]	112
〜として　[3課]	25
〜としての＋名詞　[3課]	25
〜とのことだ　[23課]	226, 228
〜とは言えない／〜とも言えない　[16課]	
	149, 152, 153
〜とは限らない／〜とも限らない　[16課]	
	149, 152

な

*〜ないことがある　[4課]	34
*〜ないことだ　[4課]	36
〜ないことにする　[4課] [8課]	34, 71
〜ないことになる　[4課] [8課]	34, 71
〜ないことはない／〜ないこともない [16課]	
	151
*〜ないだろう　[23課]	222
X ないで Y　[9課]	82, 83
*〜ないとは言えない／〜ないとも言えない	
	[16課]　150
*〜ないとは限らない／〜ないとも限らない	
	[16課]　149
*〜ないはずがない　[24課]	239
*〜ないはずだ　[24課]	239
X ながら Y　[11課]	102
〜ながら　[11課]	104

X なくて Y　[9課]	82, 83, 84
*〜なくてはならない／〜なくてはいけない	
	[24課]　237
*〜なくなる　[8課]	75
〜なくもない　[16課]	152
*〜なければ、〜ない　[17課]	162
〜なければならない　[24課]	237
*〜なさそうだ　[23課]	222
X（の）なら Y　[17課]	162, 164
〜なり〜なり　[11課]	101
なる　[8課] [19課]	71, 181

に

X に Y　[6課]	51
に（助詞）　[2課]	12, 13, 14, 16
〜に関して　[3課]	23, 27
〜に関する＋名詞　[3課]	23
X にしろ Y にしろ　[11課]	100
*〜にする　[8課]	70
X にせよ Y にせよ　[11課]	100
〜に対して　[3課]	24, 27
〜に対する＋名詞　[3課]	24
〜にちがいない　[24課]	235
〜について　[3課]	23
〜についての＋名詞　[3課]	23
〜にとって　[3課]	25, 27
〜にとっての＋名詞　[3課]	25
*〜になる　[8課]	71
〜によって　[3課]	24, 27
〜による＋名詞　[3課]	24

ぬ

〜ぬく　[18課]	175

254

の

の（名詞化）　[4課]	33, 36
〜のが／〜のを　[4課]	33
〜のがす　[18課]	173
〜のために　[6課]	55
X のでY　[5課] [9課]	42, 44, 84
X のにY　[5課]	43, 45
X のに対してY　[11課]	99
〜のは〜だ　[4課]	33

は

X ばY　[17課]	159, 162, 166
X ばかりかY も　[11課]	99
〜は〜ことだ　[4課]	33
〜始める　[18課]	171
*〜はずがない　[24課]	239
〜はずだ　[24課]	236, 239
〜はずだった　[24課]	239
〜反面　[11課]	99

へ

〜べきだ　[24課]	236, 240
*〜べきではない　[24課]	237
〜べき＋名詞　[24課]	240

ほ

*（〜を）ほしがっている　[6課]	54
*（〜を）ほしがる　[6課]	53

ま

まいる　[14課]	131, 133
〜まえに　[12課]	110
〜間違える　[18課]	173
まで　[2課]	14, 17

までに　[2課]	14, 17
X ままY　[11課]	102

み

〜みたいだ　[23課]	221, 224, 229

も

もの　[4課]	34, 36
もらう　[13課]	119

や

X やらY やら　[11課]	101
やる　[13課]	118

よ

〜ようだ　[23課]	220, 224, 229
X ようにY　[6課]	51
〜ようにしている　[8課]	73, 75
〜ようにしてください　[8課]	74
〜ようにする　[8課]	72, 75
*〜ように〜てください　[6課]	55
〜ようになった　[8課]	75
〜ようになっている　[8課]	73
〜ようになる　[8課]	73, 75

ら

〜らしい（推測）　[23課]	223, 224, 227
〜らしい（傳聞）　[23課]	225, 228
〜らしい（特徴）　[23課]	229

る

〜る　[12課]	109

255

れ

～れる／られる（被動）　[21 課]　　　202

～れる／られる（尊敬）　[15 課]　　　142

わ

～忘れる　[18 課]　　　173

を

を　[2 課]　　　13, 16

ん

～んだって　[23 課]　　　225

依出現單元排序

第1課
ア系
コ系
指示詞
ソ系
ド系

第2課
から（助詞）
で
と（助詞）
に（助詞）
まで
までに
を

第3課
〜として
〜としての＋名詞
〜に関して
〜に関する＋名詞
〜に対して
〜に対する＋名詞
〜について
〜についての＋名詞
〜にとって
〜にとっての＋名詞
〜によって
〜による＋名詞

第4課
こと
〜ことがある

〜ことができる
〜ことから
〜ことだ
〜ことにする
〜ことになる
〜ことはない
〜ことを
*〜たことがある
*〜ないことがある
*〜ないことだ
〜ないことにする
〜ないことになる
の（名詞化）
〜のが／〜のを
〜のは〜だ
〜は〜ことだ
もの

第5課
X から Y
X て Y
X のでY
X のに Y

第6課
*〜がっている
可能形
可能動詞
〜がる
〜ことができる
〜たい
*〜たがっている
〜たがる
〜たために
X ために Y
〜ていただきたい
〜てほしい

〜てもらいたい
X に Y
〜のために
*（〜を）ほしがっている
*（〜を）ほしがる
X ように Y
*〜ように〜てください

第7課
行く
来る
〜ていかない
〜ていく
〜てきた
*〜てきている
〜てくる
〜てこない

第8課
*〜くする
*〜くなる
*〜ことにした
〜ことにしている
〜ことにする
*〜ことになった
〜ことになっている
〜ことになる
する
〜てきた
〜てください
*〜なくなる
〜ないことにする
〜ないことになる
なる
*〜にする
*〜になる
〜ようにしている

257

～ようにしてください
～ようにする
～ようになった
～ようになっている
～ようになる

第9課
から
XずにY
（～も）～ずに
XてY
XないでY
XなくてY
ので

第10課
～って＋名詞
～っていう＋名詞
～という＋名詞
名詞修飾

第11課
～一方で
XかYか
～がてら
～かどうか
*Xし
XしYし
Xだけで（は）なくYも
XだのYだの
XついでにY
XとかYとか
XながらY
～ながら
～なり～なり
XにしろYにしろ
XにせよYにせよ

Xのに対してY
XばかりかYも
～反面
XままY
XやらYやら

第12課
～あとで
～た
～たとき
～たところ
～（た）ばかり
～ていた
～ていたとき
～ている
～ているとき
～ているところ
～てから
～とき
～ところ
～まえに
～る

第13課
あげる
いただく
*お～しましょうか
*お～します
くださる
くれる
さしあげる
～てあげる
*～ていただきたいんですが
～ていただく
*～ていただけますか
*～ていただけませんか
*～てくださいますか

*～てくださいませんか
～てくださる
～てくれない
*～てくれますか
*～てくれませんか
～てくれる
～てさしあげる
*～てもらいたいんですが
～てもらう
*～てもらえますか
*～てもらえませんか
～てやる
もらう
やる

第14課
敬語
謙譲語
尊敬語
禮貌用法

第15課
尊敬用法
謙譲用法
禮貌用法
お＋名詞
お～ください
お～する／いたす
お～なさる
お～になる
ご＋名詞
ご～ください
ご～する／いたす
ご～なさる
*～ていただく
*～ていただけましたか
～（で）ございます

258

〜れる／られる（尊敬）

第16課
〜ことはない／〜こともない
*〜（だ）からといって
*〜ても／でも
〜とは言えない／
　　〜とも言えない
〜とは限らない／
　　〜とも限らない
〜ないことはない／
　　〜ないこともない
*〜ないとは言えない／
　　〜ないとも言えない
*〜ないとは限らない／
　　〜ないとも限らない
〜なくもない

第17課
*〜さえXばY
*〜たのに
XたらY
*〜たらどうですか
XとY
*〜なければ、〜ない
X（の）ならY
XばY

第18課
〜入れる
〜終わる
〜かける
〜切る
〜込む
〜出す
〜続ける
〜ぬく

〜のがす
〜始める
〜間違える
〜忘れる

第19課
自動詞
する
他動詞
なる

第20課
〜てある
〜ている
〜ておいた
〜ておく
〜てしまう
〜てしまった

第21課
〜れる／られる（被動）
*〜てもらう

第22課
〜せられる／させられる
〜せる／させる
〜される
*〜（さ）せていただきたいん
　　ですが
*〜（さ）せていただきます
*〜（さ）せていただく／
　　くださる
*〜（さ）せていただけませ
　　んか
*〜（さ）せてください
*〜（さ）せてもらう／くれる

第23課
〜そうだ（傳聞）（推測）
*〜そうにない
〜って（傳聞）
〜とのことだ
*〜ないだろう
*〜なさそうだ
〜みたいだ
〜ようだ
〜らしい（傳聞）（推測）（特徴）
〜んだって

第24課
〜かもしれない
*〜からにちがいない
〜だろう
〜でしょう
*〜ないはずがない
*〜ないはずだ
*〜なくてはならない／
　　〜なくてはいけない
〜なければならない
〜にちがいない
*〜はずがない
〜はずだ
〜はずだった
〜べきだ
*〜べきではない
〜べき＋名詞

259

主要参考文献

庵功雄・松岡弘・中西久実子・山田敏弘・高梨信乃(2000)『初級を教える人のための日本語文法ハンドブック』スリーエーネットワーク

庵功雄・清水佳子(2003)『日本語文法演習　時間を表す表現―テンス・アスペクト』スリーエーネットワーク

石橋玲子(2007)『中上級日本語表現文型例文集』凡人社

市川保子(2005)『初級日本語文法と教え方のポイント』スリーエーネットワーク

市川保子(2005)『中級日本語文法と教え方のポイント』スリーエーネットワーク

市川保子(2010)『日本語誤用辞典』スリーエーネットワーク

小川誉子美・三枝令子(2004)『日本語文法演習　ことがらの関係を表す表現―複文』スリーエーネットワーク

グループ・ジャマシイ編著(1998)『日本語文型辞典』くろしお出版

友松悦子・和栗雅子・宮本淳(2000)『どんなときどう使う日本語表現文型200』アルク

友松悦子・和栗雅子(2004)『短期集中　初級日本語文法　総まとめポイント20』スリーエーネットワーク

友松悦子・和栗雅子(2007)『中級日本語文法　要点整理ポイント20』スリーエーネットワーク

名古屋YMCA教材教材作成グループ(2004)『中級レベルわかって使える日本語』スリーエーネットワーク

名古屋YMCA教材教材作成グループ(2004)『中級レベルわかって使える日本語　練習問題』スリーエーネットワーク

藤田直也(2002)『日本語文法　学習者によくわかる教え方』アルク

松本節子・佐久間良子(2008)『初級から中級への日本語ドリル　文法』The Japan Times

森田良行・村木新次郎・相沢正夫(1989)『ケーススタディ　日本語の語彙』おうふう

標準解答 >>>

1 指示詞

開始・對話

a. その　　　b. この箱／この中／ここ／これ　　　c. その

練習1

1. a	2. a, a	3. b	4. b	5. a
6. b	7. b	8. a	9. a	10. a

練習2

1. a	2. d	3. d	4. c	5. b
6. b	7. c	8. a	9. b	10. b

造句

1. 去年、友だちと<u>a. 沖縄</u>を旅行しました。(①ここ・②そこ・③あそこ)では、<u>b. 海で泳いだり</u>、沖縄料理を食べたりしました。とても楽しかったです。

2. 私の友だちに<u>a. 田中さん</u>がいます。<u>b. 彼／その人</u>は<u>c.</u>とてもやさしくて親切な人です。日本の生活について教えてくれます。

3. 日本人の好きな食べ物について調査をしました。<u>a. その</u>結果、好きな食べ物のベスト3は、<u>b. すし</u>、<u>c. 刺身</u>、<u>d. ラーメン</u>ということが分かりました。一方、納豆は20位になっていました。やはりすしは日本人が一番好きな食べ物だということが分かりました。

4. 昨日、インド料理のレストランへ行きました。<u>a. そこ</u>で、カレーを食べました。<u>b. そのあと</u>、映画館へ行きました。3D映画で話題になった『スペース・ウォーズ』という映画を見ました。友だちに<u>c. その映画</u>のことを話したら、「ああ、私も見た。<u>d. あの映画</u>、おもしろいよね。」と言っていました。友だちと映画の話をして楽しかったです。

5. A：今、<u>a. ここ(こちら)</u>は雨が降っていますが、<u>b. そこ(そちら)</u>はどうですか。
   B：<u>c. ここ(こちら)</u>は、とてもいいお天気ですよ。

6. A：あのう、すみません。ちょっとおたずねしますが、バス停は<u>a. ここ</u>から遠いですか。
   B：いいえ、すぐ<u>b. そこ</u>ですよ。<u>c. あそこ</u>に高いビルが見えるでしょう。バス停は<u>d. その／あの</u>ビルの前にありますよ。

7. 生きるか死ぬか、<u>それ</u>が問題だ。

改錯

1. 来週、スカイツリーの前で会いましょう。<u>あのとき</u>(→そのとき)、借りていた本を持っていきますね。

【解説】在這裡使用代名詞的「そのとき」。「そのとき」是指「スカイツリーの前で会ったとき」。➡ 參閱 **首先確認**（3）

2. B：ほんとだ。<u>そんなに</u>(→こんなに)人が多いと思わなかった。

【解説】是現場指示的用法。因為這兩個人在同一地點說明現場的人潮程度，所以用「こんなに」。
➡ 參閱 **首先確認**（1）③、④

3. B：たくさんありますね。<u>どちら</u>(→どれ)にしましょうかね。

【解説】從眾多選擇當中做決定時用「どれ」。二選一時則用「どちら」。➡ 參閱 **提升程度**（2）①

4. 私は小学生のとき、沖縄に行ったことがあります。<u>あのとき</u>(→そのとき)、はじめて海で泳ぎました。

【解説】是前後文指示的用法，使用「そのとき」。因為是說話者知道而聆聽者不知道的事，所以不能用「あのとき」。
➡ 參閱 **首先確認**（2）②

5. B：<u>あれ</u>(→それ)はいいですね。ご両親も喜ぶでしょうね。

【解説】代名詞的用法，在這裡用「それ」。「それ」是指「國へ帰って仕事をすること」。➡ 參閱 **首先確認**（3）

262

2 助詞

開始・對話

a. に　　b. を　　c. を　　d. で　　e. で　　f. に　　g. に

練習1

1. b　　2. b　　3. b　　4. b　　5. a
6. b　　7. a　　8. b　　9. a　　10. a

練習2

1. までに　2. まで　　3. まで、までに　　4. までに
5. まで　6. までに　7. までに　　8. まで

練習3

1. に、で　2. に　　3. で　　4. で　　5. に
6. で　　7. に　　8. に　　9. に　　10. で

練習4

1. に　　2. と　　3. と　　4. に　　5. と

練習5

1. c　　2. a　　3. b　　4. a　　5. a
6. c　　7. d　　8. d, d　　9. b　　10. d

練習6

1. で　　2. で　　3. を　　4. に　　5. に

改錯

1. 私は2008年までに(→まで)国の大学でコンピュータを勉強していました。

【解説】因為是表示持續一段期間的動作(「勉強する」)，所以用「まで」。➡ 參閱 **提升程度** ④

2. 来月に(→来月)アメリカに行くつもりです。

【解説】像「昨日、去年、今日、明日、来週、来月、来年」等表示相對變化的時間不加助詞「に」。➡ 參閱 **首先確認** (3)②

3. 私はどこにも(→でも)寝られます。

【解説】因表示動作「寝る」的地點，所以用「どこでも」。➡ 參閱 **首先確認** (1)②

4. もっと大きい声に(→で)話してください。

【解説】因表示「話す」的方式，所以用「大きい声で」。➡ 參閱 **首先確認** (8)②

5. あそこのいすで(→に)座って、本を読んでいる人が誰か分かりますか。

【解説】因「いす」不是做動作的地點，所以不用「で」，在這裡因為是表示動作對象的地點，所以用「に」。➡ 參閱 **首先確認** (7)

6. 宿題が終わるまでに(→まで)、遊びに行ってはいけませんよ。

【解説】動作「宿題をする」是會持續一段時間的，所以用「まで」。➡ 參閱 **提升程度** ④

263

3 複合助詞

【開始・對話】

a. 男らしさ・女らしさ　　　b. 日本青少年研究所

c. 日本、韓国、アメリカ、中国の高校生

練習1

1. a	2. b	3. a	4. a	5. b
6. b	7. b	8. a	9. b, b	10. a

練習2

1. b	2. d	3. d	4. a	5. c
6. b	7. b, b	8. d	9. a	10. b

造句

1. a. かぶきの歴史について知りたかったら、b. 中村さんに聞いてください。あの人はとても詳しいですよ。

2. a. この商品についてのb. ご意見は、ホームページにお寄せください。

3. デパートの店員は、a. お客さんに対してb. 親切に応対しなければならない。

4. 日本語の難しさは学習者の母語によって違う。

5. 国によって文化や生活様式が違う。

6. 彼はa. 父親としてb. 夫として、家庭を大切にしている。

7. 最近の若者にとって、a. 携帯電話はb. 友だち作りに欠かせないものだ。

8. a. 新しい医療制度に対するb. 国民の評価はc. 人によって違う。

9. a. 環境に関する問題はb. 世界中の人にとって大事な問題である。

10. a. 台風によるb. 洪水の影響はc. 町中に広がった。

改錯

1. これは日本人の健康状態について(→ついての)調査です。

【解説】因為要修飾後面連接的「調査」，所以一定要用「ついての」。另外，也可以改為「これは日本人の健康状態について調べた調査です」。➡ 參閱 首先確認 (1)②

2. これはNHK にとって(→によって)平成22年度に行われた調査です。

【解説】被動句的動作主體以「によって」來表示。
➡ 參閱 提升程度 ①

3. この論文は私の研究に対して(→にとって)とても重要である。

【解説】表示東西的評價時會用「～にとって」。因為在這裡是「この論文」對於「私の研究」的重要性等的評價，所以用「にとって」。➡ 參閱 首先確認 (5)①、提升程度 ②

4. 彼は私にとって(→に対して)いつも親切に接してくれる。

【解説】表示對方對我所做的動作時會用「私に対して」。「私にとって～」是用來表示評價結果為「～」。
➡ 參閱 首先確認 (3)①、提升程度 ②

5. 田中さんは歴史が専門だから、その国の歴史に対して(→について)よく知っている。

【解説】「知る／考える／調べる」等表示思考活動的動詞、「話す／聞く／書く」等表示語言活動的動詞用「について」。
➡ 參閱 首先確認 (1)①

6. 留学生として(→にとって)日本の生活で一番大変なのは食べ物である。

【解説】因為是站在「留学生」的立場描述「日本の生活」的種種，所以用「留学生にとって」。表示站在某人的立場去思考或評價時，會使用「にとって」。➡ 參閱 首先確認 (5)①

④ の・こと・もの

【開始・對話】

a. ゴルフをする　　b. 本を読む

【練習1】

1. a	2. b	3. b	4. b	5. a
6. a	7. a	8. b	9. b	10. a

【練習2】

1. a	2. c	3. c	4. c	5. c
6. b	7. a	8. b	9. d	10. b

【造句】

1. 私の夢は、自分の会社をつくることです。

2. 私がどんなにつらくてもがんばるのは、夢を叶えるためです。

3. 今年の目標は、運転免許をとることです。

4. 私は、料理を作るのがあまり好きじゃない。

5. 実験に使った物は、みなさん自分で片付けてください。

6. a. 田中さんは、いつも b. 笑っているけど、ときどき c. 怒ることがある。

7. 明日から健康のために、毎日30分歩くことにします。

8. みんなで相談した結果、次の会議は来月開くことになった。

9. 私は来年、休学してフランスに留学することを考えている。

10. さっきね、a. リサさんとジョンさんが b. 映画館に入るのを見たよ。

【改錯】

1. B：田中さんが来ること（→の）を待ってるんです。

【解説】如「待つ」表示在當下所做的動作時會用「の」。
➡ 參閱 首先確認 （2）④

2. 私はフランス語を話すの（→こと）ができます。

【解説】表示可能的「できる」會用固定用法的「ことができる」。
➡ 參閱 首先確認 （3）③

3. すみません。ちょっとお聞きしたいもの（→こと）があるんですが、今よろしいですか。

【解説】因「聞く」是表示詢問對方問題，實際上看不到問題的內容，所以要用「こと」。➡ 參閱 提升程度 ①

4. あ、リサさん。実はリサさんに渡したいこと（→物）があるんです。

【解説】「渡す」是表示將禮物等具體的東西交給對方，所以「物」才是正確的。➡ 參閱 首先確認 （4）①

5. コンピュータを使えば、遠くの国の人と会話するの（→こと）ができます。

【解説】表示可能的意思要用「ことができる」。
➡ 參閱 首先確認 （3）③

⑤ 原因・理由

開始・對話

a. 送ったのに   b. 疲れて／疲れてたから

練習1

1.b	2.a	3.a	4.a	5.b
6.b	7.b	8.b	9.b	10.a

練習2

1.c	2.c	3.a	4.c	5.a
6.b	7.d	8.d	9.c	10.a

造句

1. 田中先輩は後輩にやさしいので、研究室でとても人気があります。

2. 外はとても a. 寒いから、b. コートを着て出かけたほうがいいよ。

3. この授業は実験が多くて、とても大変です。／この授業は宿題がいっぱいで、とても大変です。

4. 弟は、熱があるのに、サッカーをしています。

5. A：先生、a. ゼミの資料をコピーしたいので、b. このコピー機を使ってもよろしいでしょうか。

6. 田中さんは a. 熱があると言っていたから、b. 今日の打ち合わせには来られないかもしれない。

7. 毎日 a. 1時間走っているのに、b. ちっともやせません。

8. 今日は遠くまでわざわざ来てくれて、どうもありがとう。

9. 父が a. たばこをやめたのは、b. 子どもと約束したからです。

10. このごろ a. 忙しくて、全然 b. 遊びに行けません。

改錯

1. 宿題を忘れたので(→忘れて)、すみません。

【解説】因為後面出現表示歉意的「すみません」，所以要用「〜て(で)」。➡ 參閱 提升程度 ③

2. 先生、病院へ行きたいんですから(→ので)、午後の授業を休んでもいいでしょうか。

【解説】因為後面所使用的是敬體，所以說明理由時要用「〜ので」。➡ 參閱 提升程度 ①

3. この本はおもしろいだから(→から／ので)、読んでみてください。

【解説】イ形容詞會以普通形來連接「から」，所以不會加「だ」。用「から」或「ので」。另外，「この本はおもしろい。だから、読んでみてください」像這樣分成兩句來表達時，因後面的句子有「てください」，所以用「ですから」會比「だから」自然。
➡ 參閱 首先確認 (2)、(3)

4. 何回も連絡したでも(→のに)、先生から返事がない。

【解説】預期「返事が来る」，然而結果卻不如預期，所以用「のに」。➡ 參閱 首先確認 (4)①、②

5. 先週、クラスを休んだので、宿題をもらいません(→もらえませんでした)。

【解説】因為是以「クラスを休む」的理由來表示「宿題をもらうことができなかった」的結果，所以會使用「もらえませんでした」。「もらいません」的意思是依自己的意志而決定不拿。➡ 參閱 首先確認 (3)①

6. 部屋が暑くて(→暑いので)、クーラーをつけてください。

【解説】表示原因的テ形後面不能用請託用法「てください」，所以表示請託時要用「〜ので、〜てください」。
➡ 參閱 提升程度 ①

266

6 目的・可能・願望

開始・對話
a. できる　　b. ひける　　c. 楽器ができる
d. ひける　　e. 教え

練習1
1. a	2. b	3. a	4. a	5. a
6. b	7. a	8. b	9. b	10. a

練習2
1. b	2. c	3. d	4. c	5. d
6. d	7. a	8. b	9. c	10. b

造句

1. このカメラなら、素人でも素晴らしい写真が撮れます。

2. a. ピアノが上手にb. なるように、毎日練習しています。

3. 将来日本の会社で働くために、毎日、日本語を勉強しています。

4. ちょっと教室へ荷物を取りに、行ってきます。

5. 昨日は会議が延びたために、パーティーに参加できませんでした。

6. a. 忘れないように、b. メモしておいてください。

7. 今現在、世界で最も速い人は、100メートルを9秒台で走れる。

8. 日本料理は大好きだが、納豆だけはどうしても食べられない。

9. 彼女は日本人だが、長い間韓国に住んでいたので韓国語が話せる。

10. 太郎君は新しいサッカーボールを買いたがっている。

改錯

1. 日曜日は夜はダメだけど、昼間なら時間があるから会う（→会える）よ。

> 【解説】因為是表示「日曜日の昼間なら」的條件下能夠見面，所以用可能形。➡ 参閲 **首先確認**（4）②

2. ここから富士山が見えられる。（→見える）

> 【解説】因「見える」是無意志動詞，所以沒有可能形。「見える」有時候可以用來表示可能的意思「看得見」。
> ➡ 参閲 **首先確認**（4）④

3. 田中さんは彼女と別れて、とても悲しい（→悲しがっている）。

> 【解説】我們無法斷定對方或是其他人的感情，所以描述對方或其他人的感情、希望等，要用「～がる／がっている」。
> ➡ 参閲 **提升程度** ⑤

4. 先生、来週は学会で北海道へ行くので、日本語の授業に来ません（→来られません）。

> 【解説】表示因為某個理由所造成的結果為「授業に来られない」，像這樣的情況，後面的句子會用可能句型的否定用法。
> ➡ 参閲 **首先確認**（4）②

5. 木村先輩は新しいものが好きらしく、新しいパソコンが出ると、すぐほしがります（→ほしくなるようです）。

> 【解説】因「～がる」有批判的語感，用在長輩或上司身上會顯得失禮。在這裡會用表示推測的「ようだ」來表達。
> ➡ 参閲 **提升程度** ⑥

267

7 いく・くる

開始・對話
a. 来て　　b. 来た　　c. 帰った　　d. 戻ってくる
e. 来る　　f. 戻ってくる　　　g. 行って

練習1
1. a	2. a	3. a, a, a	4. b	5. a
6. b	7. a	8. a	9. a	10. b

練習2
1. c	2. d	3. b	4. c	5. b
6. c	7. d	8. a	9. c	10. a, c

造句
1. B：ええ、少しずつ<u>分かってきました</u>。

2. B：ええ、いろいろな店も増えて、ずいぶん便利に<u>a. なっ</u>
　<u>てきました</u>。これからもっと<u>b. 発展していくだろう</u>と
　思います。

3. 先生は席を外しています。3時すぎには<u>帰ってくる</u>と
　思います。

4. 今日は宿題をやって<u>こなかった</u>ので、先生にしかられ
　た。

5. 環境問題は今後もさらに深刻に<u>なっていくだろう</u>と思
　います。

6. 研究を続けるのは大変ですが、これからも<u>続けていきた</u>
　<u>い</u>と思っています。

7. あ、財布忘れた。ちょっとここで待ってて。<u>取ってくる</u>
　から。

8. 最近、ずいぶん<u>暖かくなってきました</u>ね。

9. <u>a. 日本</u>の経済は徐々に<u>b. よくなってきています</u>。

10. <u>a. 日本</u>の景気はこれからも<u>b. ますますよくなってい</u>
　<u>くだろう</u>と思います。

改錯
1. 妻：はーい、すぐ<u>来る</u>（→行く）からちょっと待ってね。

【解説】因為是表示妻子離開現在的所在地而接近對方，所以
用「行く」。➡ 參閱 **首先確認**（1）

2. 最初、日本語の勉強は大変でしたが、最近、おもしろく
　なって<u>きます</u>（→きました）。

【解説】過去到現在的變化會以「〜てくる」表示，但如果在表
達的當下已察覺到變化時，則用「〜てきた」。
➡ 參閱 **首先確認**（5）

3. 公園を散歩していたら、突然、知らない人が私に声を<u>か</u>
　<u>けた</u>（→かけてきた）ので、びっくりした。

【解説】因為「陌生人向我搭話」意味著方向，所以會以「声を
かけてきた」的形式用「〜てくる」來表達。
➡ 參閱 **首先確認**（2）

4. A：あっ、見て見て、あそこ。富士山が見えて<u>きます</u>（→
　きました）。

【解説】因已經看到富士山了，會以「見えてきました」的形式
用「〜てきた」。如果是「見えてきます」的話，意思是還沒看
到不過應該快要看到了。➡ 參閱 **首先確認**（5）

5. 母：いいよ。でも、これからは、家に友だちを<u>連れる</u>（→
　連れてくる）ときは、前もって電話してね。

【解説】因為是表示「從外面到家裡」的移動，所以「連れてく
る」才是正確的用法。
➡ 參閱 **首先確認**（2）、**提升程度** ③

268

8 する・なる

開始・對話

a. ようにして／ことにして
b. ことにして／ようにして
c. 読めるようになりました

練習1

1. a	2. a	3. a	4. b	5. b
6. a	7. a	8. b	9. a	10. b

練習2

1. d	2. b	3. c	4. d	5. b
6. c	7. a	8. d	9. a	10. a

造句

1. 来年4月から日系企業で働くことになりました。

2. さっきまで動いていたパソコンが急に動かなくなった。

3. この洗濯機、高いですね。もう少し安くしてもらえませんか。

4. 今の部屋はせまいので、もっと広い部屋にひっこすことにしました。

5. どうしようかと迷いましたが、10月に入学試験を受けることにしました。

6. 私は健康のために、できるだけエスカレーターを使わないようにしています。

7. 今週からパソコンで自分の成績が見られるようになりました。

8. 私は日本語の勉強のために、毎日新聞を読むことにしています。

9. 2010年に日本へ来たので、今年で3年間日本にいることになる。

10. 最近、a.寒くなってきたので、b.朝、起きられなくなりました。

改錯

1. 昨日は熱がありました。早く家に帰って休んだので、今日はよくに（→よく）なりました。

【解説】因「いい」是イ形容詞，所以「よくなる」才是正確的。
➡ 參閱 首先確認 (2)

2. 来年の3月に大学を卒業することにしました（→なりました）。

【解説】一般來說，畢業多半依學校的校規、學習的狀況來決定，而非個人意志，所以不用「ことにする」，以「ことになる」來表達較為恰當。➡ 參閱 首先確認 (5)②

3. 卒業したら日本の会社で働きたいので、日本語の勉強を続けることになりました（→しました）。

【解説】因「繼續學日文」能以自己的意志來決定，所以要用「ことにしました」。➡ 參閱 首先確認 (3)①、②

4. 入社試験に合格したので、来月からA会社で働くように（→ことに）なりました。

【解説】可以在公司上班，表示是通過了公司人員招募甄試後所得到的結果，所以會用「働くことになった」。若表示以前沒工作的人，因為某個契機而變成開始工作的情況下，才用「働くようになりました」來表達。➡ 參閱 首先確認 (5)②

5. 日本では、2011年7月24日からアナログテレビが見られないように（→見られなく）なりました。

【解説】因「ようになる」的否定形不是「〜ないようになる」而是「〜なくなる」，所以「見られなくなる」才是正確的。
➡ 參閱 提升程度 ⑤

269

9 テ形和否定形

開始・對話

a. 痛くて   b. 出ないで   c. うちに帰った

練習1

1a, b	2. b	3. b	4. a	5. a
6. b	7. a	8. a	9. a	10. a

練習2

1. d	2. a	3. b	4. a	5. d
6. b	7. b	8. a	9. b	10. c

造句

1. B：昨日は、えっと、朝 a. 部屋を掃除して、午後は b. 買い物に出かけました。

2. 古い友人から電話がかかってきて／テストが満点で嬉しかった。

3. 私は目玉焼きを食べるとき、a. しょうゆを b. かけて食べます。

4. B：いえ、先週は体調が悪かったので出かけないで／出かけずにうちで寝ていました。

5. 今回の試合で優勝することができなくて／行きたかったレストランが休みで残念です。

6. B：えっと、a. 清水寺で紅葉を見て、b. 夜は温泉に入るつもりです。

7. 紀子ちゃんはいつも人の話を聞かないで／聞かずに、自分のことばかりしゃべる。

8. a. 入学試験の面接のとき、緊張して b. 上手に話せなかった。

9. B：中村さんね、あそこの、いすに座って携帯電話で話している人ですよ。

10. この文章を覚えましたか。では、本を見ないで／見ずに言ってみてください。

改錯

1. 足が痛いで（→痛くて）歩けない。

【解説】因「痛い」是表示「歩けない」的理由，所以要用「痛くて」。イ形容詞的テ形是「～くて」。
➡ 參閲 **首先確認**（1）③

2. 太郎は、勉強もしなくて（→しないで／せずに）、ずっと遊んでいる。

【解説】意思是「不念書，一直玩耍。」，表示動作接連發生的否定形要用「ないで」「ずに」。➡ 參閲 **首先確認**（3）①

3. インターネットがつながらないで（→なくて）、メールが送れなかった。

【解説】表示「無法寄電子郵件」的原因・理由，所以要用「なくて」。➡ 參閲 **首先確認**（2）①

4. 田中さん、いつも私を手伝って（→手伝ってくれて）ありがとう。

【解説】因為致謝是說話者的心境，所以必須表示成田中小姐幫忙的動作是朝向我的，請用表示第三者的動作朝向說話者的授受動詞句型「てくれる」。➡ 參閲 **首先確認**（1）③

5. 急に停電になったとき、何も見えないで（→見えなくて）怖かった。

【解説】表示感覺到「怖かった」的原因・理由，要用「なくて」。
➡ 參閲 **首先確認**（2）①

⑩ 名詞修飾

開始・對話
a. 白と黒のもようのある大きな　　b. テリー

練習1
1. b	2. a	3. b	4. a	5. b
6. b	7. b	8. b	9. a	10. a

練習2
1. c	2. b	3. a	4. c	5. b
6. a	7. b	8. c	9. c	10. d

造句
1. 私は a. 近くの郵便局で b. 80円の切手を買いました。

2. 私の国には、お正月、目上の人から お金をもらう／お金をもらうという 習慣があります。

3. 私は、日本の「東京ラブストーリー」という (ドラマ)／映画 を見たことがあります。

4. A：白い水玉のもようがある細長いかさです。

5. 将来は a. 広くて／きれいで、b. 庭がある家に住みたいです。

6. A：私の国には a. すき焼きという料理があります。
   A：b. 牛肉と豆腐と野菜を煮込んで作る料理です。

7. A：私の国には a. 女性の日という日があります。
   A：b. 女性に感謝の気持ちを 伝える日です。

8. 山本：うん、会ったことあるよ。背が高くてハンサムな人だよ。

9. 私が通っていた高校には、パーマをかけてはいけないという規則がありました。

10. 私はおいしいものを 食べる／食べているときに一番 幸せを感じます。

改錯
1. A市は、先週の台風で、大きいな(→大きな)被害を受けました。

【解説】沒有「大きいな」這個用法。在這裡是表示「受害」的程度很大，而不是說實際的大小，所以不用「大きい」而是用「大きな」。➡ 參閱 提升程度 ②

2. B：何の種類ですか。「野菜」と言っても、多い(→多くの／たくさんの)種類がありますよね。

【解説】不能用「多い＋名詞」，必須變換成「多くの、たくさんの＋名詞」。➡ 參閱 提升程度 ②

3. 健康のために、毎回、栄養のバランスがとれる(→とれた／とれている)食事をしてください。

【解説】表示東西的狀態或性質時會用夕形或テイル形，所以在這裡要用「とれた」或是「とれている」。
➡ 參閱 首先確認 (3)②、③

4. キムさんは、実験が忙しいの(→という)理由で、最近日本語のクラスを休んでいる。

【解説】說明「理由」的內容，所以「という」才是正確的用法。
➡ 參閱 首先確認 (4)、提升程度 ④

5. 山下さんは(→が／の)住んでいるところは東京です。

【解説】「山下さんが住んでいる」是在說明「ところ」。這樣的情況下，不能像「山下さんは」一樣用「は」，要用「が」或「の」才正確。➡ 參閱 提升程度 ③

271

⑪ 並列

開始・對話

a. のついでに　　　b. し　　　c. 飲みながら

練習1

1. a　　2. b　　3. b, b　　4. a, a　　5. a

6. a, a　　7. a, a　　8. b　　9. b　　10. a

練習2

1. b　　2. c　　3. c　　4. a　　5. a, a

6. d, d　　7. c　　8. c　　9. b　　10. b

造句

1. 日本はa. 人口が減っているのに対して、私の国はb. 人口が増えている。

2. 夏休みにa. 国へ帰るかb. 日本にいるか、まだ決めていません。

3. 私の彼氏は親切なだけではなく、とてもかっこいい。

4. 学期末になるとa. レポートやら、b. 期末テストやら、やらないといけないことが多くて、大変だ。

5. 私の母はa. 駅に迎えに来てくれるし、b. 朝早く起きてお弁当を作ってくれるし、とてもやさしいです。

6. 私はa. クラシック音楽を聴きながら、b. 本を読むのが好きです。

7. 娘は毎日a. バイトだの、b. 友だちと約束があるだの、忙しいと言って、家事の手伝いをしない。

8. a. 窓を開けたまま、b. 寝るのはよくないと思います。

9. a. 新しい服を買ったが、あまり着ないまま、b. 着られなくなってしまった。

10. a. 散歩に行くついでに、b. コンビニに行ってきました。

改錯

1. 兄はスポーツが好きに(→好きなのに)対して、弟は本を読むのが好きだ。

【解説】「対して」會和「のに」一起使用。「好き」是ナ形容詞，所以會變成「好きなのに」。➡ 參閱 確 認 (1)

2. 来月、国へ帰りますか(→帰るか)、日本にいますか(→いるか)、まだ決めていません。

【解説】「XかYか」無法連接禮貌形，所以請用普通形。
➡ 參閱 確 認 (3)

3. 母はイタリアに海外旅行に行って、バッグなり(→だの)、靴なり(→だの)、買い物ばかりしていた。

【解説】同種類的東西 (在這裡是指在義大利買的東西) 要用「だの」。特別是「XだのYだの」會用來表達說話者的不悅、或是責備對方。➡ 參閱 確 認 (7)

4. 彼は彼女にプロポーズができなかった(→できない)まま、別れてしまった。

【解説】在這裡表示「無法求婚」的狀態持續著，所以會用「できないまま」。「～まま」的否定形不是「なかったたまま」而是「ないまま」。➡ 參閱 確 認 (10)

5. 郵便局に行き(→行った)ついでに、切手も買ってきました。

【解説】「ついでに」接在動詞後面時，動詞要用普通形。表示相同意思的「がてら」則連接動詞的マス形。
➡ 參閱 確 認 (11)

12 時態相關句型

開始・對話

a. おいしかった　　b. 食べる　　c. 来る　　d. 終わっ

練習1

1.b	2.b	3.a	4.b	5.a
6.a	7.a	8.b	9.b	10.b

練習2

1.c	2.a	3.b	4.b	5.c
6.b	7.b	8.a	9.d	10.d

造句

1. 父は毎晩、寝るまえに、お酒を1杯飲みます。

2. 留学したいなら、その国についてよく調べてから決めたほうがいい。

3. あ、ちょっと待ってて、すぐ行く。今着替えているところだから。

4. 先週 a. 買ったばかりの b. かさをなくしてしまいました。

5. 私の国では、a. 電話を切るときに、b.「失礼します」と言います。

6. 試験が a. 始まってからは、b. 携帯電話を使ってはいけません。

7. B：いや、a. 今日は忙しくて、b. ごはんを食べる時間がなかったよ。

8. 駅前の映画館でやっているあの映画、もう見た？

9. 昨日の晩、雨が降ったみたいだね。道路がぬれているよ。

10. 私は毎日、2時間日本語の勉強をしています。

改錯

1. 日本では、靴を脱いだあとで(→脱いでから)、部屋に入ります。

> 【解説】因為是表示「拖鞋→進入家中」這兩個動作接連發生的順序，所以要用「てから」。➡ 參閱 確認 (5)

2. 地震がくる(→きた)ときは、すぐに外に飛び出してはいけません。

> 【解説】假設未來發生的事會用タ形。意思是「發生～的話」。
> ➡ 參閱 確認 (6)②

3. B：田中さんは、今、食堂でご飯を食べます(→食べています)。

> 【解説】因為是現在正在進行的動作，所以用「～ている」。
> ➡ 參閱 確認 (1)①

4. B：いいえ、出しませんでした。(→まだです。／まだ出していません。)

> 【解説】表示現在還沒完成的動作時，要用「まだ～ていない」。如果用「出しませんでした」意思是接下來也沒有打算要交報告。➡ 參閱 進一步提升程度 ②

5. あ、あそこにスカイツリーが見えてくる(→見えてきた)。高いねー。

> 【解説】表示從看不見晴空塔到可以看見晴空塔這樣的變化時，會使用「～てくる」，但如果在說話的當下已經看見晴空塔的話，要用「タ形」來表達，所以請用「見えてきた」。
> ➡ 參閱 確認 (2)②

273

13 授受動詞句型

開始・對話

a. あげたんです　　b. 作ってくれた／焼いてくれた

練習1

| 1. b | 2. a | 3. b | 4. a | 5. b |
| 6. a | 7. b | 8. b | 9. b | 10. a |

練習2

| 1. b | 2. d | 3. b, b | 4. b | 5. b |
| 6. d | 7. d | 8. c | 9. b | 10. a |

造句

1. B：ええ。これは祖母にもらった指輪なんです。

2. あっ、いけない！　家の植木に水をやるのを忘れてきちゃった。

3. A：今年、お正月に実家に帰ったとき、もう大学生なのに、両親がお年玉をくれたんです。びっくりしましたよ。

4. B：ええ。ホストファミリーに、①京都に連れていってもらいました。②京都を案内してもらいました。

5. 昨日、小学校へ行って、子どもたちに私の国の言葉を教えてあげました。

6. 客：出発まで時間がないので、ちょっと急いでいただけませんか／急いでくださいませんか。

7. もし結婚するなら、家事をやってくれる／手伝ってくれる人と結婚したい。

8. レポートが進まなくて困っていたところ、先生が参考になる論文を貸してくださった／紹介してくださったのでとても助かった。

9. B：そうですね。休みが取れれば、親を旅行に連れていってあげたいです。

10. 母：このゴミ、ゴミ捨て場に持っていってくれ／捨ててきてくれない？

改錯

1. すみません。ちょっと写真を撮って<u>いただきませんか</u>。（→いただけませんか）

【解説】如果是請託用法，請變換成「〜いただけますか／いただけませんか、〜もらえますか／もらえませんか」的可能形。
→ 參閱 **確　認**（2）②ⅱ

2. 国の家族が私に荷物を<u>送りました</u>。（→送ってくれました）

【解説】因為我接受了家人的恩惠，所以用「〜てくれる」。
→ 參閱 **確　認**（2）③ⅰ

3. 学生：そうなんですか。よろしかったら、北京の町を<u>ご案内してあげます</u>。（→ご案内いたします／ご案内いたしましょうか）

【解説】對長輩或上司不用「〜てあげる／さしあげる」，所以用「お〜する」或「お〜しましょうか」來表達。就算是用敬語的「ご案内してさしあげます」還是顯得失禮，並不適當。
→ 參閱 **確　認**（2）①、**進一步提升程度**①

4. 自転車が壊れて、田中さんが困っていたので、田中さん<u>に</u>（→の）自転車を直してあげました。

【解説】因為腳踏車是田中先生的東西，請改成「田中さんの自転車」，把助詞「に」改成「の」。→ 參閱 **確　認**（2）①

5. 私の論文の日本語をチェック<u>していいですか</u>。（→いただけませんか）

【解説】如果是要表示「請做〜」的話，不能用「〜していいですか」。對對方有所請託時，請用「〜していただけませんか、〜してもらえませんか」來表達。
【補充】例如，「A：これに書いてもいいですか」是由 A 來做「書く」的動作。如果是「A：B さん、これに書いていただけませんか」，則由 B 做「書く」的動作。→ 參閱 **確　認**（2）②ⅱ

⑭ 尊敬語・謙譲語

開始・對話
a. いらっしゃいます　　b. うかがって

練習1
1. b	2. a	3. b	4. b	5. a
6. a	7. b	8. a	9. b	10. b

練習2
1. b	2. d	3. d	4. a	5. d
6. c	7. c	8. b	9. a	10. b

造句

1. 学生：パーティーの会場は「ベル」ですが、ご存じですか。

2. 学生：先生、明日なんですが、1時に研究室にうかがっても、よろしいでしょうか。

3. 部下：部長、次の打ち合わせですが、いつにいたしましょうか／なさいますか。

【補充】如果是由部下自己安排籌備的話用「いたしましょうか」，如果是由部長負責的話，就要用「なさいますか」。

4. 私：あの、お仕事は、何をしていらっしゃるんですか／なさっているんですか。

5. 学生：先生、今朝、何時ごろこちらにいらっしゃったんですか。

6. 学生：えっと、お名前だけはa. 存じています／うかがったことがありますが、b お目にかかったことはありません。

7. 中村：はい、私も、さっき川野さんがおっしゃった意見に賛成です。

8. B：そうですか。最近は何をご覧になったんですか。

9. 後輩：ちょっとこの機械の使い方についてうかがい／教えていただきたいんですが…。

10. A：これ、ハワイのお土産で、チョコレートです。どうぞ、みなさんで召し上がってください。

改錯

1. 先輩、昨日のパーティーで何を<u>召し上がった</u>（→召し上がりましたか）？

【解説】使用敬語時，請留意句子的整體性是否一致合宜。「召し上がる」是「食べる」的尊敬語，但這裡的「召し上がった」是常體，缺乏整體一致性。使用敬語時，其他的部分也請變換成敬體。➡ 參閱 進一步提升程度 ③

2. このパンフレット、<u>お目にかかっても</u>（→拝見しても）よろしいでしょうか。

【解説】說話的人想要看導覽小冊子，希望能得到許可，所以這裡是表示「私が見る」，要用「見る」的謙讓語。「お目にかかる」並不是表示「見る」，而是「会う」的謙讓語。➡ 參閱 確認 「特殊形的敬語」

3. 明日の会議の時間が変わったと聞きましたが、<u>ご存じました</u>（→ご存じでした）か。

【解説】「ご存じだ」是「知っている」的尊敬語。因為「ご存じ」是名詞，所以無法當作動詞「ご存じます」來使用。➡ 參閱 確認 「特殊形的敬語」

4. 日本のお酒を買って、国の父に<u>さしあげます</u>（→あげます）。

【解説】和家人之間不使用敬語。➡ 參閱 進一步提升程度 ②

5. 私は田中さんが<u>申した</u>（→おっしゃった）ことに賛成です。

【解説】「申す」是「言う」的謙讓語。因為說話的人不是我，而是田中先生，所以請用尊敬語。➡ 參閱 確認 「特殊形的敬語」

275

15 尊敬用法・謙譲用法・禮貌用法

開始・對話

a. どうぞお使いください

練習1

1. スミス先生はいつも日本語で<u>お話し</u>になります。

2. スミス先生は毎日7時に<u>お帰り</u>になります。

3. スミス先生、コピー機を<u>お使い</u>になりますか。

4. 何かありましたら、こちらの番号に<u>ご連絡</u>ください。

5. 資料は後ろにあります。みなさま各自<u>お取り</u>ください。

6. よろしければ<u>ご利用</u>ください。

練習2

1. 今日決まったことは私から木村さんに<u>お伝え</u>(いた)しました。

2. 明日、この本を田中先生に<u>お返し</u>(いた)します。

3. 昨日、東京でとった写真を先生に<u>お見せ</u>(いた)しました

4. 旅行のスケジュールは来週<u>お知らせ</u>(いた)します。

5. 調査した内容について、私から<u>ご報告</u>(いた)します。

6. まず、今回の講師の先生を<u>ご紹介</u>(いた)します。

7. こちらで<u>ご用意</u>(いた)します。

練習3

1. 今日は、みなさんに大切な(お)<u>知らせ</u>があります。

2. ここに必要事項を記入してください。まず、(お)<u>名前</u>、(お)<u>年</u>、(お)<u>ところ</u>、です。(ご)<u>住所</u>はアパート名までお願いします。それから、(ご)<u>職業</u>もよろしければお書きください。何かありましたら、こちらから(ご)<u>連絡</u>します。

3. あの、(お)<u>忙しい</u>ところすみません。ちょっと(お)<u>時間</u>よろしいでしょうか。…以上ですが、何か(ご)<u>質問</u>はありますでしょうか。…これで、アンケートは終わりです。(ご)<u>協力</u>ありがとうございました。

4. 来週のパーティーに(ご)<u>招待</u>したいんですが、(ご)<u>都合</u>はいかがですか。

5. 今日は、パーティーに(お)<u>招き</u>いただき、ありがとうございます。

6. (お)<u>料理</u>が(お)<u>上手</u>ですね。どれもとてもおいしいです。いつも(お)<u>食事</u>は、(ご)<u>自分</u>でお作りになるんですか。

7. (ご)<u>兄弟</u>は何人いらっしゃるんですか？

8. 今後とも、(ご)<u>指導</u>のほど、よろしくお願いいたします。

練習4

1.c	2.b	3.b	4.c
5.d	6.b	7.a	8.d

造句

1. ジョン：あ、まだでした。すみません。今、<u>お支払い</u>(いた)します。

2. B：わあ！これ、田中さんが<u>お作り</u>になったんですか。

3. 店員：いらっしゃいませ。お客様、コートはこちらで<u>お預かり</u>(いた)します。

4. 係りの人：(お・ご)旅行の⦿(お・ご)申し込みですか。こちらに(お・ご)名前と(お・ご)住所を<u>お書きください／ご記入ください</u>。

5. 次は3階、婦人服売り場<u>でございます</u>。

6. 駅員：電車が参ります。線の内側まで<u>お下がり</u>ください。

【補充】「お待ちください」的助詞要用「〜で、お待ちください」。如果是「お立ちください」，助詞會用「〜に、お立ちください」。

---

7. B：え、ご主人は、週末も<u>お仕事なさる</u>んですか／<u>お仕事なさっている</u>んですか。

8. A：次回の会議について、日にちが決まりましたらすぐ<u>ご連絡</u>(いた)します／<u>お伝え</u>(いた)します。

改錯

1. 昨日は、一日中、小説を<u>お読みしました</u>(→読みました)。

> 【解説】因敬語(這裡是謙讓語)是用來對對方表示敬意的,所以不需要用在自己一個人做的動作。「読む」這個動作不是為了對方而做的,而且對自己的書也沒有必要表示敬意。
> ➡ 参閲 **確　認** (2)

2. こちら割引チケットです。ご自由に<u>お取りして</u>ください(→お取りください)。

> 【解説】建議對方做某件事的尊敬用法是「お(マス形)〜ください」,而非テ形。「お取りして」的用法是「お(マス形)する」,會變成謙讓用法,這樣是貶低對方動作的說法,非常失禮。➡ 参閲 **確　認** (1)

3. 学生:失礼します。先生、<u>リンと申します</u>(→リンです／リンでございます)。

> 【解説】「名字＋と申します」用在自我介紹時,也就是說,只能用在第一次見面時。見面次數超過兩次或已經彼此認識的話,要用禮貌用法「でございます」。➡ 参閲 **確　認** (3)

4. 学生:先生、昨日メールをお送りしたんですが、<u>ご確認なさいましたか</u>(→…／確認していただけましたか／ご確認いただけましたか)。

> 【解説】在這裡不需要用「ご確認なさいましたか」。或者也可以不將對方(長輩或上司)作為主語,使用以自己為主語的謙讓語「ご確認いただけましたか」。
> ➡ 参閲 **進一步提升程度** ⑤

5. 学生:先生、この雑誌を<u>ご覧になりたいですか</u>(→ご覧になりますか)。よろしかったら、どうぞ。

> 【解説】對著長輩或上司用「〜たいですか」來訊問對方是否想做什麼事的話,會顯得很沒有禮貌,就算是用敬語表達依舊失禮。因此,想知道對方想做什麼時會以「〜ますか」來詢問。
> ➡ 参閲 **進一步提升程度** ⑤

6. 学生:先生、何を<u>ご覧になっていらっしゃる</u>(→ご覧になっている／見ていらっしゃる)んですか。

> 【解説】「ご覧になる」是「見る」的尊敬語。「〜ていらっしゃる」是「〜ている」的尊敬語。同時使用兩種敬語的用法稱為「雙重敬語」,但通常用一個敬語就已經足夠了。最近有人認為用越多敬語越有禮貌,因而使用雙重敬語,但這其實是過度使用。➡ 参閲 **進一步提升程度** ②

277

⑯ 否定相關句型

開始・對話
a. ことはないですよ

練習1
1. a	2. b	3. b	4. a	5. b
6. a	7. a	8. a	9. a	10. b

練習2
1. c	2. b	3. c	4. a	5. a
6. b	7. c	8. a	9. b	10. d

造句
1. 私は料理を作らない／料理が作れないこともないんですが、外食することが多いです。

2. このまま地球温暖化が進むと、人類が滅びないとは限らない／とは言えない。

3. 平日の新幹線はすいているから、そんなに急ぐことはない。

4. 塾に通ったからといって、試験に合格するとは限りません。

5. 彼は立派な人ですが、欠点がないとは言えません。

6. B：忙しいのは忙しいんですが、デートする時間がないこともありません。

7. 日本での生活はa.慣れてきましたが、b.国へ帰りたいと思わないこともない。

8. a.学校から宿舎までは近いから、わざわざb.バスに乗ることはない。

9. 留学生だからといって日本について知らないとは限らない／とは言えない。

10. 料理が作れないからといって、家事ができないとは限らない／とは言えない。

改錯
1. みんな大きい会社に就職したいと思っているけど、「大きい会社がいい会社」ではない（→だとは限らない／だとは言えない）。

【解説】如果用「ではない」，意思會變成「所有大公司都不是好公司」的完全否定，請改成「大公司當中也是有不好的公司」的部分否定。➡ 參閱 **確　認** (1)①、(2)①

2. B：大丈夫ですよ。まだやぶれていないから、はきます（→はけます／はけないことはないです）よ。

【解説】表示還可以穿的可能性。在這裡可以用可能形「はける」，或是用「ないことはない」的「はけないことはない」來表示。如果不想正面否定對方的意見「はけない」的話，用「はけないことはない」會比較恰當。➡ 參閱 **確　認** (4)

3. いい大学を出ても、いい仕事を見つけない。
（→を見つけられるとは限らない／とは言えない）
（→が見つかるとは限らない／とは言えない）

【解説】首先，請先將「仕事を見つける(他動詞)」「仕事が見つかる(自動詞)」中的助詞和動詞配對好。接著改成部分否定，而非完全否定。➡ 參閱 **確　認** (1)①、(2)①

4. A：でも、絶対転ばないんじゃない（→とは限らない／とは言えない）し気をつけてね。

【解説】表示即使有信心不會摔倒，也不是百分之百，所以在這裡要用部分否定。➡ 參閱 **確　認** (1)②、(2)②

5. B：食べられないじゃない（→ことはない）ですが、あまり好きじゃないんです。

【解説】表示「努力的話是可以吃的。不過並不喜歡。」「還算敢吃。」的意思，所以用「ないことはない」。
➡ 參閱 **確　認** (4)

278

17 假定句型

開始・對話

a. 読んだら／読めば　　b. あったら／あれば　　c. なら

d. 読んだら　　e. 読んだら

練習1

1.b	2.a	3.a	4.b	5.b
6.b	7.b	8.a	9.b	10.b

練習2

1.c	2.b	3.c	4.c	5.a
6.d	7.b	8.c	9.c	10.b

造句

1. この機械を使えば／使うと、もっと早く作業が終わるだろうと思います。

2. そんなに甘いものばかり食べていると／食べていたら、すぐに太ってしまいますよ。

3. バランスのとれた食事をとらないと／とらなければ、病気になってしまいますよ。

4. この仕事にそんなに文句が a. あるなら、b. やめたほうがいいと思います。

5. このボタンを押すと、お湯が出ますので、気をつけてくださいね。

6. 夏休みになったら、ハワイに行きたいと思っています。

7. 明日、a. 田中さんに会ったら、b. これを渡してください。

8. もしあのとき、あの人に出会っていなかったら、今の会社には就職できなかったかもしれない。

9. 私は a. 夏休みになると、必ず b. 国へ帰って両親と過ごします。

10. a. 愛さえ b. あれば、c. どんなに大変でもがんばっていける。

改錯

1. もし(→×)3月になったら、国へ家族に会いに帰りたいと思っています。

【解説】如果事情是確定會實現的，就不能用「もし」，因為3月是一定會到來的，所以不和「もし」一起使用。
→ 参閲 **進一歩提升程度** ①

2. B：パソコンを買えば(→買うなら)、秋葉原がいいんじゃない？

【解説】聽到A說「想買電腦」，B想給A建議時要用「なら」，這是「なら」的特殊用法。
→ 参閲 **確 認** [何謂假定條件句型](4)

3. もっと早く間違いに気がついていると(→いたら／いれば)、こんな失敗はしなかったのに。

【解説】表示與事實相反的假定條件時，會用「たら」或是「ば」。如果有後悔的意思的話，會在句尾用「のに」來表達。
→ 参閲 **進一歩提升程度** ③

4. 梅雨が明ければ(→明けたら／明けると)、暑くなるよね。いやだなぁ。

【解説】表示理所當然的結果時用「たら」。另外，表示自然的原理或狀態時會用「と」，所以這裡也可以改為「明けると」。
→ 参閲 **確 認** [何謂假定條件句型](2)、(3)

5. 授業が終わって外に出たなら(→出たら／出ると)、雪が降っていた。

【解説】因為是表示發現「正在下雪」這個事實，所以要用「たら」或「と」，句子的後面經常伴隨著表示存在、事實或發現等內容的句型。→ 参閲 **確 認** [何謂假定條件句型](2)、(3)
進一歩提升程度 ②

18 複合動詞

開始・對話
a. 終わった　　b. 始めた　　c. 終わる

練習1
1.a	2.a	3.b	4.a	5.b
6.b	7.a	8.a	9.b	10.a

練習2
1.a	2.b	3.c	4.d	5.c
6.b	7.c	8.a	9.c	10.c

練習3
1. かけて　　2. 始めた　　3. 入れられ
4. 切っ　　5. 込んで

造句
1. 電車を乗り間違えて（乗り過ごして）、目的地と反対方向に行ってしまった。

2. 多くの人にパソコンが使われ始めたのは、90年代に入ってからのことだ。

3. 親しい友人であっても、個人の生活に深く入り込みすぎないように、注意しなければならない。

4. 事故にあっても、あわてないで、落ちついて行動してください。

5. 道の曲がり角から、急に子どもが飛び出してきた。

6. 忘れ物をしたのを思い出して、家に戻ってきた。

7. 海開きのセレモニーが終わると、子どもたちがみんな海へ飛び込んだ。

8. スポーツジムに行き始めて／通い始めてから、体の調子がとてもいい。

9. 彼は彼女に100回以上もプロポーズを断られ続けたのにあきらめない。

10. この映画を見て、感動のあまり、涙があふれ出して止まらなかった。

改錯
1. コンビニにあるATMで、お金を振り入れる（→振り込む）ことができます。

【解説】「振り込む」的意思是「透過銀行或郵局來繳款」，使用在銀行、郵局、ATM等。請將這個詞彙當成固定用法記下來。
➡ 參閲 **確 認**（5）

2. スマートフォンを使い出した（→使い始めた）ばかりなので、まだ慣れていない。

【解説】「〜出す」是用來表示預期之外的事突然發生。在這裡因說話者是自己下意識買智慧型手機來使用的，所以要用「使い始めた」。➡ 參閲 **確 認**（1）①

3. こんなにたくさんの料理、一人では食べ終われ（→食べ切れ）ません。

【解説】在這裡是表示「無法全部吃完」，所以請用表示「〜完・〜光」的「切る」，並改成可能形。➡ 參閲 **確 認**（2）①

4. 彼は苦しい状況から抜け込む（→抜け出す）ために、必死でがんばっている。

【解説】因為「〜込む」有「進入其中」的意思，和這裡的狀況剛好相反。這裡是表示想脫離痛苦的狀態，所以要用「〜出す」來表達。➡ 參閲 **確 認**（3）③

5. 親は子どもをしかる前に、何が問題なのか、子どもに問い出す（→問いかける）ことが大事だ。

【解説】這裡的動作是父母朝向小孩的方向，所以用「〜かける」。有詢問的意思。➡ 參閲 **確 認**（3）①

19 自動詞和他動詞

開始・對話

① a. 割れてる　b. 割った

練習1

1. a. 止める, b. 止まる　　2. a. 汚す, b. 汚れる
3. a. 切る, b. 切れる　　4. a. 出す, b. 出る
5. a. 割る, b. 割れる

練習2

| 1. b | 2. a | 3. a | 4. a | 5. b |
| 6. a | 7. b | 8. a | 9. a | 10. b |

練習3

| 1. b | 2. d | 3. c | 4. b | 5. d |
| 6. b | 7. d | 8. a | 9. b, c | 10. d |

練習4

1. A：割れて, B：割った　　2. A：かかって, B：かけた
3. A：動かし　　4. 母1：起きた, 母2：起こして
5. A：して　　6. B：出た, A：集まっ
7. B：破って　　8. B：落ちて, B：折れて, A：倒れて
9. A1：焼けた, 切って, A2：入れて, B：わかし
10. うつら

造句

1. 母親：勉強するときは、テレビを消しなさい。

2. 母親：ケーキが焼けましたよ。

3. B：そうなの？いい部屋が見つかって、よかったね。

4. 明日はゼミがあって授業に出られませんので、スピーチの日にちを変えて（変更して）くださいませんか。

5. A：この荷物、鈴木さんに渡してください。

6. あ、シャツのボタンがとれた／落ちた。

7. あっ。ジュースがこぼれそうだよ。

8. 私の国では、熱をa. 出したときは、b. ホットレモンティーを飲む習慣があります。

9. A：七回転んでも八回起き上がる、つまりあきらめないという意味です。

10. おかしいな。何度携帯に電話をa. かけてもb. つながらない。

改錯

1. 24時間で地球を（→が）1回まわします（→まわります）。

【解説】地球是靠自己的力量來轉動的，所以用自動詞「まわる」。➡ 參閱 **確認** (2)②

2. なべに野菜を入って（→入れて）ください。

【解説】在說明料理的烹飪方式時，因為關注的焦點在人的動作，所以用他動詞「入れる」。➡ 參閱 **確認** (2)①

3. 部長、会議の時間ですが、どうして変えた（→変わった）んですか。

【解説】當使用他動詞來詢問長輩或上司（部長）所做的動作時，會有責備對方的意思產生，而顯得失禮。在這裡藉由自動詞將關注的焦點放在會議時間上會比較有禮貌。
➡ 參閱 **進一步提升程度** ⑤

4. ここに自転車を止まら（→止め）ないでください。

【解説】在這裡關注的焦點放在腳踏車的主人身上。因為是在談論關於持有腳踏車的人（動作主體）的動作，所以用他動詞。
➡ 參閱 **確認** (2)①

5. このビンのふたは固くて、なかなか開け（→開か）ない。

【解説】因為關注的焦點在蓋子的狀態上，所以要用自動詞。「開く」的否定形是「開かない」，在這裡或許會因為有「不能」的意思而想改成可能形，但這個自動詞是沒有可能形的。
➡ 參閱 **確認** (2)②

281

20 結果・狀態

開始・對話
a. 冷えて　　b. 冷やして　　c. ある　　d. 冷えて
e. 冷やして

練習1
1. b	2. b	3. a	4. a	5. b
6. b	7. a	8. a	9. b	10. a

練習2
1. b	2. b	3. c	4. a	5. d
6. c	7. d	8. b	9. d	10. a

造句
1. 掲示板に a. スケジュールが b. はってありますから、確認してください。

2. a. 先生に相談に行く前に、b. アポイントメントをとったほうがいいですよ。

3. A：起きたら時計が止まってたの！ 今から出かけても間に合わないかも。
B：時計が壊れていたんだね。先生には私から伝えておくから、心配しないで。

4. A：どうしよう！ 携帯電話、バスの中に忘れてきちゃった。／子どもがビー玉を飲んじゃった。

5. A：あれ、スープに虫が入っていますよ。

6. A：あっ、あそこに財布が落ちていますよ。

7. お客さんが来る前に、パーティーの準備を やって／終わらせてしまおうと思います。

8. あれ？ おかしいな。さっき閉めたはずなのに、またドアが開いている。

9. B：あっ、ここに名前が書いてありますよ。

10. しばらく休憩時間がないので、今、トイレに行っておいてください。

改錯
1. 冷蔵庫に入ってある（→入っている／入ってる／入れてある）食べ物はなんでも食べていいよ。

【解説】在這裡是以「入る（自動詞）＋ている」來表示食物的狀態，所以用「〜ている」。如果是「關注的焦點在做動作的人」，用「入れる（他動詞）＋てある」的「入れてある」來表達也是可以的。➡ 參閱 確 認 (1)、(2)、進一步提升程度 ①

2. 私、韓国語が読めないんだけど、これ、何て書いている（→書いてある）の？

【解説】因為「書く」是他動詞，所以在這裡要和「〜てある」一起使用，來表示字被寫出來的狀態。➡ 參閱 確 認 (2)

3. あ、もう授業が始めています（→始まっています）よ。

【解説】在這裡關注的焦點是「授業」，所以用「自動詞＋ている」。➡ 參閱 確 認 (1)

4. 各テーブルには、名前が書いてあるプレートが置いています（→置いてあります）から、自分の名前のところに座ってください。

【解説】「置く」是他動詞，要和「〜てある」一起使用來表示名牌放置後的結果持續狀態。➡ 參閱 確 認 (2)

5. 先生、お借りした本を汚しました（→汚してしまいました）。

【解説】表示對對方的歉意，要加上「〜てしまう」。如果沒用「〜てしまった」，意思會變成刻意把書弄髒，而顯得失禮。➡ 參閱 確 認 (4)③

㉑ 被動

開始・對話
a. 女の人に足を踏まれ{る/た}　b. 先生に叱られ{る/た}

練習1

1.a	2.b	3.a	4.b	5.b
6.a	7.b	8.b	9.a	10.b

練習2

1.c	2.b	3.d	4.d	5.b
6.a	7.b	8.c	9.b	10.d

造句

1. 友だちにコップを割られた。

2. 蚊に腕を刺された／腕を蚊に刺された。

3. 彼に映画に誘われた。

4. 一晩中子どもに泣かれて、寝られなかった。

5. ビートルズの曲は、今でも世界中で聴かれている／愛されている／歌われている／演奏されている。

6. 各国の代表が集まって、環境問題についての会議が開かれる／開かれた／行われる／行われた。

7. 留守中に空き巣に入られたみたいで、旅行から帰ってきたら、家の中がメチャメチャだったんです。

8. 私は幼いころ、両親ではなく、祖母に育てられた／育ててもらった。

9. 子どもに、大切にしていた本を汚されて／破られて／なくされて、困ってしまった。

10. みなさんもだまされないようにくれぐれも気をつけてください。

改錯

1. けがをしながらも、最後まで戦う彼女の姿に感動された（→感動した）。

【解説】被動是用來表示對方對主語做了某個動作。在這裡的「感動した」並非對方針對主語而做的，所以不需要改成被動，「感動する」就足以表達受到對方影響了。
➡ 參閱 **確 認** [何謂被動]、(1)

---

2. でも、友だちにお金を貸されて（→貸してもらって）助かった。

【解説】從後面句子中的「助かった」得知說話者對對方的行為是持有感謝之意的。在這裡因為是「友だちに」，所以要用「〜てもらう」。➡ 參閱 **進一步提升程度** ④

3. 大学に来る途中、知らない人が私に道を聞いた（→私は知らない人に道を聞かれた）。

【解説】在這裡為了讓句子中的主語一致，所以用「私」來當作主語。請將關注的焦點統一成「私が大学に来る」「私が道を聞かれる」，後面的句子也要改成被動。
➡ 參閱 **進一步提升程度** ②

4. 私は日本に来る前、国でも日本人の先生に日本語を教えられました（→教えてもらいました）。

【解説】因被動多用來表示受害，開心的事要用「〜てもらう」。
➡ 參閱 **進一步提升程度** ④

5. 私の自転車はどろぼうに盗まれた。（→私は、どろぼうに自転車を盗まれた。／私は、自転車をどろぼうに盗まれた。）

【解説】不能用「私の自転車」。請將主語改成「私」。
➡ 參閱 **確 認** (2)

22 使役・使役被動

開始・對話
a. 手伝わせる／させる　　b. 手伝わされる／させられる

練習1
| 1.b | 2.b | 3.a | 4.a | 5.a |
| 6.a | 7.b | 8.b | 9.b | 10.a |

練習2
| 1.c | 2.d | 3.d | 4.c | 5.c |
| 6.b | 7.a | 8.d | 9.b | 10.d |

造句

1. すみません。熱があるので、授業を休ませて／早退させてください。

2. 彼女はいつも彼氏に荷物を持たせて／高い物を買わせているんだって。

3. 昨日は社長に遅くまで残業させられた／働かされたから疲れちゃったよ。

4. 彼女とデートをすると、いつも荷物を持たされる／車で送らされる。

5. 子どものころ、よく両親にお風呂の掃除をさせられた。

6. ちょっとした一言で、友人を怒らせてしまった。

7. ごめん！ちょっとそのパソコンを使わせてくれない？

8. 私が試験に落ちたせいで、家庭教師の先生をがっかりさせた。

9. 私の両親はとても厳しいので、①私に自由に車を運転させてくれない。②私を自由に出かけさせてくれない。

10. 司会：そろそろ会議を始める時間ですが、電車の事故でまだお越しでない方がいらっしゃるので、本日のこれからのスケジュールを変更させていただきます。

改錯

1. 部長、私は(→に)、仕事を担当させてください。

【解説】在這裡使用的是使役形，表示有禮貌的請託。因為「担当する」的人是「私」，所以助詞用「に」。
→ 参閱 確認 ◆使役句的形態、(1)②

2. 私はあがり症なのに、みんなの前で話さされた(→話させられた)。

【解説】第1類動詞中，像「話す」以「す」結尾的動詞是無法用簡短的形式來表示使役被動的。
→ 参閱 確認 ◆使役被動句的形態

3. これ以上お母さんを心配させられないで(→心配させないで)よ。あなたはもう二十歳でしょ。

【解説】這裡是媽媽對女兒說的一番話，所以兩者的關係是媽媽「心配する」、女兒「心配させる」。因此在這裡要將女兒的動作「心配させる」改成「心配させないで」。
→ 参閱 確認 (1)③

4. すみません。もう30分も待たせて(→待たされて)いるんですけど、料理はまだですか。

【解説】因為等的人是我(客人)，所以要用使役被動。如果是「待たせて」，意思會變成對方(店員)在等待。
→ 参閱 確認 (2)①

5. 父は昔、女性に人気があったそうだが、同じ話を何度も聞かせて(→聞かされて)うんざりだ。

【解説】意思是「我明明不想聽，可是爸爸卻一再提起，沒辦法我也只好聽他說，覺得很煩」，所以在這裡把我作為主語，用使役被動來表達。→ 参閱 確認 (2)①

㉓ 推測・傳聞

開始・對話

a. 雨みたい／雨が降って(い)るみたい

【補充】雖然「雨のよう／雨が降っているよう」也表示同樣的内容，但因為這是和朋友的對話，所以用「みたい」。

b. 雨らしい／雨が降るらしい

【補充】這是在車站聽到陌生人所說的話，所以用「らしい」會比「そうだ」適當。

練習1

1. b	2. b	3. b	4. b	5. b
6. a	7. b	8. a	9. b	10. a

練習2

1. c	2. a	3. c	4. c	5. c
6. d	7. b	8. d	9. b	10. c

造句

1. B：音がしない…。いない／出かけている／出かけた／留守みたいだね。

2. 干してある洗濯物が落ち／飛んでいき／飛ばされそうだけど、大丈夫かな。

3. B：首輪もないし、どうやら捨て犬／道に迷った／お腹がすいているらしい。

4. 親：高校生なんだから、高校生らしくしなさい！

5. 今日は車が少ないから、このまま行けばあと20分で着きそうだ。

6. a. この人形はまるでb. 本物／生きているみたいだ。

7. ニュースによると、今沖縄に台風が来ているそうだ。

8. まだ分からないんだけど、あの会社、倒産するらしいよ。

9. a. 社長から連絡が入りました。b. 会議は9時からにしようとのことです。

10. a. カレンさんの話によると、b. ブラジルではc. ほとんど雪が降らないそうです。

改錯

1. B：うーん、この大きさと手触りから考えると、ハンカチらしい（→ハンカチみたい／ハンカチのよう）ですね。

【解説】因為是手的觸感，所以不用「らしい」，要用「みたいだ／ようだ」來表達。➡ 參閱 確認 (1)、(2)

2. この仕事量ならたいしたことないから、私一人でできるよう（→できそう）です。

【解説】在這裡是看了工作量後，推測是不是可以自己一個人來完成，所以要用「そう」。➡ 參閱 確認 (3)意思3

3. 山下さんに聞いたんですが、スミスさんは日本語が上手そう（→上手だそう）ですよ。

【解説】這裡是表示從別人那裡聽到的内容。傳聞「そう」的前面是ナ形容詞的話，會用普通形的「上手だ」。
➡ 參閱 確認 (5)

4. 木村さんによると、駅前のお店はおいしいそうではない（→おいしくないそうだ）よ。

【解説】因為有「によると」，表示是從木村小姐那裡聽來的内容。傳聞的「そうだ」本身不會產生變化，而是連接在「そうだ」前面的詞彙會改變，如果是否定的話要用「ないそうだ」。
➡ 參閱 確認 (5)

5. 昨日の夜から何も食べていなくて、お腹がすいて死ぬよう（→死にそうだ）。

【解説】在這裡是描述自己的情況，因為想表達的是「事態將要發生變化（快要死了＝肚子非常餓）」，所以用「そうだ」。
➡ 參閱 確認 (3)

285

㉔ 判断・義務

開始・對話
a. 困っているだろう／探しているだろう
b. 届けるべき

練習1
1. a	2. a	3. a	4. b	5. b
6. a	7. b	8. b	9. b	10. b

練習2
1. d	2. b	3. a	4. c	5. a
6. b	7. b	8. c	9. b	10. d

造句

1. 医者：風邪ですね。a. 薬を飲め／ゆっくり休めば、b. 治る／よくなるでしょう。

   【補充】因為是「風邪が治る」，所以要用自動詞。「治す」（他動詞）是錯誤的。

2. 彼は「a. 知らない」と言っているけど、b. いつもと様子が違うから、c. 何か知っているにちがいない。

3. a. この秘密は誰にも言っていないから、b. 山田さんが知っているはずがない。

4. このまま a. 雨が続け／雪が降り続けば、b. 川があふれる／電車が止まるかもしれない。

5. A：a. 来週の授業は b. 休講ですか。
   B：ええ、確か c. その／休講のはずですよ。そう聞いてます。

6. 地球の環境を守るために、一人ひとりが今の生活を見直すべきだ。

7. 台風が近づいているときには、海や川に近づくべきではない。

8. 女性だけが家事をするなんておかしい！ 男性もやるべきだ。

9. B：すみません、明日はちょっと…。来週までにレポートを書かなければならないんです。

10. 試験のときは、携帯の電源を切らなければならない。

改錯

1. 今日は、絶対雨が降るかもしれない（→絶対雨が降る／雨が降るかもしれない）から、かさを持って行こう。

   【解説】「絶対」表示可能性很高，「かもしれない」則表示可能性很低，兩者無法一起使用。➡ 參閱 **確　認** ［判斷］（1）

2. 山下：ええ。今年受験するので、一生懸命勉強するべきです（→しなければなりません）から。

   【解説】對於自己個人的動作行為不能用「べき」。自己本身動作的必要性要用「～なければならない」來表達。
   ➡ 參閱 **進一步提升程度** ④

3. B：渋滞などがなければ、8時には到着するべきです（→はずです／でしょう）。

   【解説】在這裡是表示預期會演變成那樣的結果，所以用「はず」。「べき」必須和表示非做不可的意志動作的動詞一起使用。➡ 參閱 **確　認** ［判斷］（2）、（4）

4. あれ？かさがない。今朝かばんに入れたから、あるにちがいない（→はずな）んだけど、どうしてないんだろう。

   【解説】「はず」可以用來表示從自己的行動來思考的話，應該會是那樣的結果，然而結果卻不如預期，因此感到「奇怪」的心境。➡ 參閱 **確　認** ［判斷］（4）意思2

5. 来るときに乗ったバスで荷物を整理したから、きっとあのときに忘れたはずだ（→にちがいない）。

   【解説】基本上「はず」是用在可以有邏輯的說明「做完～之後，變成～的結果」這樣的關係，在這裡因為是表示主觀的判斷，所以要用「～にちがいない」。➡ 參閱 **確　認** ［判斷］（3）

286

専欄

専欄4 (p.97)
(1) でも　　(2) しかし　　(3) ところが

専欄5 (p.157)
a. ③　　b. ①　　c. ②

専欄6 (p.179)
1. めったに　　2. さっぱり／全然／ちっとも／なかなか

3. なかなか

専欄7 (p.191)
1. もしかすると　　2. 万一　　3. たとえ

専欄8 (p.201)
1. きっと　　2. ぜひ　　3. ぜひ

作者簡介

許　明子（ホ　ミョンジャ）

最高學歷　九州大學比較社會文化研究科博士（比較社會文化）

現任職位　名古屋大學語言教育中心　教授

著　作　「依頼場面における日韓両言語の談話構成について」『日本語・日本語教育の研究』（合著）（2013）スリーエーネットワーク、「日韓対照研究と日本語教育」『日本語教育研究への招待』（合著）（2010）、くろしお出版、『日本語と韓国語の受身文の対照研究』（2004）ひつじ書房

執筆單元　1課，2課，3課，5課，6課，7課，8課，11課，12課，16課，17課，18課，19課，20課

宮崎　恵子（みやざき　けいこ）

最高學歷　筑波大學地域研究科碩士

現任職位　流通經濟大學兼任講師、青山學院大學兼任講師、名古屋大學語言教育中心兼任講師

執筆單元　4課，9課，10課，13課，14課，15課，21課，22課，23課，24課

譯者簡介

林　青樺（Lin Chin Hwa）

最高學歷　東北大學文學研究科博士（日本語學）

現任職位　曾任淡江大學日本語文學系副教授、日本大學兼任講師

著　作　『現代日本語におけるヴォイスの諸相―事象のあり方との関わりから―』（2009）くろしお出版、『現代日本語における可能表現の研究―典型から周辺へ―』（2014）致良出版社

實力提升日語文法　中級

レベルアップ日本語文法　中級　繁体字版

2017年 12月 7日　　第1刷 発行
2023年　9月15日　　第2刷 発行

[作者]　許 明子・宮崎 恵子
　　　　ホ ミョンジャ　みやざき けいこ
[譯者]　林青樺

[發行人] 岡野秀夫
[出版社] くろしお出版
　　　　〒102-0084　　東京都千代田区二番町4-3
　　　　Tel：03・6261・2867　　Fax：03・6261・2879
　　　　URL：http://www.9640.jp　Mail：kurosio@9640.jp
[印刷]　シナノ印刷

○ 插圖
　　須山 奈津希
○ 封面設計
　　松好 那名
○ 內文版型設計
　　市川 麻里子
○ 內文排版
　　金髙 浩子

Ⓒ 2017 Myeongja Heo, Keiko Miyazaki, Printed in Japan
ISBN 978-4-87424-751-8　C0081

本書如有缺頁、破損或裝訂錯誤，請寄回本公司更換。版權所有，翻印必究。

凡 例

■ 動詞

文法用詞	例	使用範例
辭書形	書く、食べる、勉強する	書くことができます
マス形	書きます、食べます、勉強します	食べながら歩きます
ナイ形	書かない、食べない、勉強しない	食べないようにします 書かなければなりません
テ形	書いて、食べて、勉強して	食べてからお風呂に入ります
タ形	書いた、食べた、勉強した	書いたことがあります
普通形	食べる、食べない、食べた、食べなかった	私は毎日朝ご飯を食べるが、兄は食べない
禮貌形	食べます、食べません、食べました、食べませんでした	私は毎日朝ご飯を食べますが、兄は食べません
バ形	書けば、食べれば、勉強すれば	勉強すれば分かります
意志形	書こう、食べよう、勉強しよう	書こうと思います
肯定形	食べる、食べた、食べます、食べました	パンを食べる
否定形	食べない、食べなかった、食べません、食べませんでした	パンを食べない
ル形	書く、書かない、食べる、食べない	毎日、日記を書く
過去式	書いた、書かなかった、食べた、食べなかった	昨日、日記を書いた
第1類動詞	書く、聞く、話す、読む、働く	書かない、聞きます、話そう
第2類動詞	寝る、見る、食べる、入れる、起きる	寝ない、見ます、食べよう
第3類動詞	来る、する	来ない、します、勉強しよう

■ 名詞

文法用詞	例	使用範例
基本形	雨、休み、犬、りんご	明日は休みだ
ナイ形	雨じゃ(では)ない、休みじゃ(では)ない	休みじゃないので、学校へ行く 休みじゃないので、学校へ行く
テ形	雨で、休みで	今日は雨で、風も強い
タ形	雨だった、休みだった	昨日は一日中、雨だった
普通形	雨だ、雨じゃ(では)ない、雨だった、雨じゃ(では)なかった	昨日は雨だったので、どこへも行かなかった
禮貌形	雨です、雨じゃ(では)ありません、雨でした、雨じゃ(では)ありませんでした	昨日は雨でしたので、どこへも行きませんでした
バ形	雨であれば、休みであれば	休みであれば、ピクニックに行く
肯定形	雨だ、雨だった、雨です、雨でした	今日は雨だ
否定形	雨じゃ(では)ない、雨じゃ(では)なかった、雨じゃ(では)ありません、雨じゃ(では)ありませんでした	今日は雨じゃない